马克思主义理论研究和建设工程重点教材

硕士研究生思想政治理论课教材

中国特色社会主义理论与实践研究

（2018年版）

本书编写组

高等教育出版社·北京

图书在版编目（CIP）数据

中国特色社会主义理论与实践研究:2018年版 /《中国特色社会主义理论与实践研究》编写组编. -- 4版. --北京:高等教育出版社,2018.9(2019.7重印)

马克思主义理论研究和建设工程重点教材

ISBN 978-7-04-049480-8

Ⅰ.①中… Ⅱ.①中… Ⅲ.①中国特色社会主义-理论研究-高等学校-教材 Ⅳ.①D616

中国版本图书馆CIP数据核字(2018)第034861号

策划编辑 胡卫红 夏 雨　　责任编辑 胡卫红 夏 雨　　封面设计 杨立新
版式设计 于 婕　　责任校对 刘娟娟　　责任印制 耿 轩

出版发行 高等教育出版社
社　　址 北京市西城区德外大街4号
邮政编码 100120
印　　刷 北京市白帆印务有限公司
开　　本 787mm×960mm 1/16
印　　张 16.5
字　　数 210千字
购书热线 010-58581118
咨询电话 400-810-0598
网　　址 http://www.hep.edu.cn
　　　　 http://www.hep.com.cn
网上订购 http://www.hepmall.com.cn
　　　　 http://www.hepmall.com
　　　　 http://www.hepmall.cn
版　　次 2012年3月第1版
　　　　 2018年9月第4版
印　　次 2019年7月第4次印刷
定　　价 23.00元

物 料 号 49480-00

·马克思主义理论研究和建设工程重点教材·

马克思主义理论研究和建设工程咨询委员会委员、审议专家

（以姓氏笔画为序）

王伟光	王晓晖	王梦奎	王维澄	韦建桦
尹汉宁	龙新民	邢贲思	朱之文	刘永治
刘国光	江　流	汝　信	孙　英	苏　星
李　捷	李君如	李忠杰	李宝善	李景田
李慎明	冷　溶	张　宇	张文显	陈宝生
邵华泽	欧阳淞	金冲及	金炳华	周　济
郑必坚	郑科扬	侯树栋	逄先知	逄锦聚
袁贵仁	贾高建	夏伟东	顾海良	徐光春
龚育之	蒋乾麟	韩　震	虞云耀	雒树刚
滕文生	魏礼群			

《中国特色社会主义理论与实践研究（2018年版）》课题组

首席专家

顾海良

主要成员（以姓氏笔画为序）

丁俊萍	王宗礼	田鹏颖	李　健	李玉峰
陈　鹏	陈曙光	房广顺	贺大兴	颜晓峰

目　录

导　论

教学基本要求

1. 认识和把握中国特色社会主义的形成过程和理论成果。

2. 领会中国特色社会主义道路自信、理论自信、制度自信、文化自信。

3. 掌握习近平新时代中国特色社会主义思想的丰富内涵和重大意义。

第一节　中国特色社会主义的开创与发展

中国特色社会主义是党和人民长期奋斗、创造、积累的根本成就。经过长期努力，中国特色社会主义进入了新时代。这是我国发展新的历史方位。在新的历史方位上实现新时代党的历史使命，就要高举中国特色社会主义伟大旗帜，更加自觉地增强中国特色社会主义道路自信、理论自信、制度自信、文化自信，为决胜全面建成小康社会、夺取新时代中国特色社会主义伟大胜利、实现中华民族伟大复兴的中国梦不懈奋斗。

一、改革开放以来党的全部理论和实践的主题

中国特色社会主义，是根植于中国大地、反映中国人民意愿、适应中国和时代发展进步要求的科学社会主义，是党和人民历经千辛万

苦取得的宝贵成果，是改革开放以来党的全部理论和实践的主题，是当代中国发展进步的根本方向。

中国特色社会主义是中国共产党人把马克思主义基本原理与当代中国实际和时代特征相结合的产物，是科学社会主义理论逻辑和中国社会发展历史逻辑的辩证统一，具有深厚的历史渊源和广泛的现实基础。中国特色社会主义是在改革开放 40 年的伟大实践中得来的，是在中华人民共和国成立近 70 年的持续探索中得来的，是在中国共产党领导人民进行伟大社会革命 90 多年的实践中得来的，是在近代以来中华民族由衰到盛 170 多年的历史进程中得来的，是对中华民族 5 000 多年的传承发展中得来的。它是党和人民历尽千辛万苦、付出巨大代价取得的根本成就，是历史的选择、人民的选择、时代的选择。正是因为中国共产党把握历史趋势、顺应时代要求和人民意愿，开创了中国特色社会主义这一历史伟业，中国改革开放和社会主义现代化建设才取得了辉煌的成就，中华民族伟大复兴才展现出了光辉的前景。

中国特色社会主义是在改革开放新时期开创的，贯穿于改革开放以来党的全部理论和实践之中。1978 年年底召开的党的十一届三中全会，在总结新中国成立以来我国社会主义革命与建设经验教训的基础上，果断提出把党和国家的工作重心转移到经济建设上来、实行改革开放的重大决策，开启了改革开放的新时期。邓小平在党的十二大作出“走自己的道路，建设有中国特色的社会主义”的基本结论，从此之后，党的全部理论和实践活动都是围绕着中国特色社会主义这个主题来展开和深化的。继党的十二大首次提出“有中国特色的社会主义”这一概念之后，党的历次代表大会报告的题目中都包含有“中国特色社会主义”这个主题词。十三大报告的题目是《沿着有中国特色的社会主义道路前进》，党的十四大、十五大报告的题目分别为《加快改革开放和现代化建设步伐，夺取有中国特色社会主义事业的更大胜利》《高举邓小平理论伟大旗帜，把建设有中国特色社会主义事业全面推向二十一世纪》。从党的十六大报告开始，将“有中国特色社会主义”表述为“中国特色社会主义”。党的十六大报告题目是《全面建设小康社会，开创中国特色社会主义事业新局面》，党的十七大、十八大报告的题目分别为《高举中国特色社会主义伟大旗帜，为夺取全面建设小康社会新胜利而奋斗》《坚定不移沿着中国特色社会主义道路前进，为全面建成小康社会而奋斗》。在党的十九大上，习近平作了《决胜全面建成小康社会，夺取新时代中国特色社会主义伟大胜利》的报告，对新时代坚持和发展中国特色社会主义作出了理论阐述和实践部署。从党的十二大以来历次党代会报告的题目及其内容可以看出，改革开放以来党的全部理论和实践都是在发展进程中对中国特色社会主义这一主题的深化和拓展。

围绕着这一主题，中国共产党不断推动理论创新和实践创新，中国特色社会主义道路越走越宽广，中国特色社会主义理论体系更加丰富，中国特色社会主义制度不断健全，中国特色社会主义文化繁荣发展。实践已经充分证明，中国特色社会主义，是凝聚全党全国各族人民团结奋斗的旗帜，是引领中国走向繁荣富强的旗帜。它把中国特色社会主义的发展前景与中华民族伟大复兴的历史任务紧密联系在一起，把实现社会主义现代化与人民共同富裕紧密联系在一起，把国家的兴衰存亡与个人的前途命运紧密联系在一起，代表了中国最广大人民的意愿和利益，是激励全党全国各族人民的强大精神力量。只有在中国特色社会主义伟大旗帜下，才能最大限度地团结和凝聚全国各族人民，为实现中华民族伟大复兴而共同奋斗。

二、中国特色社会主义理论体系的形成与发展

中国特色社会主义理论体系，是包括邓小平理论、“三个代表”重要思想、科学发展观、习近平新时代中国特色社会主义思想在内的科学理论体系。这一科学理论体系，是在和平与发展成为时代主题的

背景下，在中国共产党深刻总结国内外社会主义建设经验教训的基础上，立足于中国改革开放和社会主义现代化建设的伟大实践而创立和发展起来的，是对马克思列宁主义、毛泽东思想的继承和发展，是与时俱进、不断发展的科学理论体系。

马克思、恩格斯把社会主义思想置于唯物史观和剩余价值学说这两大基石之上，创立了科学社会主义，使社会主义实现了从空想到科学的伟大飞跃。科学社会主义深刻揭示了资本主义产生、发展、灭亡和共产主义取代资本主义的历史必然性，对未来社会主义社会的发展过程、发展方向、一般特征作了科学预测和设想。它为人类指明了从必然王国向自由王国飞跃的途径，为人民指明了实现自由和解放的道路，为社会主义革命和社会主义建设提供了科学的思想基础。

列宁把马克思主义基本原理同俄国实际结合起来，创造性地提出社会主义可能在一国或数国首先取得胜利的理论，领导十月革命取得成功，建立了世界上第一个社会主义国家，使社会主义实现了从理论到实践的伟大飞跃。十月革命胜利后，列宁对俄国如何建设社会主义进行了深入思考和艰辛探索，形成了一系列社会主义建设的理论原则，为社会主义国家建设社会主义提供了宝贵的启示。

十月革命一声炮响，为中国送来了马克思列宁主义。以毛泽东为主要代表的中国共产党人，坚持把马克思主义基本原理与中国革命和建设实际相结合，形成了毛泽东思想，实现了马克思主义中国化的第一次历史性飞跃。新中国成立后，在毛泽东思想的指导下，创造性地完成了由新民主主义革命向社会主义革命的转变，确立了社会主义基本制度，为当代中国一切发展进步奠定了根本政治前提和制度基础。如何在中国建设社会主义，没有现成的模式可循。在艰辛的探索实践中，毛泽东提出了一系列关于社会主义建设的重要观点，涉及经济、政治、文化、国防、外交等各个领域和方面。如关于社会主义社会可以分为不发达的社会主义和比较发达的社会主义两个阶段的思想，关于社会主义社会的基本矛盾仍然是生产力和生产关系的矛盾、经济基础和上层建筑的矛盾的思想，关于探索适合中国国情的社会主义道路的思想等。尽管探索艰难坎坷，但是党所取得的积极成果是极其宝贵的。这些重要思想，为中国特色社会主义理论体系的形成提供了直接的理论渊源。

“文化大革命”结束之后，面对世界科技革命和经济社会快速发展，中国又一次处在了何去何从的十字路口。以邓小平为主要代表的中国共产党人，坚持解放思想、实事求是的思想路线，把马克思主义的基本原理与中国具体实际和时代特征相结合，科学判断时代特点和时代主题，以巨大的政治勇气和理论勇气，彻底否定“以阶级斗争为纲”的错误理论和实践，作出把党和国家工作重心转移到经济建设上来、实行改革开放的历史性决策，从理论和实践上深刻回答了在中国这样一个经济文化比较落后的国家建设什么样的社会主义、如何建设社会主义的问题，实现了马克思主义中国化的第二次历史性飞跃，开创了中国特色社会主义理论体系，开启了我国改革开放和社会主义现代化建设的历史新时期。

邓小平理论是在和平与发展成为时代主题的历史条件下，在我国改革开放和社会主义现代化建设的实践中，在总结我国社会主义胜利和挫折的历史经验并借鉴其他社会主义国家兴衰成败历史经验的基础上，逐步形成和发展起来的。邓小平理论坚持科学社会主义理论和实践的基本成果，抓住什么是社会主义、怎样建设社会主义这个根本问题，深刻揭示了社会主义的本质，把对社会主义的认识提高到新的科学水平。它第一次比较系统地初步回答了中国社会主义的发展道路、发展阶段、根本任务、发展动力、外部条件、政治保证、战略步骤、党的领导和依靠力量以及祖国统一等一系列基本问题，指导党制定了在社会主义初级阶段的基本路线。邓小平理论是马克思列宁主义、毛泽东思想在新的历史条件下的继承和发展，是马克思主义在中国发展的新阶段，是中国特色社会主义理论体系的开篇之作，是中国共产党集体智慧的结晶，引导着我国社会主义现代化建设事业不断前进。

“三个代表”重要思想是以江泽民为主要代表的中国共产党人在科学分析国内外形势变化的基础上，准确把握时代要求和党所处的历史方位，准确把握时代特点和党的任务，认真研究和解决推动中国社会进步和加强党的建设的问题，坚持改革开放、与时俱进，发展社会主义市场经济理论，提出推进党的建设新的伟大工程，加深了对什么是社会主义、怎样建设社会主义和建设什么样的党、怎样建设党的认识。“三个代表”重要思想是对马克思列宁主义、毛泽东思想、邓小平理论的继承和发展，是加强和改进党的建设、推进我国社会主义自我完善和发展的强大理论武器，是中国共产党集体智慧的结晶。始终做到“三个代表”，是党的立党之本、执政之基、力量之源。

科学发展观是以胡锦涛为主要代表的中国共产党人总结我国发展实践，借鉴国外发展经验，根据新的发展要求提出来的，是马克思主义关于发展的世界观和方法论的集中体现。科学发展观对新形势下实现什么样的发展、怎样发展等重大问题作出了新的科学回答，强调坚持以人为本、全面协调可持续发展，提出构建社会主义和谐社会、加快生态文明建设，形成中国特色社会主义事业总体布局，把我们对中国特色社会主义规律的认识提高到新的水平。科学发展观是同马克思列宁主义、毛泽东思想、邓小平理论、“三个代表”重要思想既一脉相承又与时俱进的科学理论，是马克思主义中国化的重大成果，是中国共产党集体智慧的结晶。

进入新时代，我国面临的世情国情党情发生了深刻变化，我们前所未有地走近世界舞台中央，前所未有地接近实现中华民族伟大复兴的目标，前所未有地具有实现这个目标的能力和信心。同时，我们也面临着许多严峻的挑战和困难，正在进行着具有许多新的历史特点的伟大斗争。新时代迫切需要新理论为全党全国各族人民指明前进的方向。正是在这样的背景下，以习近平同志为核心的党中央，科学判断国内外形势变化和我国各项事业发展的要求，紧密结合新的时代条件和实践要求，围绕新时代坚持和发展什么样的中国特色社会主义、怎样坚持和发展中国特色社会主义的重大时代课题，以全新的视野深化对共产党执政规律、社会主义建设规律、人类社会发展规律的认识，进行艰辛理论探索，创立了习近平新时代中国特色社会主义思想。这一思想是立足时代之基、回答时代之问的科学理论，是马克思主义中国化的最新成果，是中国特色社会主义理论体系的重要组成部分，在马克思主义中国化进程中具有里程碑意义。

三、中国特色社会主义道路、理论、制度、文化

中国特色社会主义是由道路、理论体系、制度、文化“四位一体”构成的。改革开放以来我们取得一切成绩和进步的根本原因，归结起来就是开辟了中国特色社会主义道路，形成了中国特色社会主义理论体系，确立了中国特色社会主义制度，发展了中国特色社会主义文化。

中国特色社会主义道路是实现社会主义现代化、创造人民美好生活的必由之路，是实现中华民族伟大复兴的必由之路。这一道路就是在中国共产党领导下，立足基本国情，以经济建设为中心，坚持四项基本原则，坚持改革开放，解放和发展社会生产力，巩固和完善社会主义制度，建设社会主义市场经济、社会主义民主政治、社会主义先进文化、社会主义和谐社会、社会主义生态文明，促进人的全面发展，逐步实现全体人民共同富裕，建设富强民主文明和谐美丽的社会主义现代化强国。这条道路明确了中国特色社会主义的领导力量、现实依据、基本路线、主要任务、总体布局和奋斗目标，指明了实现中华民族伟大复兴的正确方向。它既坚持以经济建设为中心，又全面推进经济建设、政治建设、文化建设、社会建设、生态文明建设、国防和军队建设、党的建设；既坚持四项基本原则，又坚持改革开放；既不断

解放和发展社会生产力，又逐步实现全体人民共同富裕、促进人的全面发展。实践证明，这条道路是实现社会主义现代化，指引中国人民创造自己美好生活的必由之路。我们走自己的路，具有无比广阔的舞台，具有无比深厚的历史底蕴，具有无比强大的前进定力，不为任何风险所惧，不为任何干扰所惑。

中国特色社会主义理论体系是指导党和人民实现中华民族伟大复兴的正确理论，是立于时代前沿、与时俱进的科学理论。这一理论体系，写出了科学社会主义的新版本，凝结了几代中国共产党人团结带领人民不懈探索实践的智慧和心血，是改革开放以来党推进马克思主义中国化所取得的理论创新成果，是党最可宝贵的政治和精神财富，是全党全国各族人民团结奋斗的共同思想基础。这一理论体系，扎根于改革开放和社会主义现代化建设的伟大实践之中，符合全体中国人民根本利益，顺应当今世界和当代中国发展潮流，具有鲜明的科学性和真理性、人民性和实践性、开放性和时代性。这一理论体系，明确了中国特色社会主义的思想路线、发展道路、发展阶段、根本任务、发展动力、发展战略、依靠力量、国际战略、领导力量等重大问题，是贯通马克思主义哲学、政治经济学、科学社会主义等领域，覆盖经济、政治、文化、社会、生态文明、国防、外交、统一战线、祖国统一、党的建设等方面的系统的科学理论体系。习近平新时代中国特色社会主义思想，是中国特色社会主义理论体系的最新成果。在当代中国，坚持习近平新时代中国特色社会主义思想，就是真正坚持中国特色社会主义理论体系，就是真正坚持马克思主义。

中国特色社会主义制度是当代中国发展进步的根本制度保障，是具有鲜明中国特色、明显制度优势、强大自我完善能力的先进制度。这一制度就是在社会主义建设和改革过程中形成的有关经济、政治、文化、社会、生态等各个领域的一整套相互衔接、相互联系的制度体系。它包括人民代表大会制度这一根本政治制度，中国共产党领导的多党合作和政治协商制度、民族区域自治制度以及基层群众自治制度等构成的基本政治制度，中国特色社会主义法律体系，公有制为主体、多种所有制经济共同发展的基本经济制度，按劳分配为主体、多种分配方式并存的分配制度，以及建立在根本政治制度、基本政治制度、基本经济制度基础上的经济体制、政治体制、文化体制、社会体制、生态文明体制等各项具体制度。这一制度符合我国国情，顺应时代潮流，有利于保持党和国家活力、调动广大人民群众和社会各方面的积极性、主动性、创造性，有利于解放和发展社会生产力、推动经济社会全面发展，有利于维护和促进社会公平正义、实现全体人民共同富裕，有利于集中力量办大事、有效应对前进道路上的各种风险挑战，有利于维护民族团结、社会稳定、国家统一。中国特色社会主义制度是当代中国发展进步的根本制度保障，这一制度坚持把根本政治制度、基本政治制度同基本经济制度以及各方面体制机制等具体制度有机结合起来，坚持把国家层面民主制度同基层民主制度有机结合起来，坚持把党的领导、人民当家作主、依法治国有机结合起来，符合我国国情，集中体现了中国特色社会主义的特点和优势，必须长期坚持并在实践中不断改革和完善。要坚持和完善现有制度，从实际出发，及时制定一些新的制度，构建系统完备、科学规范、运行有效的制度体系，使各方面制度更加成熟、更加定型。

中国特色社会主义文化积淀着中华民族最深层的精神追求，代表着中华民族独特的精神标识，是激励全党全国各族人民奋勇前进的强大精神力量。习近平指出："理论自觉、文化自信，是一个民族进步的力量；价值先进、思想解放，是一个社会活力的来源。国家之魂，文以化之，文以铸之。"① 中国特色社会主义文化，源自于中华民族

① 习近平：《在纪念马克思诞辰 200 周年大会上的讲话》，人民出版社 2018 年版，第 19 页。

5 000多年文明历史所孕育的中华优秀传统文化，熔铸于党领导人民在革命、建设、改革中创造的革命文化和社会主义先进文化，植根于中国特色社会主义伟大实践。发展中国特色社会主义文化，就是以马克思主义为指导，坚守中华文化立场，立足当代中国现实，结合当今时代条件，发展面向现代化、面向世界、面向未来的，民族的科学的大众的社会主义文化，推动社会主义精神文明和物质文明协调发展。要坚持中国特色社会主义文化发展道路，激发全民族文化创新创造活力，建设社会主义文化强国。

中国特色社会主义道路是实现途径，中国特色社会主义理论体系是行动指南，中国特色社会主义制度是根本保障，中国特色社会主义文化是精神力量，四者统一于中国特色社会主义伟大实践。回首改革开放40年来的历史进程，正是由于始终高举中国特色社会主义伟大旗帜，党和国家事业才取得了举世瞩目的成就。坚定道路自信、理论自信、制度自信、文化自信，既不走封闭僵化的老路，也不走改旗易帜的邪路，我们就能毫无畏惧地面对一切困难和挑战，就能坚定不移地继续开辟新天地、创造新奇迹。

第二节 习近平新时代中国特色社会主义思想

习近平新时代中国特色社会主义思想，为新时代坚持和发展中国特色社会主义提供了基本遵循，为发展21世纪马克思主义、当代中国马克思主义作出了历史性贡献。

一、习近平新时代中国特色社会主义思想的创立

伟大时代呼唤伟大理论，伟大时代孕育伟大理论。习近平新时代中国特色社会主义思想，是在中国特色社会主义进入新时代、科学社

会主义迈向新阶段、当今世界经历新变局、党面临执政新考验的历史条件下形成和发展起来的。

习近平新时代中国特色社会主义思想，是在中国特色社会主义进入新时代的历史条件下形成的。党的十八大以来，以习近平同志为核心的党中央科学把握国内外发展大势，顺应实践要求和人民愿望，推动党和国家事业发生历史性变革，领导人民取得改革开放和社会主义现代化建设的历史性成就。中国发展站到新的历史起点上，中国特色社会主义进入了新时代。新时代之“新”，首先在于我们进入了一个新的发展阶段，发展环境、发展条件都发生了新的变化，目标任务也发生了新的变化。新时代之“新”，在于我们面临着新的社会主要矛盾，也就是人民日益增长的美好生活需要和不平衡不充分的发展之间的矛盾，这对党和国家各方面工作都提出了新的要求。新时代之“新”，还在于我们迈向新的奋斗目标，中华民族迎来了从站起来、富起来到强起来的伟大飞跃，即将全面建成小康社会、踏上全面建设社会主义现代化国家的新征程。习近平新时代中国特色社会主义思想正是在这样的伟大时代中应运而生、在当代中国的新实践新发展中顺势而成的。

习近平新时代中国特色社会主义思想，是在科学社会主义焕发新生机、两种社会制度的较量呈现新态势的时代背景下形成的。20 世纪 80 年代末 90 年代初，东欧剧变、苏共垮台、苏联解体，世界社会主义遭受严重曲折。20 多年过去，中国不但在世界上把社会主义的旗帜举住了、举稳了，而且把科学社会主义推向崭新的阶段，社会主义的影响力感召力大大增强。随着社会主义中国的蓬勃发展，人们正在见证“历史终结论”的终结、“中国崩溃论”的崩溃、“社会主义失败论”的失败。习近平新时代中国特色社会主义思想的形成、发展和指导党和国家事业发生历史性变革、取得历史性成就的生动实践，中国特色社会主义道路越走越宽广，使世界上正视和相信马克思主义和社会主义的人多了起来，使世界范围内两种意识形态、两种社会制度的历史演进及其较量，发生了有利于马克思主义、社会主义的深刻转变。对科学社会主义的理论思考、经验总结，对坚持和发展中国特色社会主义的担当和探索，贯穿习近平新时代中国特色社会主义思想形成和发展的全过程。

习近平新时代中国特色社会主义思想，是在百年不遇的世界大变局中形成的。当前，世界正处于大发展大变革大调整时期，世界多极化、经济全球化、社会信息化、文化多样化深入发展，全球治理体系和国际秩序变革加速推进，各国相互联系和依存日益加深。同时，世界面临的不稳定不确定性突出，世界经济增长动能不足，贫富分化日益严重，地区热点问题此起彼伏，恐怖主义、气候变化等人类共同的威胁持续蔓延。面对世界经济、国际安全、国际治理等一系列重大问题，世界需要新的方向、新的方案、新的选择。在这样的时代背景下，以习近平同志为核心的党中央领导中国前所未有地走近世界舞台中央，中国的发展理念、发展道路的影响力显著增强，中国在国际舞台的话语权显著增强，中华文化中所蕴含的天下为公、求同存异、和合共生等理念越来越显示出独特价值，赢得广泛理解认同。可以说，世界需要中国智慧、中国理念、中国方案，中国也正在发挥着世界和平建设者、全球发展贡献者、国际秩序维护者的重要作用。习近平新时代中国特色社会主义思想正是在这样的时代背景下孕育产生、丰富发展的。

习近平新时代中国特色社会主义思想，是在十八大以来党所经历的深刻革命性锻造中形成的。历史和现实都一再证明，一个执政党进行社会革命不容易，进行自我革命更不容易，而不进行自我革命就必然被历史所淘汰。以习近平同志为核心的党中央，清醒分析党面临的“四大考验”“四种危险”，带领全党以自我革命的勇气，全面推进党的政治建设、思想建设、组织建设、作风建设、纪律建设，把制度建设贯穿其中，深入推进反腐败斗争，把党锻造成为人民衷心拥护、经得起各种风浪考验、朝气蓬勃的马克思主义执政党。习近平新时代中国特色社会主义思想，是党自我净化、自我完善、自我革新、自我提高的重要成果，深化了对共产党执政规律、党的自身建设规律的认识，展现了新时代马克思主义执政党强大的创造力、凝聚力、战斗力。

党的十八大以来，习近平以马克思主义政治家、理论家的深刻洞察力、敏锐判断力和战略定力，提出了一系列具有开创性意义的新理念新思想新战略，团结带领全党全国各族人民进行具有许多新的历史特点的伟大斗争，统筹推进“五位一体”总体布局，协调推进“四个全面”战略布局，推动改革开放和社会主义现代化建设取得新的重大成就，推动党和国家事业全面开创新局面、发生历史性变革，为习近平新时代中国特色社会主义思想的创立发挥了决定性作用、作出了决定性贡献，是这一思想的主要创立者。

二、习近平新时代中国特色社会主义思想的丰富内涵

习近平新时代中国特色社会主义思想，紧紧围绕重大时代课题，系统回答新时代坚持和发展中国特色社会主义的基本问题，内涵十分丰富，包括新时代坚持和发展中国特色社会主义的总目标、总任务、总体布局、战略布局和发展方向、发展方式、发展动力、战略步骤、外部条件、政治保证，涉及经济、政治、法治、科技、文化、教育、民生、民族、宗教、社会、生态文明、国家安全、国防和军队、“一国两制”和祖国统一、统一战线、外交、党的建设等各方面。坚持和发展中国特色社会主义，像一条红线一样贯穿于这一思想始终，是这一重大思想的核心要义。“八个明确”“十四个坚持”是这一重大思想的核心内容。

“八个明确”是这一思想最为核心的组成部分，是支撑习近平新时代中国特色社会主义思想的四梁八柱。“八个明确”偏重于理论层面的高度概括和凝练，系统地回答了新时代坚持和发展什么样的中国

特色社会主义这一重大问题，集中反映着党对科学社会主义在当今时代的理论思考和理论贡献。

一是明确坚持和发展中国特色社会主义，总任务是实现社会主义现代化和中华民族伟大复兴，在全面建成小康社会的基础上，分两步走在本世纪中叶建成富强民主文明和谐美丽的社会主义现代化强国。实现现代化是近代以来中国人民不懈的追求，实现中华民族伟大复兴是近代以来中华民族最伟大的梦想。社会主义现代化是中华民族伟大复兴的核心内容，中华民族伟大复兴是社会主义现代化的形象表达，两者在本质上是一致的，根本目的都是为了实现国家富强、民族振兴、人民幸福。从全面建成小康社会到基本实现现代化，再到全面建成社会主义现代化强国，是新时代中国特色社会主义发展的战略安排。

二是明确新时代我国社会主要矛盾是人民日益增长的美好生活需要和不平衡不充分的发展之间的矛盾，必须坚持以人民为中心的发展思想，不断促进人的全面发展、全体人民共同富裕。经过改革开放40年的发展，我国稳定解决了十几亿人的温饱问题，总体上实现小康，不久将全面建成小康社会；人民美好生活需要日益广泛，不仅对物质文化生活提出了更高要求，而且在民主、法治、公平、正义、安全、环境等方面的要求日益增长。同时，我国社会生产力水平总体上显著提高，社会生产能力在很多方面进入世界前列，更加突出的问题是发展不平衡不充分，这已经成为满足人民日益增长的美好生活需要的主要制约因素。必须在继续推动发展的基础上，着力解决好发展不平衡不充分问题，大力提升发展质量和效益，更好满足人民在经济、政治、文化、社会、生态等方面日益增长的需要。

三是明确中国特色社会主义事业总体布局是“五位一体”、战略布局是“四个全面”，强调坚定道路自信、理论自信、制度自信、文化自信。党的十八大以来，党形成并积极推进经济建设、政治建设、文化建设、社会建设、生态文明建设“五位一体”总体布局，形成并积极推进全面建成小康社会、全面深化改革、全面依法治国、全面从严治党“四个全面”战略布局。坚持和发展中国特色社会主义，必须统筹推进“五位一体”总体布局和协调推进“四个全面”战略布局，坚定“四个自信”，坚持实干兴邦，始终坚持和发展中国特色社会主义。

四是明确全面深化改革总目标是完善和发展中国特色社会主义制度、推进国家治理体系和治理能力现代化。这个总目标，既规定根本方向是中国特色社会主义道路而不是其他什么道路，又规定在根本方向指引下完善和发展中国特色社会主义制度的鲜明指向。推进国家治理体系和治理能力现代化，就是要使各方面制度更加科学、更加完善，实现党、国家、社会各项事务治理制度化、规范化、程序化，善于运用制度和法律治理国家，提高党科学执政、民主执政、依法执政水平。

五是明确全面推进依法治国总目标是建设中国特色社会主义法治体系、建设社会主义法治国家。全面依法治国，必须把党的领导贯彻落实到依法治国全过程和各方面，坚定不移走中国特色社会主义法治道路。要加快形成完备的法律规范体系、高效的法治实施体系、严密的法治监督体系、有力的法治保障体系、完善的党内法规体系。必须坚持厉行法治，加强宪法实施与监督，推进科学立法、严格执法、公正司法、全民守法。

六是明确党在新时代的强军目标是建设一支听党指挥、能打胜仗、作风优良的人民军队，把人民军队建设成为世界一流军队。听党指挥是人民军队的建军之本、强军之魂，必须坚决贯彻党对军队绝对领导的根本原则和制度，坚决听从党中央和中央军委指挥；能打胜仗是核心，必须始终聚焦备战打仗，锻造召之即来、来之能战、战之必胜的精兵劲旅；作风优良是保证，必须培养有灵魂、有本事、有血性、有品德的新一代革命军人，锻造铁一般信仰、铁一般信念、铁一般纪律、铁一般担当的过硬部队，永葆人民军队的性质、宗旨、本色。要坚持政治建军、改革强军、科技兴军、依法治军，坚持走中国特色强军之路，全面推进国防和军队现代化，到本世纪中叶把人民军队全面建成世界一流军队。

七是明确中国特色大国外交要推动构建新型国际关系，推动构建人类命运共同体。世界正处于大发展大变革大调整时期，和平与发展仍然是时代主题。中国始终不渝走和平发展道路、奉行互利共赢的开放战略，坚持正确义利观，推动建设相互尊重、公平正义、合作共赢的新型国际关系，愿与各国人民同心协力构建人类命运共同体，建设持久和平、普遍安全、共同繁荣、开放包容、清洁美丽的世界。

八是明确中国特色社会主义最本质的特征是中国共产党领导，中国特色社会主义制度的最大优势是中国共产党领导，党是最高政治领导力量，提出新时代党的建设总要求，突出政治建设在党的建设中的重要地位。中国共产党是中国特色社会主义事业的坚强领导核心。坚持党的领导是党和国家的根本所在、命脉所在，是全国各族人民的利益所系、幸福所系。必须坚持党对一切工作的领导，坚持全面从严治党，坚持把党中央权威和集中统一领导作为党的政治建设的首要任务，认真贯彻落实新时代党的建设总要求，坚定执行党的政治路线，严格遵守政治纪律和政治规矩，在政治立场、政治方向、政治原则、政治道路上同以习近平同志为核心的党中央保持高度一致。

“十四个坚持”的基本方略，是对党的治国理政重大方针、原则的最新概括，是实现“两个一百年”奋斗目标、实现中华民族伟大复兴中国梦的“路线图”和“方法论”。“十四个坚持”偏重于实践层面、方略层面的展开，系统回答了新时代怎样坚持和发展中国特色社会主义的问题。从结构和逻辑看，体现着坚持和加强党的全面领导这一当代中国的最高政治原则，贯穿着以自我革命引领社会革命的内在逻辑。

一是坚持党对一切工作的领导。党政军民学，东西南北中，党是领导一切的。必须增强政治意识、大局意识、核心意识、看齐意识，自觉维护党中央权威和集中统一领导，提高党把方向、谋大局、定政策、促改革的能力和定力，确保党始终总揽全局、协调各方。

二是坚持以人民为中心。人民是历史的创造者，是决定党和国家前途命运的根本力量。必须坚持人民主体地位，坚持立党为公、执政为民，践行全心全意为人民服务的根本宗旨，把党的群众路线贯彻到治国理政全部活动之中，把人民对美好生活的向往作为奋斗目标，依靠人民创造历史伟业。

三是坚持全面深化改革。只有社会主义才能救中国，只有改革开放才能发展中国、发展社会主义、发展马克思主义。必须坚持和完善中国特色社会主义制度，不断推进国家治理体系和治理能力现代化，构建系统完备、科学规范、运行有效的制度体系，充分发挥我国社会主义制度优越性。

四是坚持新发展理念。发展是解决我国一切问题的基础和关键，发展必须是科学发展。必须坚定不移贯彻创新、协调、绿色、开放、共享的发展理念，坚持和完善我国社会主义基本经济制度和分配制度，发展更高层次的开放型经济，不断壮大我国经济实力和综合国力。

五是坚持人民当家作主。坚持党的领导、人民当家作主、依法治国有机统一是社会主义政治发展的必然要求。必须坚持中国特色社会主义政治发展道路，坚持和完善人民代表大会制度、中国共产党领导的多党合作和政治协商制度、民族区域自治制度、基层群众自治制度，巩固和发展最广泛的爱国统一战线，发展社会主义协商民主，保证人民当家作主落实到国家政治生活和社会生活之中。

六是坚持全面依法治国。全面依法治国是中国特色社会主义的本质要求和重要保障。必须把党的领导贯彻落实到依法治国全过程和各方面，坚定不移走中国特色社会主义法治道路，完善以宪法为核心的中国特色社会主义法律体系，建设中国特色社会主义法治体系，建设社会主义法治国家，发展中国特色社会主义法治理论，坚持依法治国、依法执政、依法行政共同推进，坚持法治国家、法治政府、法治社会一体建设，坚持依法治国和以德治国相结合，依法治国和依规治党有机统一，深化司法体制改革，提高全民族法治素养和道德素质。

七是坚持社会主义核心价值体系。文化自信是一个国家、一个民族发展中更基本、更深沉、更持久的力量。必须坚持马克思主义，牢固树立共产主义远大理想和中国特色社会主义共同理想，培育和践行社会主义核心价值观，不断增强意识形态领域主导权和话语权，推动中华优秀传统文化创造性转化、创新性发展，继承革命文化，发展社会主义先进文化，为人民提供精神指引。

八是坚持在发展中保障和改善民生。必须多谋民生之利、多解民生之忧，在发展中补齐民生短板、促进社会公平正义，深入开展脱贫攻坚，保证全体人民在共建共享发展中有更多获得感，不断促进人的全面发展、全体人民共同富裕。建设平安中国，加强和创新社会治理，维护社会和谐稳定，确保国家长治久安、人民安居乐业。

九是坚持人与自然和谐共生。建设生态文明是中华民族永续发展的千年大计。必须树立和践行绿水青山就是金山银山的理念，坚持节约资源和保护环境的基本国策，坚定走生产发展、生活富裕、生态良好的文明发展道路，建设美丽中国，为人民创造良好生产生活环境，为全球生态安全作出贡献。

十是坚持总体国家安全观。必须坚持国家利益至上，以人民安全为宗旨，以政治安全为根本，统筹外部安全和内部安全、国土安全和国民安全、传统安全和非传统安全、自身安全和共同安全，完善国家安全制度体系，加强国家安全能力建设，坚决维护国家主权、安全、发展利益。

十一是坚持党对人民军队的绝对领导。必须全面贯彻党领导人民军队的一系列根本原则和制度，确立习近平强军思想在国防和军队建设中的指导地位，坚持政治建军、改革强军、科技兴军、依法治军，更加注重聚焦实战，更加注重创新驱动，更加注重体系建设，更加注重集约高效，更加注重军民融合，实现党在新时代的强军目标。

十二是坚持“一国两制”和推进祖国统一。必须把维护中央对香港、澳门特别行政区全面管治权和保障特别行政区高度自治权有机结合起来，确保“一国两制”方针不会变、不动摇，确保“一国两制”实践不变形、不走样。必须坚持一个中国原则，坚持“九二共识”，推动两岸关系和平发展，深化两岸经济合作和文化往来，推动两岸同胞共同反对一切分裂国家的活动，共同为实现中华民族伟大复兴而奋斗。

十三是坚持推动构建人类命运共同体。必须统筹国内国际两个大局，始终不渝走和平发展道路、奉行互利共赢的开放战略，坚持正确义利观，树立共同、综合、合作、可持续的新安全观，谋求开放创新、包容互惠的发展前景，促进和而不同、兼收并蓄的文明交流，构筑尊崇自然、绿色发展的生态体系，始终做世界和平的建设者、全球发展的贡献者、国际秩序的维护者。

十四是坚持全面从严治党。必须以党章为根本遵循，把党的政治建设摆在首位，思想建党和制度治党同向发力，统筹推进党的各项建设，坚持民主集中制，严肃党内政治生活，严明党的纪律，强化党内监督，坚决纠正各种不正之风，以零容忍态度惩治腐败，不断增强党自我净化、自我完善、自我革新、自我提高的能力，始终保持党同人民群众的血肉联系。

“八个明确”“十四个坚持”有机融合、有机统一，体现了理论与实际相结合、战略和战术相一致、认识论和方法论相统一的理论特色，凝结着党坚持和发展中国特色社会主义的经验总结，体现了以习近平同志为核心的党中央对中国特色社会主义规律性认识的深化、拓展、升华。

三、习近平新时代中国特色社会主义思想的历史地位

习近平新时代中国特色社会主义思想，以一系列原创性战略性的重大思想观点丰富和发展了马克思主义，是当代中国马克思主义、21世纪马克思主义。深刻认识习近平新时代中国特色社会主义思想的历史地位，对于在新的时代条件下坚持和发展当代中国马克思主义、21世纪马克思主义，继续推进马克思主义中国化的历史进程，实现中华民族伟大复兴中国梦具有重要意义。

习近平新时代中国特色社会主义思想，是对马克思列宁主义、毛泽东思想、邓小平理论、“三个代表”重要思想、科学发展观的继承和发展，是马克思主义中国化的最新成果，是中国特色社会主义理论体系的重要组成部分。马克思主义是我们立党立国的根本指导思想，是党和人民事业不断发展的参天大树之根本。在马克思列宁主义的基础上，结合中国革命、建设、改革的具体实践，中国共产党大力推进马克思主义中国化，先后形成了毛泽东思想、邓小平理论、“三个代表”重要思想、科学发展观等重大理论创新成果，指引中国人民夺取了一个又一个伟大胜利。习近平新时代中国特色社会主义思想，鲜明贯穿着马克思主义立场、观点、方法，始终把马克思主义作为理论起点、逻辑起点、价值起点，自觉继承马克思列宁主义、毛泽东思想、邓小平理论、“三个代表”重要思想、科学发展观的核心要义，同时以我们正在做的事情为中心，创造性地把马克思主义基本原理同新时代坚持和发展中国特色社会主义的实践相结合，提出了诸如党的领导是中国特色社会主义最本质特征和最大制度优势、新发展理念、推进国家治理体系和治理能力现代化、推进供给侧结构性改革、推动构建人类命运共同体等一系列新理念新思想新战略，谱写了马克思主义新的时代篇章，开辟了马克思主义中国化新境界，在马克思主义中国化

进程中具有里程碑意义。

习近平新时代中国特色社会主义思想，是党和人民实践经验和集体智慧的结晶。理论来源于实践。党的十八大以来，以习近平同志为核心的党中央，在系统总结和继承中国革命、建设和改革经验的基础上，团结带领全党全国各族人民进行了新时代中国特色社会主义的伟大实践，提出一系列新理念新思想新战略，出台一系列重大方针政策，推出一系列重大举措，推进一系列重大工作，中国特色社会主义在实践中展现出勃勃生机和活力。人民是真正的英雄，群众是社会实践的主体。中国特色社会主义伟业能够取得巨大成就，中华民族能够迎来从站起来、富起来到强起来的伟大飞跃，无一不是依靠人民群众奋斗和创造出来的。以习近平同志为核心的党中央，始终坚持并善于从人民群众的伟大实践中汲取智慧，把党和人民群众的实践经验上升为理论成果，又用新的理论成果指导实践，实现理论与实践相互促进、相得益彰的良性互动。习近平新时代中国特色社会主义思想正是在理论与实践的这一良性互动中形成和发展的，是党和人民实践经验和集体智慧的结晶。

习近平新时代中国特色社会主义思想，是全党全国人民为实现中华民族伟大复兴而奋斗的行动指南。实现伟大复兴是近代以来中华民族最伟大的梦想。习近平新时代中国特色社会主义思想，鲜明提出并系统论述了中国梦这个重大命题，深刻阐述了民族复兴的基本内涵，深刻揭示了我们在民族复兴历史进程中所处的方位，科学规划了民族复兴的实现路径、战略步骤，为新时代坚持和发展中国特色社会主义注入了新的内涵。党的十八大以来，习近平新时代中国特色社会主义思想在新的伟大斗争中，展现出强大的真理穿透力、价值感召力、实践引领力、文化自信力，已经成为全党全国各族人民的思想指引、行动遵循，成为我国社会主义建设各领域的科学指南，吹响了全党全国向民族复兴进军的号角，照亮了迈向民族复兴的伟大征程，注入了实现民族复兴的强大精神力量。在这一思想的指引下，中国人民实现了精神上的主动，我们比以往任何时候都更有信心、更有能力完成新时代党的历史使命，实现国家富强、民族振兴、人民幸福的中国梦。

第三节 学习本课程的目的、意义与方法

“中国特色社会主义理论与实践研究”是硕士研究生思想政治理论课的必修课程。学好这门课程，必须明确学习的目的和意义，掌握正确的学习方法。

一、学习本课程的目的和意义

本课程是在本科生思想政治理论课基础上开设的。学习本课程的目的是深化对中国特色社会主义重大理论与实践问题的认识，掌握中国特色社会主义理论体系的主要内容，特别是学习习近平新时代中国特色社会主义思想的丰富内涵和精神实质，提高运用这一理论认识和把握当代中国，分析和解决实际问题的能力和本领。

硕士研究生是青年中思想活跃、知识层次较高的群体。学习这门课程，对于硕士研究生的成长成才具有重要意义。

一是有助于系统了解中国特色社会主义理论发展和实践探索最新成果，牢固树立中国特色社会主义共同理想。本课程从理论和实践的结合上，对中国特色社会主义理论体系特别是习近平新时代中国特色社会主义思想和中国特色社会主义经济建设、政治建设、文化建设、社会建设、生态文明建设、国际战略以及党的领导和党的建设等方面进行了专题阐述。学习这门课程，有助于全面了解中国特色社会主义的基本理论观点，深刻把握中国特色社会主义的科学真理性和历史必然性，不断增强中国特色社会主义道路自信、理论自信、制度自信、

文化自信。

二是有助于认清新时代新矛盾新要求，把握社会发展趋势，促进成长成才。本课程着重阐述了中国特色社会主义开创、发展的时代背景、历史条件、实践基础，阐述了新时代中国特色社会主义的基本内涵、基本方略、战略安排等问题，进一步揭示了中国特色社会主义是当代中国发展进步的根本方向。学习这门课程，有助于将当前学习和未来发展有机衔接起来，将个人发展同社会发展趋势结合起来，在时代大潮中建功立业，成就宝贵人生。

三是有助于树立正确的世界观人生观价值观，自觉担当起实现中国梦的历史使命。中国梦是国家情怀、民族情怀、人民情怀相统一的梦，是中华民族近代以来最伟大的梦想，我们现在比历史上任何时期都更接近中华民族伟大复兴的目标。学习这门课程，有助于牢固树立为实现中华民族伟大复兴而奋斗的信心，自觉培育和践行社会主义核心价值观，做到勤学、修德、明辨、笃实，扣好人生每个阶段的扣子，使人生有信念、有梦想、有奋斗、有奉献。

习近平在党的十九大报告中对青年寄予厚望，指出：青年兴则国家兴，青年强则国家强。青年一代有理想、有本领、有担当，国家就有前途，民族就有希望。中国梦是历史的、现实的，也是未来的；是我们这一代的，更是青年一代的。中华民族伟大复兴的中国梦终将在一代代青年的接力奋斗中变为现实。全党要关心和爱护青年，为他们实现人生出彩搭建舞台。广大青年要坚定理想信念，志存高远，脚踏实地，勇做时代的弄潮儿，在实现中国梦的生动实践中放飞青春梦想，在为人民利益的不懈奋斗中书写人生华章。2018 年 5 月，习近平在北京大学师生座谈会上寄语青年，勉励广大青年要爱国、励志、求真、力行。追梦需要激情和理想，圆梦需要奋斗和奉献。广大青年应该在奋斗中释放青春激情、追逐青春理想，以青春之我、奋斗之我，为民族复兴铺路架桥，为祖国建设添砖加瓦。坚持中国特色社会主义道路，掌握中国特色社会主义理论体系，维护中国特色社会主义制度，传承中国特色社会主义文化，是青年一代放飞青春梦想、书写人生华章的根本保证。

二、学习本课程的方法

硕士研究生的学习不同于本科阶段的学习，应该更加注重学习的理论性、研究性，更加注重在学习基本知识的基础上，不断增强独立研究和思考问题的能力，努力达成新认识、收获新体会。本课程的学习方法主要有：

一是要同研读马克思主义经典著作结合起来。青年时代是世界观形成时期，也是系统接受科学的世界观和方法论的重要时期。认真研读马克思主义经典著作，掌握贯穿其中的马克思主义立场、观点、方法，是树立科学的世界观、掌握正确的方法论的重要前提。学习本课程，必须把学习课程知识同学习马克思主义经典著作结合起来，学好用好马克思主义经典著作，坚持学以致用、用以促学，原原本本学，熟读精思、学深悟透，不断提高马克思主义理论素养。

二是要同研究重大理论和实际问题结合起来。理论联系实际是马克思主义最重要的方法论原则之一。理解和把握中国特色社会主义理论体系，要在掌握相关理论、观点和知识的基础上，加强对中国特色社会主义重大问题的研究和思考。学习这门课程，必须增强对基本原理的理解和运用能力，强化问题意识，深入研究新时代中国特色社会主义面临的重大理论和实践问题，不断提高分析问题和解决问题的能力。

三是要同提高人文素养和思维能力结合起来。“中国特色社会主义理论与实践研究”课涉及哲学、政治经济学、科学社会主义等各学科原理，涵盖经济、政治、文化、社会和生态等各个领域专业知识。同时，中国特色社会主义又是在把握各种机遇和应对各方面挑战中开创和向前发展的。这就要求一方面要拓展专业学习视野，把思想政治理论学习同专业知识的学习和实际能力的提升结合起来，广泛了解经济、政治、文化、科技、社会、生态等各方面的新思想、新知识，提高综合素质特别是人文素养；另一方面要加强战略思维、创新思维、辩证思维、法治思维、底线思维，切实提升思维能力。只有这样，才能更全面深刻地认识和了解中国特色社会主义，更加坚定中国特色社会主义自信。

□ 思考题

1. 如何理解中国特色社会主义是改革开放以来党的全部理论和实践的主题？
2. 如何把握习近平新时代中国特色社会主义思想的丰富内涵？
3. 如何认识习近平新时代中国特色社会主义思想的重大意义？

第一章
中国特色社会主义进入新时代

教学基本要求

1. 了解党的十八大以来党和国家事业的历史性成就和历史性变革。

2. 把握中国特色社会主义新时代的主要内涵及其重大意义。

3. 认识我国社会主要矛盾的转化及其对党和国家工作提出的新要求。

4. 理解我国仍处于并将长期处于社会主义初级阶段的基本国情。

第一节　新时代的主要内涵和重大意义

党的十八大以来，以习近平同志为核心的党中央科学把握国内外发展大势，顺应实践要求和人民愿望，推动党和国家事业取得了历史性成就、发生了历史性变革。在新中国成立以来特别是改革开放以来我国发展取得重大成就的基础上，党的十九大作出了中国特色社会主义进入新时代的重大政治论断。这一重大政治论断，是对中国特色社会主义发展阶段、发展现状、发展方向、发展要求的科学概括，赋予党的历史使命、理论遵循、目标任务新的时代内容，为深刻把握当代中国发展变革的新特征，增强贯彻落实习近平新时代中国特色社会主义思想的自觉性和坚定性，提供了时代坐标和科学依据。

一、党和国家事业的历史性成就和历史性变革

党的十八大以来的五年，面对世界经济复苏乏力、局部冲突和动荡频发、全球性问题加剧的外部环境，面对我国经济发展进入新常态等一系列深刻变化，以习近平同志为核心的党中央，以巨大的政治勇气和强烈的责任担当，统筹推进“五位一体”总体布局，协调推进“四个全面”战略布局，提出了一系列新理念新思想新战略，出台了一系列重大方针政策，推出了一系列重大举措，推进了一系列重大工作，解决了许多长期想解决而没有解决的难题，办成了许多过去想办而没有办成的大事，党和国家事业取得了历史性成就，发生了历史性变革。

全面加强党的领导发生深刻变革。针对过去一个时期党的领导弱化问题比较普遍的状况，党中央果断提出坚持和改善党的领导的重大政治要求，强调党的领导是做好党和国家各项工作的根本保证，强调党政军民学，东西南北中，党是领导一切的，强调增强“四个意识”，坚决维护习近平总书记党中央的核心、全党的核心地位，坚决维护党中央权威和集中统一领导。从政治建设、思想建设、组织建设、作风建设、纪律建设等方面着手，完善坚持党的领导的体制机制，坚持民主集中制，严明党的政治纪律和政治规矩，坚决防止和反对个人主义、分散主义、自由主义、本位主义、好人主义和宗派主义，提高党把方向、谋大局、定政策、促改革的能力和定力，确保党始终总揽全局、协调各方。这些重大工作和重大成就，纠正了一个时期以来在坚持党的领导问题上出现的模糊认识和错误思想认识，扭转了在一些地方和部门存在的党的领导弱化和党的建设缺失现象，实现了全党思想上统一、政治上团结、行动上一致，大大增强了党的凝聚力、战斗力和领导力、号召力。

发展理念和发展方式发生深刻变革。党的十八大以来，面对国际金融危机的深层次影响和国内发展条件的深刻变化，党中央果断作出我国经济发展进入新常态的重大判断，提出创新、协调、绿色、开放、共享的发展理念，坚定不移推进供给侧结构性改革，接连推进“一带一路”建设、京津冀协同发展、长江经济带发展等重大战略，经济社会发展取得巨大成就。国内生产总值从54万亿元增长到82.7万亿元，稳居世界第二，对世界经济增长贡献率超过30%。城镇化率年均提高1.2个百分点，8 000多万农业转移人口成为城镇居民，6 000多万贫困人口稳定脱贫，城镇新增就业年均1 300万人以上。天宫、蛟龙、天眼、悟空、墨子、大飞机等重大科技成果相继问世。这些重大工作和重大成就，使全党全国的发展观念发生深刻变化，推动我国经济由高速增长阶段转向高质量发展阶段，为我国发展培育了新动力、拓展了新空间，有力推动了我国发展不断朝着更高质量、更有效率、更加公平、更可持续的方向前进。

各方面体制机制发生深刻变革。针对我国各方面体制机制存在的突出矛盾和问题，党中央果断作出全面深化改革的重大战略决策，改革全面发力、多点突破、纵深推进。5年时间内，共审议、通过重点改革文件360多个，中央和国家机关有关部门共推出1 500多项改革举措，重要领域和关键环节改革取得突破性进展，主要领域改革主体框架基本确立。农村土地“三权”分置、户籍制度、考试招生制度、生态环保等关乎民生的改革举措陆续落地实施。全面深化改革取得重大成就，国家治理体系和治理能力现代化水平明显提高，人民群众获得感显著提升，全社会发展活力和创新活力明显增强。

全面依法治国发生深刻变革。针对我国法治建设相对滞后，有法不依、执法不严、违法不究、司法不公等问题严重影响社会公平正义与和谐稳定的状况，党中央果断作出全面推进依法治国的重大决策，统筹加强科学立法、严格执法、公正司法、全民守法各环节建设，统筹推进法治国家、法治政府、法治社会一体建设，全面推进司法体制改革，中国特色社会主义法治体系日益完善。这些重大工作和重大成就，有效提高了国家机构依法履职能力，有效提高了各级领导干部运用法治思维和法治方式解决问题、推动发展的能力，有效增强了全社会法治意识，有效促进了社会公平正义，维护了人民群众合法权益，显著增强了党运用法律手段领导和治理国家的能力。

党对意识形态工作的领导发生深刻变革。针对境内外敌对势力加紧对我国进行意识形态渗透和各种错误思潮、观点给我国改革发展稳定带来的严重干扰，党中央果断作出加强党对意识形态工作领导的重大工作部署，就意识形态领域方向性、根本性、全局性问题阐明立场，坚持马克思主义在意识形态领域的指导地位，建立健全意识形态工作责任制，加强宣传舆论阵地管理，加强网络舆论监管，对错误思想敢于亮剑、敢于斗争，坚决遏制各种错误思想炒作和蔓延。这些重大工作和重大成就，大大增强了党在意识形态领域的主导权和话语权，有效扭转了意识形态领域一度出现的被动局面，社会主义核心价值观深入人心，中华优秀传统文化广泛弘扬，互联网建设管理运用不断完善，主旋律更加响亮，正能量更加强劲，文化自信得到彰显，国家文化软实力和中华文化的影响力大幅提升，全党全社会思想上的团结统一更加巩固。

生态文明建设发生深刻变革。针对导致发展不可持续和人民群众反映强烈的生态环境恶化问题，党中央把生态文明建设放在更加突出的位置，实行最严格的生态环境保护制度，倡导“绿水青山就是金山银山”的理念，全面加强生态文明制度建设，全面加强生态环境整治，积极参与全球环境治理，在生态文明建设上的重视程度、投入力度前所未有。2016 年，我国环境污染治理投资总额为 9 219.8 亿元，比 2012 年增长 11.7%。2016 年，全国自然保护区达 2 750 个，比 2012 年增加 81 个。这些重大工作和重大成就，显著增强了全党全国贯彻绿色发展理念的自觉性和主动性，有效遏制了漠视生态环境、破坏生态环境的行为和倾向，推动美丽中国建设迈出重要步伐。

国防和军队现代化发生深刻变革。针对国防和军队建设上存在的许多体制性障碍、结构性矛盾，以及部队内部的不正之风、腐败问题，党中央果断作出在全军开展正风肃纪的重大政治决策，对新形势下政治建军作出部署，坚定不移开展党风廉政建设和反腐败斗争。坚持改革强军，全面深化国防和军队改革，形成军委管总、战区主战、军种主建新格局，推动人民军队组织架构和力量体系实现革命性重塑。坚持依法治军、从严治军，推进治军方式根本性转变。坚持战斗力这个唯一的根本的标准，推进科技兴军，加强练兵备战。坚持统筹发展和安全两件大事，提出总体国家安全观，组建中央国家安全委员会，全面加强国家安全工作，突出抓好维护政治安全。这些重大举措和重大工作，加强了党对军队的绝对领导，国防和军队改革取得历史性突破，实现了人民军队政治生态重塑、组织形态重塑、力量体系重塑、作风形象重塑，提高了国防和军队现代化建设水平，显著加强了国家安全工作，显著提升了我们维护国家主权、安全、发展利益的能力。

中国特色大国外交发生深刻变革。针对来自外部环境的严峻挑战，特别是一些西方国家加紧对我国进行围堵、干扰、遏制，党中央果断对外交总体布局作出战略谋划，坚持统筹国内国际两个大局，推进全方位外交，提出构建人类命运共同体，坚持正确义利观，阐明我国的全球治理观、新安全观、新发展观、全球化观等，倡议和推动“一带一路”建设，构建覆盖全球的伙伴关系网络，促进全球治理体系变革，在对外工作上取得一系列新突破，形成了全方位、多层次、立体化的中国特色大国外交布局。审时度势、精心运筹，开展钓鱼岛维权斗争，划设东海防空识别区并实施常态化管控，强化对南海重点岛礁和海域管控，抓住时机推进南海岛礁扩建工程建设，取得了经略海洋、维护海权的历史性突破。这些重大工作和重大成就，大大提高了我国国际影响力、感召力、塑造力，营造了我国发展的和平国际环境和良好周边环境，提高了我国参与全球治理能力和水平，为我国发展在国际上赢得了战略主动，为世界和平与发展作出了新的重大贡献。

全面从严治党发生深刻变革。针对新形势下党执政面临许多新的重大风险考验和党内存在的腐败等突出问题，党中央果断作出全面从严治党战略部署，着力解决人民群众反映最强烈、对党的执政基础威胁最大的突出问题。大力推进理想信念教育，开展党的群众路线教育实践活动和“三严三实”① 专题教育，推进“两学一做”② 学习教育常态化制度化。严肃党内政治生活，严明党的政治纪律和政治规矩，坚决纠正选人用人上的不正之风。出台并坚持实施中央八项规定，严厉整治“四风”③ 问题，坚决反对特权。全面强化党内监督，实现中央和省级党委巡视全覆盖。坚持反腐败无禁区、全覆盖、零容忍，坚定不移“打虎”“拍蝇”“猎狐”。这些重大工作和重大成就，刹住了一些过去被认为不可能刹住的歪风邪气，攻克了一些司空见惯的顽瘴痼疾，形成了反腐败斗争压倒性态势，消除了党和国家内部存在的严重隐患。管党治党实现从“宽松软”到“严紧硬”的深刻转变。党内政治生活气象更新，党内政治生态明显好转，全党理想信念更加坚定、党性更加坚强，党自我净化、自我完善、自我革新、自我提高能力显著增强，党的执政基础和群众基础更加巩固，为党和国家事业发展提供了坚强政治保证。

党和国家事业取得的历史性成就是全方位的、开创性的，历史性变革是深层次的、根本性的。这些历史性变革的力度之大、程度之深、范围之广、成效之卓著，在党的历史上、在新中国历史上、在中华民族发展史上都具有极其重要的意义，必将对中国特色社会主义事业的

---

① 严以修身、严以用权、严以律己，谋事要实、创业要实、做人要实。

② 学党章党规、学系列讲话，做合格党员。

③ 形式主义、官僚主义、享乐主义和奢靡之风。

发展产生全局性和根本性的影响。

二、新时代的主要内涵

中国特色社会主义进入新时代，是根据中国特色社会主义进入新的发展阶段，我国社会主要矛盾发生新的转化，“两个一百年”历史交汇期新的奋斗目标，我国国际环境发生新的变化等客观实际作出的重要论断，具有充分的时代依据、理论依据和实践依据。它不是凭空产生的，也不是一个简单的新概念表述，而是经济社会发展到一定阶段发生的必然历史飞跃，具有丰富深厚的思想内涵。

第一，中国特色社会主义新时代，是承前启后、继往开来、在新的历史条件下继续夺取中国特色社会主义伟大胜利的时代。党的十一届三中全会以来，中国共产党带领人民走中国特色社会主义道路，极大激发了中国人民的创造力和活力，极大地解放和发展了社会生产力，我国国际地位得到了极大提升，社会主义在中国展现出强大的生命力。中国特色社会主义建设取得的辉煌成就，为继续夺取中国特色社会主义伟大胜利奠定了坚实基础。在中国特色社会主义新时代，中国人民将在中国共产党的团结带领下，继续紧紧围绕坚持和发展中国特色社会主义这一主题，奋力实现“两个一百年”奋斗目标，谱写中国特色社会主义新的伟大篇章。

第二，中国特色社会主义新时代，是决胜全面建成小康社会、进而全面建设社会主义现代化强国的时代。当代中国已经进入决胜全面建成小康社会、开启全面建设社会主义现代化国家新征程的历史阶段。按照党的十九大的战略部署，到 2020 年我国将如期全面建成小康社会，为此需要统筹推进经济建设、政治建设、文化建设、社会建设、生态文明建设，战胜各种风险考验，闯过各种难关险滩；到 2035 年我国将基本实现社会主义现代化，到那时，我国经济实力、科技实力、国家文化软实力等将大幅跃升，全体人民共同富裕迈出坚实步伐；到本世纪中叶我国将建成富强民主文明和谐美丽的社会主义现代化强国，中华民族将以更加昂扬的姿态屹立于世界民族之林。这一战略安排科学而宏大，但是其任务也极其繁重，前路更是有无数的困难和障碍需要跨越。因此，坚韧不拔、锲而不舍地为全面建成小康社会、全面建设社会主义现代化强国而奋斗，是中国特色社会主义新时代的必然要求和历史使命。

第三，中国特色社会主义新时代，是全国各族人民团结奋斗、不断创造美好生活、逐步实现全体人民共同富裕的时代。人民对美好生活的向往始终是党的奋斗目标。社会主义的本质是解放生产力，发展生产力，消灭剥削，消除两极分化，最终达到共同富裕。党的十九大明确了以人民为中心的发展思想，把不断创造美好生活、不断促进人的全面发展、逐步实现全体人民共同富裕，作为发展的目标和归宿，作为制定路线方针政策和战略部署的基本依据。中国特色社会主义新时代的重大任务，就是把党的群众路线贯彻到治国理政全部活动之中，集中精力解决人民群众关心关注的切身利益问题，使全体人民在共建共享发展中有更多获得感。中国特色社会主义新时代具有鲜明的人民性特质，中国人民美好生活的状况将与国家综合实力的发展和民族精神的高扬同向同行，人民群众将在实现国家富强、民族复兴的伟大实践中享有更加幸福安康的生活，获得更加全面的发展。

第四，中国特色社会主义新时代，是全体中华儿女勠力同心、奋力实现中华民族伟大复兴中国梦的时代。实现中华民族伟大复兴的中国梦，是鸦片战争以来中国人民最伟大的梦想，凝聚了几代中国人的夙愿，是每一个中华儿女的共同期盼。为实现这一伟大梦想，中国共产党领导中国人民进行了坚持不懈的努力奋斗，中国这个世界上最大的发展中国家创造了人类社会发展史上惊天动地的发展奇迹，中华民族展现出强大活力，焕发出蓬勃生机。经过党的十八大以来的历史性变革，今天我们比历史上任何时期都更接近、更有信心和能力实现这一伟大梦想。在中国特色社会主义新时代，凝聚起全体中华儿女同心共筑中国梦的巨大力量，接续奋斗、砥砺前行，我们就一定能够创造更多更大的发展奇迹，一定能够顺利到达民族复兴的光辉彼岸。

第五，中国特色社会主义新时代，是我国日益走近世界舞台中央、不断为人类作出更大贡献的时代。当今世界是密切联系、相互影响的统一体，中国人民的梦想和各国人民的梦想息息相通，中国的利益和世界的利益不可分割。改革开放以来，随着中国经济社会的不断发展，随着我国对全球经济贸易和全球治理进程的深度参与，中国与世界的关系发生了根本性变化。今天，中国的发展已经成为世界发展不可分割的重要组成部分，并且为世界各国特别是广大发展中国家提供了重要借鉴。在中国特色社会主义新时代，面对国际格局和国际关系的深刻变化，面对更加波谲云诡的国际环境，我国必须统筹国内国际两个大局，始终高举和平、发展、合作、共赢的旗帜，恪守维护世界和平、促进共同发展的外交政策宗旨，积极发展全球伙伴关系，参与全球治理体系改革和建设，推动构建人类命运共同体，为建成一个持久和平、普遍安全、共同繁荣、开放包容、清洁美丽的新世界作出新的更大贡献。

三、中国特色社会主义进入新时代的重大意义

中国特色社会主义进入新时代，这在中华人民共和国发展史上、中华民族发展史上具有重大意义，在世界社会主义发展史上、人类社会发展史上也具有重大意义。

第一，中国特色社会主义进入新时代，意味着近代以来久经磨难的中华民族迎来了从站起来、富起来到强起来的伟大飞跃，迎来了实现中华民族伟大复兴的光明前景。近代以来，中华民族经历了从落后挨打到独立自主、从积贫积弱到繁荣富强的发展历程。经过中国人民的长期奋斗和不懈努力，我国的综合国力日益强大，中国今天已步入

了从大国走向强国的关键历史阶段，中华民族终于迎来了从站起来、富起来到强起来的伟大飞跃，中华民族伟大复兴梦想实现的脚步声越来越清晰。中国之强，不只是简单的物质财富总量的提升，而是体现在社会的方方面面。随着创新驱动发展战略的不断实施，我国产业结构不断优化，产业和产品向产业链高端不断跃升，中国经济正一步步实现从量的增长到质的提升的转变；通过建设社会主义文化强国，我国在价值观念、思想文化等方面的“软实力”不断提升，特别是党的十八大以来，通过牢牢掌握意识形态工作领导权和话语权，培育和践行社会主义核心价值观，传承和弘扬中华优秀传统文化，大力推进文化事业与文化产业发展，中国人民的精神力量和文化自信不断增强，中华文化对世界其他地区的吸引力显著提升。当然，我们绝不能被既有的成绩冲昏头脑，而是要清醒地看到，与发达国家相比，我们在科技、经济、民生等方面仍然存在不小的差距，建设社会主义现代化强国仍然任重道远。但这绝不应当成为前进的障碍，恰恰是我们进一步前进的动力。

第二，中国特色社会主义进入新时代，意味着科学社会主义在21世纪的中国焕发出强大生机活力，在世界上高高举起了中国特色社会主义伟大旗帜。中国特色社会主义是科学社会主义理论逻辑和中国社会历史发展逻辑的辩证统一。改革开放以来历次党的全国代表大会，逐步绘就了中国特色社会主义发展蓝图。正是在始终坚持科学社会主义基本原则的基础上，紧密结合中国国情、发展实际和时代任务，适时顺应人民群众对美好生活的向往和期待，才形成了扎根中国大地的中国特色社会主义。党的十八大以来，中国特色社会主义各项事业稳步前进，社会主义在中国彰显出勃勃生机：党的领导力、号召力和凝聚力、战斗力不断增强，经济社会发展朝着更高质量、更有效率、更加公平、更可持续的方向日益前进，改革呈现全面发力、多点突破、纵深推进的崭新局面，全面依法治国不断走向深入，美丽中国建设迈出重要步伐，国防和军队改革取得历史性突破，中国特色大国外交赢得更多关注与认同。特别值得一提的是，如果说我国社会主义实践前半程的主要历史任务是建立社会主义基本制度，并在这个基础上进行改革，那么党的十八大以来的一个重要转变就是，中国特色社会主义进入了通过全面深化改革推进社会主义制度更加成熟定型的全新阶段。面对科学社会主义在中国落地生根、枝繁叶茂的景象，再回看20世纪90年代东欧剧变、苏联解体以及整个世界社会主义运动的重大挫折，的确令人唏嘘感慨。中国特色社会主义取得的巨大成就、展现出来的强大活力，提升了社会主义在世界的影响力，充分证明了科学社会主义的真理性，为世界社会主义运动提供了丰厚经验和强大推力。

第三，中国特色社会主义进入新时代，意味着中国特色社会主义道路、理论、制度、文化不断发展，拓展了发展中国家走向现代化的途径，给世界上那些既希望加快发展又保持自身独立性的国家和民族提供了全新选择，为解决人类问题贡献了中国智慧和中国方案。中国特色社会主义新时代，以中国特色社会主义建设的显著成就和成功经验，为各国的发展进步提供了中国经验，为世界的和平发展贡献了中国力量。中国特色社会主义的成功实践，打破了以往西方现代化道路对世界发展的垄断地位，证明了在实现现代化的进程中，不是一条道路，而是多种选择。无论什么国家，必须把近代以来世界范围内的现代化趋势与本国的具体实际相结合，探索既符合现代化发展一般规律、又能与本国历史文化传统和经济社会发展水平相适应的发展道路，才能既摆脱西方现代化的弊端，又实现本国现代化的目标。中国特色社会主义建设的不断发展，在现代化和民族特色之间找到了相融相济的发展方式，在融入世界全局和维护国家主权之间架起了互补互利的共赢桥梁，不仅顺应了现代化发展的世界潮流，而且弘扬了民族传统和本国优势，破解了困扰发展中国家在走向现代化与保持独立性之间的难题。中国特色社会主义既大力推进国家治理体系和治理能力现代化，又努力维护世界和平发展、推进全球治理，在国际事务中发挥负责任大国的积极作用，既坚持中国是现行国际体系的参与者、建设者、贡献者，是国际合作的倡导者和国际多边主义的积极参与者，又积极推进全球治理理念的创新发展，倡导建立由各国共商共建共享的全球治理体系，为解决当今世界的全球性问题贡献了智慧。

新时代要有新气象新作为。落实新时代的新要求，创造无愧于新时代的新成就，要以习近平新时代中国特色社会主义思想为科学指引，进行统揽伟大斗争、伟大工程、伟大事业、伟大梦想的伟大实践，以新的理念举措和新的精神风貌，不断把中国特色社会主义推向前进。

第二节　我国社会主要矛盾的转化

新中国成立以来特别是改革开放以来我国社会主义现代化建设取得的历史性成就，深刻地改变着我国社会的基本面貌。随着中国特色社会主义进入新时代，过去对我国社会主要矛盾的表述，已经不能全面反映我国社会变化了的现实。因此，党的十九大作出了我国社会主要矛盾已经转化为人民日益增长的美好生活需要和不平衡不充分的发展之间的矛盾这一论断。我国社会主要矛盾的变化是关系全局的历史性变化，对党和国家工作提出了许多新要求。

一、我国社会主要矛盾转化的依据

习近平在党的十九大报告中，坚持辩证唯物主义和历史唯物主义的方法论，从我国发展的客观实际出发，作出了我国社会主要矛盾已经转化的政治论断。具体说来，作出这一重大论断的主要依据有：

第一，随着我国社会生产力水平总体上显著提高，社会生产能力在很多方面进入世界前列，“落后的社会生产”已经不能真实反映我国发展的状况。

近代中国逐步沦为半殖民地半封建社会，社会生产水平很低。新中国成立后，特别是改革开放以来，中国人民在党的领导下奋发进取，社会生产水平显著提高。党的十八大以来，党和国家事业发展取得历史性成就、发生历史性变革。社会生产水平发生了根本改变，推动我国经济实力、科技实力、国防实力、综合国力进入世界前列，我国国际地位实现了前所未有的提升。我国国内生产总值自 2010 年开始稳居世界第二位，货物进出口和服务贸易总额均居世界第二位，对外投资和利用外资分别居世界第二位、第三位，基础设施建设部分领域遥遥领先，高铁运营总里程、高速公路总里程和港口吞吐量均居世界第一位。工农业生产能力大幅提高，220 多种主要工农业产品生产能力稳居世界第一位。我国科学研究取得显著成果，一系列重大科技成果相继问世，诸多成果在世界科技领域处于领先地位。中国特色社会主义经济建设、民主政治建设、先进文化建设、社会建设和民生建设、生态文明建设等，都取得了显著成绩，推动当代中国发展站在了新的历史起点上。这表明，我国长期所处的短缺经济和供给不足状况已经发生根本性转变，构成社会主要矛盾的供给方面已经变化。必须准确判断我国发展的实际状况，制定切合实际的发展战略。

第二，随着改革开放的不断深入，人民生活的温饱问题稳定解决，总体上实现了小康，不久将全面建成小康社会，人民提出了日益增长的美好生活需要。

当前，我国人民的生活状况已经发生了显著的变化。人均国内生产总值从 1978 年的 385 元增长到 2017 年的 59 660 元，年均增长约 9.5%，已经达到中等偏上收入国家水平；城镇居民人均可支配收入和农村居民人均可支配收入分别从 1978 年的 343.4 元、133.6 元提高到 2017 年的 36 396 元、13 432 元；农村贫困发生率从 1978 年的 97.5% 大幅下降到 2017 年的 3.1%，远低于世界平均水平；居民受教育程度不断提高，九年义务教育全面普及，高等教育毛入学率 2017 年达到 45.7%，高出世界平均水平近 10 个百分点；城乡居民健康状况显著改善，居民平均预期寿命 2017 年达到 76.7 岁，高于世界平均水平；社会保障水平极大提高，覆盖城乡的社会保障体系基本建立，其他很多方面的民生保障也有显著改善。随着生活显著改善，人民群众对美好生活的向往更加强烈，提出了全面提高美好生活质量与水平的要求，人民群众的需要呈现多样化、个性化、多层次、多方面的特点。同时，随着物质文化生活水平的提高和社会的全面进步，社会矛盾的发展也呈现新的特点，经济社会发展不平衡和不充分的问题更加突出，深层次社会矛盾和发展中滋生的社会矛盾，提出了进一步实现社会公平正义的强烈要求。人民群众在民主、法治、公平、正义、安全、环境等方面的要求日益增长，期盼有更好的教育、更稳定的工作、更满意的收入、更可靠的社会保障、更高水平的医疗卫生服务、更舒适的居住条件、更优美的环境、更丰富的精神文化生活，尤其对下一代的生活给予了新的期待。这表明，构成社会主要矛盾的需求方面已经变化，必须准确把握人民群众的期盼与向往，切实满足人民群众变化了的实际需要，以赢得人民群众的信任，实现党的历史使命。

第三，在影响人民美好生活需要、制约社会和谐稳定的诸多因素中，发展不平衡不充分已成为满足人民日益增长的美好生活需要的主要制约因素。

我国发展中影响和制约人民美好生活需要的因素还很多。比如，发展质量和效益还不高，创新能力不够强，实体经济水平有待提高，民生领域还有不少短板，脱贫攻坚任务艰巨，城乡区域发展和收入分配差距依然较大，生态环境保护任重道远，等等。这些问题说到底是发展不平衡不充分的问题。发展不平衡，主要指各区域各领域各方面发展不够平衡，包括经济社会发展各个领域各个方面不够平衡，存在“一条腿长、一条腿短”的失衡现象，制约了全国发展水平的提升。

发展不充分，主要指一些地区、一些领域、一些方面还存在发展不足的问题，发展的任务仍然很重。发展是一个长期动态的过程，发展不平衡不充分是绝对的、不以人的意志为转移的，解决不平衡不充分的问题将贯穿我国发展的始终。但是，当我国发展进入一定阶段，已有矛盾得到一定程度缓解以后，不平衡不充分就成为社会主要矛盾的主要方面。这就要求我们必须认真解决不平衡不充分的问题，以带动其他问题和矛盾的解决，实现新的基础上的新的发展。

党的十九大关于社会主要矛盾变化的重大论断，反映了我国社会发展的客观实际，丰富和发展了马克思主义矛盾学说，是党的重大理论创新成果。

二、社会主要矛盾变化是关系全局的历史性变化

矛盾学说和矛盾分析方法，是马克思主义的重要组成部分。生产力与生产关系、经济基础与上层建筑的矛盾，是人类社会的基本矛盾。这一基本矛盾的运动和发展，推动着人类社会不断前进。社会主要矛盾是社会基本矛盾在一定社会历史阶段的具体表现，反映着这种社会形态在一定发展阶段存在的最突出问题。它“规定或影响着其他矛盾”① 的存在和发展，在社会发展的各个阶段中“起着领导的、决定的作用”②。科学分析和判断社会主要矛盾，历来是党制定大政方针和发展战略的重要依据。

新民主主义革命时期，党正确分析了半殖民地半封建社会的社会矛盾，紧紧抓住帝国主义与中华民族、封建主义与人民大众这一社会主要矛盾及其不同时期的具体表现，制定了新民主主义革命总路线和一系列方针政策，领导人民取得了新民主主义革命的胜利。新中国成

① 《毛泽东选集》第 1 卷，人民出版社 1991 年版，第 320 页。
② 《毛泽东选集》第 1 卷，人民出版社 1991 年版，第 322 页。

立后特别是我国社会主义基本制度确立后，对社会主要矛盾作出了符合当时我国实际的概括。党的八大指出：国内的主要矛盾，已经是人民对于建立先进的工业国的要求同落后的农业国的现实之间的矛盾，已经是人民对于经济文化迅速发展的需要同当前经济文化不能满足人民需要的状况之间的矛盾。这个提法是符合当时我国实际的。但是，由于复杂的社会历史原因，这一正确论断没有坚持下来。十一届三中全会后，党科学分析我国社会主义初级阶段基本国情，将我国社会主要矛盾进一步精简和凝练为“人民日益增长的物质文化需要同落后的社会生产之间的矛盾”。改革开放以来，党根据这一主要矛盾制定和坚持了正确的路线方针政策，中国特色社会主义建设事业取得了巨大成就。

经过改革开放40年来特别是党的十八大以来的发展，我国经济社会发展状况发生了根本性变化，原来对我国社会主要矛盾的概括已经不能全面反映我国社会变化了的现实。立足中国实际，党的十九大报告将我国社会主要矛盾的表述修改为：人民日益增长的美好生活需要和不平衡不充分的发展之间的矛盾。必须认识到，我国社会主要矛盾的变化的新表述表明，我国已经站到了一个新的历史起点上，中国特色社会主义已经进入新时代。

社会主要矛盾的变化，意味着解决发展的不平衡、不充分问题，满足人民日益增长的美好生活需要，将成为中国特色社会主义新时代的主要任务。因此，必须继续统筹推进“五位一体”总体布局、协调推进“四个全面”战略布局，贯彻新发展理念，建设现代化经济体系，更好满足人民日益增长的美好生活需要，更好推动人的全面发展、社会全面进步，夺取新时代中国特色社会主义的伟大胜利。

我国社会主要矛盾的变化及其表现出来的全局性特点，对党和国家工作提出了许多新要求。

一是更好地贯彻以人民为中心的发展思想。人民群众需求的变化，必将对我国发展全局产生广泛而深刻的影响。只有站稳人民立场，通过调整和完善各项发展战略、政策，在继续推动发展的基础上着力解决好发展不平衡不充分的问题，才能为实现人民对美好生活的向往提供物质基础。只有把人民利益摆在最高位置，坚持在发展中保障和改善民生，解决好群众最关心最直接最现实的利益问题，推动发展成果更多更公平惠及全体人民，才能使人民更有获得感、幸福感、安全感。在不断提高人民的物质文化生活水平的同时，还需要呼应人民群众在民主、法治、公平、正义、安全、环境等各方面的要求，更好满足人民对美好生活的需要。

二是进一步从全局的高度思考和谋划党和国家工作。理解社会主要矛盾，解决社会主要矛盾，要具体落实到各个领域、各个方面、各项工作中去。要紧密联系党和国家重点工作，紧密联系人民群众的愿望和期待，贯彻落实新发展理念，着力实现物质文明、政治文明、精神文明、社会文明、生态文明的共同提升，实现社会主义现代化建设各领域、各方面相互促进、全面发展。

三是把当前任务和长远目标结合起来。我国社会主要矛盾新的表述不是一个短期的概念，而是要管相当长的历史时期，具有很强的现实针对性、工作导向和实践要求。要结合当前任务和长远目标，坚持辩证唯物主义和历史唯物主义的方法论，在继续推动发展的基础上，着力解决好发展不平衡不充分的问题，大力提升发展质量和效益，更好满足人民在各方面日益增长的需要，更好推动人的全面发展、社会全面进步。

第三节　我国仍处于并将长期处于社会主义初级阶段

我国仍处于并将长期处于社会主义初级阶段，是对当代中国基本国情的科学判断。我国社会主要矛盾发生关系全局的历史性变化，中国特色社会主义进入新时代，没有改变我国仍处于并将长期处于社会主义初级阶段的基本国情，没有改变我国是世界上最大发展中国家的国际地位。

一、我国社会主义初级阶段基本国情没有变

国情是指一个国家历史文化传统、自然地理环境、社会经济发展状况以及国际关系等各个方面的总和，其中最主要的是指其在一定历史时期内的社会性质及其所处的发展阶段。我国仍处于并将长期处于社会主义初级阶段，是当代中国的最大国情、最大实际，是建设中国特色社会主义的总依据。

我国仍处于并将长期处于社会主义初级阶段的论断，是中国共产党依据马克思主义基本原理，认真分析我国基本国情，深刻总结社会主义发展经验教训得出的科学结论。党的十一届六中全会首次提出“我们的社会主义制度还是处于初级的阶段”，党的十二大提出“我国的社会主义社会现在还处在初级发展阶段”。党的十三大系统阐述了社会主义初级阶段的基本内涵，提出了党在社会主义初级阶段的基本路线。此后，党的历次代表大会均重申我国依然处于社会主义初级阶段的判断，不断丰富和发展社会主义初级阶段理论。党的十八大以来，党和国家事业取得历史性成就、发生历史性变革，但这并没有改变党对我国社会主义所处历史阶段的判断。党的十九大指出：我国社会主要矛盾的变化，没有改变我们对我国社会主义所处历史阶段的判断，我国仍处于并将长期处于社会主义初级阶段的基本国情没有变。

社会主义初级阶段，特指中国走上了社会主义道路但尚不发达的阶段。社会主义的不发达既表现在经济方面，也表现在政治、文化、社会、生态等其他方面。改革开放以来，特别是党的十八大以来，党和国家事业取得了历史性成就、发生了历史性变革。然而总体说来，

我国还没有从根本上摆脱不发达的状态：发展不平衡不充分的一些突出问题尚未解决，民生领域还有不少短板，社会文明水平尚需提高，国家治理体系和治理能力有待加强，一些改革部署和重大政策措施需要进一步落实，党的建设方面还存在不少薄弱环节。

社会主义初级阶段，是一个长期的发展过程，至少需要上百年时间。在这个不断前进的历史进程中，必然要经历若干具体的发展阶段，呈现出不同的阶段性特征，我国社会的主要矛盾也必然会随着社会发展而变化。但这些变化，并不意味着社会主义初级阶段的基本国情发生了变化，而是在社会主义初级阶段这个历史阶段中发生的变化。厘清社会主义社会发展的长期性与阶段性的关系，把握和运用好变与不变的辩证法，才能正确认识我国仍处于并将长期处于社会主义初级阶段的判断。

坚持我国仍处于并将长期处于社会主义初级阶段的判断，不仅在经济建设中要始终立足初级阶段，而且在政治建设、文化建设、社会建设、生态文明建设中也要始终牢记初级阶段；不仅在经济总量低时要立足初级阶段，而且在经济总量提高后仍然要牢记初级阶段；不仅在谋划长远发展时要立足初级阶段，而且在日常工作中也要牢记初级阶段。同时，要敏锐把握新变化新阶段新形势，以新发展理念引领新发展，推动各项事业全面发展，积小胜为大胜，积跬步至千里，不断推动中国特色社会主义伟大事业取得新胜利。

二、我国是最大发展中国家的国际地位没有变

发展中国家一般是指与发达国家相对的经济、社会、科学技术、人民生活水平等方面发展程度较低的国家。改革开放以来，虽然中国经济高速增长，经济总量迅速增加、社会结构显著变化、科学技术水平和人民生活水平有了较大提升，但与西方发达国家相比，中国仍然属于发展中国家。

一是从人口数量和质量来看，中国目前人口总数已超过 13 亿，根据 2010 年第六次全国人口普查主要数据公报，截至 2010 年，我国文盲率（15 岁及以上不识字的人口占总人口的比重）为 4.08%，无论是人口总数还是文盲和半文盲人口数，中国都是世界上最多的国家之一。二是从人均国内生产总值来看，尽管中国国内生产总值已达 80 万亿人民币，稳居世界第二，但中国的人均国内生产总值 2016 年仍然排在世界第 74 位，按联合国公布的 2016 年“人类发展指数”，中国在世界上排名第 90 位，不仅与发达国家差距很大，而且也低于许多发展中国家。三是从人民生活水平看，虽然中国人民生活水平已总体达到小康水平，正在向全面小康迈进，但中国仍然有约 3 000 万贫困人口，其中相当一部分居住在边远艰苦地区，处于深度贫困状态。四是发展不平衡、不充分的一些突出问题尚未解决，发展质量和效益还不高、创新能力不够强、民生领域还有不少短板。除贫困问题之外，我国城乡区域发展和收入分配差距依然较大，群众在就业、教育、医疗、居住、养老等方面面临不少难题，生态环境保护任重道远，社会文明水平尚需提高，国家治理体系和治理能力有待加强。五是从工业化和城镇化水平看，中国工业化任务还没有完成，处于工业化后期阶段，常住人口城镇化率虽然已达到 57.4%，但城市化水平仍有待进一步提高。实现从制造大国向制造强国的转变，从高速增长转向高质量发展，还有很长的路要走。

中国作为世界上最大的发展中国家，发展依然是我们的第一要务。发展是人类社会永恒的主题，也是增进人民福祉、促进社会全面进步的基本途径。改革开放以来的实践已经充分证明，发展是硬道理，是解决我国所有问题的基础和关键。只有推动经济持续健康发展，才能筑牢国家繁荣富强、人民幸福安康、社会和谐稳定的物质基础。必须坚持以人民为中心的发展思想，坚持以新发展理念统领发展全局，坚持以提高发展质量和效益为中心，着力解决制约发展的结构性、体制性矛盾和问题，着力调整优化经济结构、推进发展方式转变，着力推进创新驱动发展，着力推进新型工业化、信息化、城镇化、农业现代化同步发展，实现更高质量、更有效率、更加公平、更可持续的发展。

中国在努力实现自身发展的同时，也积极承担应尽的国际义务，提供国际公共产品。中国通过自身的和平发展，使13亿多人过上越来越好的生活，这本身就是对世界和平与发展的最大贡献。中国经济的持续健康发展，也为全球经济稳定和持续增长提供强大动力。中国对全球经济增长的贡献率超过30%。同时，中国提出“一带一路”倡议，成立金砖国家开发银行、亚洲基础设施投资银行等，是中国承担更多国际责任、完善全球经济治理体系、提供国际公共产品的建设性举动，随着国力不断增强，中国将在力所能及范围内承担更多国际责任和义务，为人类和平与发展作出更大贡献。

三、坚持社会主义初级阶段党的基本路线

基本路线是中国共产党在一定历史时期指导全局的总任务、总方针、总政策的集中概括，是党的指导思想和基本理论的集中体现，是党在一定历史时期全部实践的指南和依据。历史经验证明，基本路线正确，党领导的事业就发展进步；基本路线失误，党领导的事业就停滞受挫。

党在社会主义初级阶段的基本路线是：领导和团结全国各族人民，以经济建设为中心，坚持四项基本原则，坚持改革开放，自力更生，艰苦创业，为把我国建设成为富强民主文明和谐美丽的社会主义现代化强国而奋斗。改革开放以来，党坚持社会主义初级阶段的基本路线，始终扭住经济建设这个中心不放，大力解放和发展社会生产力，积累了丰厚的物质财富；坚定不移地坚持四项基本原则和改革开放不动摇，有效抵制了改弦易辙的邪路和封闭僵化的老路。我国综合国力和世界影响力不断提升，人民的物质文化生活水平发生了根本改善，社会发

展不断迈上新的台阶。

党的基本路线是党和国家的生命线、人民的幸福线。中国特色社会主义进入新时代，坚持党在社会主义初级阶段的基本路线，依然要牢牢抓住“一个中心、两个基本点”，把以经济建设为中心作为兴国之要、把四项基本原则作为立国之本、把改革开放作为强国之路，任何时候都不能有丝毫偏离和动摇。

毫不动摇坚持以经济建设为中心。在中国特色社会主义新时代，坚持以经济建设为中心，就是要坚持以人民为中心的发展思想，坚持创新、协调、绿色、开放、共享的发展理念，紧紧围绕坚持和发展中国特色社会主义的总任务，牢牢把握在全面建成小康社会的基础上，分两步实现本世纪中叶建成富强民主文明和谐美丽的社会主义现代化强国的奋斗目标。适应我国经济已由高速增长阶段转向高质量发展阶段的实际情况，统筹推进“五位一体”总体布局，协调推进“四个全面”战略布局，实施科教兴国战略、人才强国战略、创新驱动发展战略、乡村振兴战略、区域协调发展战略、可持续发展战略、军民融合发展战略，充分发挥创新作为引领发展第一动力的作用，转变发展方式、优化经济结构、转换增长动力，实现质量第一、效益优先的发展要求，实现更高质量、更有效率、更加公平、更可持续发展，为实现“两个一百年”奋斗目标、实现中华民族伟大复兴的中国梦打下坚实物质基础。

毫不动摇坚持四项基本原则。坚持社会主义道路、坚持人民民主专政、坚持中国共产党的领导、坚持马克思列宁主义毛泽东思想，这四项基本原则，是我们的立国之本，是党和国家生存发展的政治基石。毫不动摇坚持四项基本原则，核心是坚持和加强党的全面领导。中国特色社会主义最本质的特征是中国共产党领导，中国特色社会主义制度的最大优势是中国共产党领导。要坚持党政军民学，东西南北中，党是领导一切的，把党的领导贯彻落实到党和国家事业各个领域、各个方面，自觉维护党中央的权威和集中统一领导，确保各项工作在党的统一领导下不断推向前进。

毫不动摇坚持改革开放。改革开放是当代中国最鲜明的特色，是发展中国、发展社会主义、发展马克思主义的强大动力。面对当今世界形势变化带来的新挑战和当前我国发展面临的一系列突出矛盾和问题，必须毫不动摇坚持改革开放。坚定不移全面深化改革，要更加注重改革的系统性、整体性、协调性，发挥群众首创精神，勇于自我革命，敢于涉深水区、啃硬骨头，坚决破除利益固化藩篱，向积存多年的顽瘴痼疾开刀。坚定不移实施对外开放基本国策，主动参与和推动经济全球化进程，发展更高层次的开放型经济，推动形成全面开放新格局。要发扬自力更生、艰苦创业的奋斗精神，大力推进理论创新、实践创新、制度创新和其他方面的创新，永不僵化、永不停滞，把改革开放和建设中国特色社会主义的伟大事业不断推向前进。

□ 思考题

1. 中国特色社会主义新时代的主要内涵和重大意义是什么？
2. 如何理解我国社会主要矛盾的转化及其影响？
3. 为什么说我国仍处于并将长期处于社会主义初级阶段？

第二章
新时代中国共产党的历史使命

教学基本要求

1. 了解中国共产党的初心和使命。

2. 把握“四个伟大”的科学内涵及其内在关系。

3. 认识新时代中国特色社会主义发展的战略安排及其重大意义。

第一节 中国共产党的初心和使命

中国共产党的初心和使命，就是为中国人民谋幸福，为中华民族谋复兴。中国共产党成立 90 多年来，之所以能够攻克一个又一个看似不可攻克的难关，创造一个又一个彪炳史册的人间奇迹，其根本原因在于中国共产党始终不忘初心、牢记使命、不懈奋斗。

一、中国共产党义无反顾肩负起实现中华民族伟大复兴的历史使命

实现中华民族伟大复兴，是近代以来中华民族最伟大的梦想。中华民族有 5 000 多年的文明史，创造了灿烂的中华文明，塑造了辉煌的古代中国。自秦汉以来，中华民族在世界上独领风骚逾千年，为人类社会发展作出了卓越贡献。近代以来，帝国主义的入侵使中国濒临亡国灭种的边缘，中国陷入了山河破碎、内忧外患的黑暗境地，中国

人民坠入了战乱频仍、民不聊生的深重苦难之中。从1840年鸦片战争爆发、中国沦为半殖民地半封建社会，到1919年五四运动之前，无数仁人志士“以爱国相砥砺，以救亡为己任”，不屈不挠、前仆后继，进行了可歌可泣的斗争，提出了各式各样的救国方案，但都以失败告终。太平天国运动失败了，旧式农民提不出代表先进生产力发展要求的纲领，农民革命战胜不了封建王朝；洋务运动失败了，封建地主阶级的“自救”运动抵御不了资本主义，兴办洋务复兴不了中国；资产阶级改良主义失败了，维新变法救不了中国；旧式资产阶级民主革命虽然结束了统治中国几千年的君主专制制度，但并没有改变半殖民地半封建的社会性质，民族复兴依然看不到曙光。中国共产党之外的各派政治力量都未能改变旧中国的社会性质和中国人民的悲惨命运，都没能担负起民族独立、人民解放的历史使命，中国依然处于乱世之中。大浪淘沙，历史呼唤真正合格的使命担当者。谁能够承担起实现民族独立、人民解放的历史使命，谁就能赢得中国各民族人民的衷心拥护，成为中华民族的主心骨。在历史的反复比较中，在各种主义、各条道路的反复权衡中，在各派政治力量的反复较量中，在中国人民反抗封建统治和外来侵略的激烈斗争中，马克思列宁主义同中国工人运动相结合，1921年中国共产党应运而生。

中国共产党一经成立，就把实现共产主义作为党的最高理想和最终目标，就把为中国人民谋幸福、为中华民族谋复兴确立为自己的初心，义无反顾地肩负起实现中华民族伟大复兴的历史使命，团结带领人民进行了艰苦卓绝的斗争，谱写了气吞山河的壮丽史诗。中国共产党人的初心和使命，是由其性质和宗旨决定的。为什么人的问题，是一个根本的问题，是检验一个政党的性质和宗旨的试金石。作为一个马克思主义政党，中国共产党的根本任务就是带领中国无产阶级和人民群众争取解放，组织和领导中国的社会主义建设事业。坚持人民立场，代表人民利益，全心全意为人民服务，是中国共产党根基之所在、使命之所在、价值之所在、生命之所在，也是其作为马克思主义政党区别于、优越于其他一切政党的显著标志。带领人民创造美好生活，是党始终不渝的奋斗目标。习近平指出："人民对美好生活的向往，就是我们的奋斗目标"①，这鲜明地体现了人民至上的价值立场和不忘初心的宗旨意识。

历史已经证明，中国共产党是民族复兴使命的合格担当者。自从有了中国共产党的领导，中国人民谋求民族独立、人民解放和国家富强、人民幸福的斗争就有了主心骨，中国人民就从精神上由被动转为主动，久经磨难的中华民族从此开启了重塑民族自信、走向民族复兴的伟大征程。

二、中国梦的本质是国家富强、民族振兴、人民幸福

用"中国梦"来概括中华民族伟大复兴，是因为中国梦是一种形象的表述，是一种为群众易于接受的表述。中国梦意味着中国人民和中华民族的价值认同和价值追求，意味着每一个人都能在为中国梦的奋斗中实现自己的梦想。正因为如此，中国梦具有广泛的包容性，成为回荡在13亿多人心中的高昂旋律，是中华民族团结奋斗的最大公约数和最大同心圆。实现中华民族伟大复兴的中国梦，是以习近平同志为核心的党中央对全体人民的庄严承诺，是党和国家面向未来的政治宣言，充分体现了中国共产党高度的历史担当和使命追求，为新时代坚持和发展中国特色社会主义注入了崭新内涵。

中国梦的本质是国家富强、民族振兴、人民幸福。习近平指出，"中国梦是国家的、民族的，也是每一个中国人的。国家好、民族好，大家才会好。"② 这个梦想把国家的追求、民族的向往、人民的期盼融

---

① 《习近平谈治国理政》第1卷，外文出版社2018年版，第4页。

② 《习近平谈治国理政》第1卷，外文出版社2018年版，第49页。

为一体，体现了中华民族和中国人民的整体利益，表达了每一个中华儿女的共同愿景。只有国家富强、民族振兴，人民才能幸福。国家梦、民族梦的实现过程，为每个人梦想的实现提供了广阔空间。“得其大者可以兼其小。”只要每个人都把人生理想融入国家和民族的伟大梦想之中，敢于有梦、勇于追梦、勤于圆梦，就会汇聚起实现中国梦的强大力量。

中国梦是国家的梦、民族的梦，归根到底是人民的梦。中国人民是中国梦的主体，是中国梦的创造者和享有者。中国人民是伟大的人民，素来有着深沉厚重的精神追求，具有伟大的梦想精神，即使近代以来饱尝屈辱和磨难，也绝不会自甘沉沦，而是始终怀揣民族复兴的梦想，追求光明美好的未来。中国梦最深沉的根基在中国人民心中，必须紧紧依靠人民来实现，必须不断为人民造福。中国梦，不是哪一个人、哪一部分人的梦想，而是全体中国人民共同的追求；中国梦的实现，不是成就哪一个人、哪一部分人，而是造福全体人民。所以说，中国梦的深厚源泉在于人民，根本归宿也在于人民，只有同中国人民对美好生活的向往结合起来才能取得成功。

中国梦是和平、发展、合作、共赢的梦，与世界各国人民的美好梦想息息相通。中国梦是追求和平的梦。中华民族历来就是爱好和平的民族，天下太平、共享大同是中华民族绵延数千年的理想。近代以来100多年间，中国内部战乱和外敌入侵频频发生，中国人民对战争带来的苦难有着刻骨铭心的记忆，对和平有着孜孜不倦的追求，十分珍惜和平安定的生活。中国的发展是世界和平力量的壮大，是传递友谊的正能量。中国越是强大，维护世界和平的力量就越大，捍卫世界和平的底气就越足。中国梦也是奉献世界的梦。“穷则独善其身，达则兼济天下。”中国人希望自己过得好，也希望别人过得好，愿意将自身发展经验和机遇同世界各国分享。作为世界上最大的发展中大国，中国一心一意办好自己的事情，实现国家发展和稳定，本身就是对世界的巨大贡献。同时，中国的发展对世界各国也是重要机遇。历史将证明，实现中国梦给世界带来的是机遇不是威胁，是进步不是倒退，是合作共赢不是零和博弈。中国发展得越好，对世界的贡献就越大。

三、中国共产党实现伟大梦想的奋斗历程

中国共产党的全部历史就是一部引领中华民族走向复兴的奋斗史。自 1921 年成立以来，无论是弱小还是强大，无论是顺境还是逆境，中国共产党始终不忘初心、牢记使命，团结带领人民披荆斩棘、攻坚克难，在实现中华民族伟大复兴的征程中取得了一个又一个的伟大胜利。

一是开辟新民主主义革命道路，实现了中国从几千年封建专制政治向人民民主的伟大飞跃。实现中华民族伟大复兴，必须找到一条符合中国实际的民主革命道路。中国共产党团结带领人民找到了一条以农村包围城市、武装夺取政权的正确革命道路，经过 28 年浴血奋战完成了新民主主义革命，推翻了压在中国人民头上的帝国主义、封建主义、官僚资本主义三座大山，1949 年建立了中华人民共和国。新民主主义革命的胜利，新中国的成立，彻底结束了旧中国半殖民地半封建社会的历史，结束了旧中国一盘散沙的局面，废除了列强强加给中国的不平等条约和帝国主义在中国的一切特权，实现了民族独立、人民解放、社会稳定，为中华民族伟大复兴扫清了根本障碍。

二是建立社会主义基本制度，实现了中华民族由近代不断衰落到根本扭转命运、持续走向繁荣富强的伟大飞跃。实现中华民族伟大复兴，必须建立符合中国实际的先进社会制度。新中国成立后，中国共产党团结带领人民进行社会主义改造，确立社会主义基本制度，推进社会主义建设，完成了中华民族有史以来最为广泛而深刻的社会变革，为当代中国一切发展进步、为中华民族伟大复兴奠定了根本政治前提和制度基础，为中国发展富强、中国人民生活富裕奠定了坚实基础。

三是进行改革开放新的伟大革命，开辟了中国特色社会主义道路，

使中国大踏步赶上时代，实现了中华民族从站起来到富起来的伟大飞跃。党的十一届三中全会以来，中国共产党团结带领人民进行改革开放新的伟大革命，极大激发人民群众的创造性，解放和发展社会生产力，增强社会发展活力，人民生活显著改善，综合国力显著增强，国际地位显著提高。

今天，在新的历史方位上，中国共产党的历史使命就是领导人民在新时代继续推进中国特色社会主义伟大革命，使中华民族真正实现从站起来、富起来到强起来的伟大飞跃。党的十八大以来，以习近平同志为核心的党中央直面时代和实践发展所提出的历史性课题，以超凡魄力和顽强斗争精神奋力拼搏，领导全党和全国人民进行了具有许多新的历史特点的伟大斗争，迎来了蓬勃发展的大好局面。今天的中国比历史上任何时期都更接近实现中华民族伟大复兴的目标。

回看走过的路，正是有了中国共产党，才改变了中国人民的历史命运，书写了中华民族的崭新篇章。远眺前行的路，我国正处于一个大有可为的历史机遇期，中华民族伟大复兴已然展现出十分光明的前景，只要我们勉力担负起新时代的历史使命，中华民族伟大复兴的伟大梦想就一定能够实现。

第二节 努力完成新时代的历史使命

团结带领中国人民继续推进中国特色社会主义伟大革命，为早日实现中华民族伟大复兴中国梦不懈奋斗，是新时代中国共产党人的历史使命。要完成新时代的历史使命，我们必须紧紧围绕实现伟大梦想去进行伟大斗争，建设伟大工程，推进伟大事业。“四个伟大”紧密联系、相互贯通、相互作用，是一个有机整体，共同构成了新时代中国特色社会主义的伟大实践。

一、实现伟大梦想必须进行伟大斗争

人类社会是在矛盾运动中前进的，有矛盾就会有斗争。没有矛盾斗争，就没有人类社会的运动变化和发展进步。中国共产党是一个善于进行斗争、善于赢得斗争的党。在民主革命时期、社会主义建设时期和改革开放时期，中国每前进一步，都是在伟大斗争中实现的。只有打赢各个历史时期的伟大斗争，中国才有希望，民族才有未来。

每一个时代，由于时代特征、历史任务不同，国际国内环境不同，斗争的内容和形式也必然不同。中国特色社会主义进入新时代，我国面临的世情国情党情发生巨大变化，党要团结带领人民有效应对重大挑战、抵御重大风险、克服重大阻力、解决重大矛盾，必须进行具有许多新的历史特点的伟大斗争。

一是更加自觉地坚持党的领导和我国社会主义制度，坚决反对一切削弱、歪曲、否定党的领导和我国社会主义制度的言行。政治安全关乎国本，关乎国运。对一切否定党的领导、否定我国社会主义制度、否定改革开放的言行，对一切歪曲、丑化、否定中国特色社会主义以及党的历史、中华人民共和国历史、人民军队历史的言行，对一切违背、歪曲、否定党的基本路线的言行，必须敢于斗争。

二是更加自觉地维护人民利益，坚决反对一切损害人民利益、脱离群众的行为。人民是历史的主人，是真正的英雄。必须贯彻以人民为中心的发展思想，始终把人民群众的利益摆在至高无上的地位。对一切损害人民利益、脱离群众的行为，要敢于斗争。坚决防止和反对一切高高在上、当官做老爷、漠视群众疾苦、损害群众利益、脱离群众的思想和行为。巩固和拓展整治形式主义、官僚主义、享乐主义和奢靡之风成果，坚决防止“四风”反弹回潮，坚决反对和防止搞“政绩工程”和“形象工程”。

三是更加自觉地顺应改革创新时代潮流，坚决破除一切顽瘴痼疾。惟改革者进，惟创新者强，惟改革创新者胜。改革既是引领发展的强大动力，又是一场新的革命。今天，全面深化改革已经进入深水区、攻坚期，遇到的阻力更大，斗争更尖锐。这就要求我们敢于啃硬骨头，敢于涉险滩，以逢山开路、遇河架桥的一往无前精神，以壮士断腕的勇气和凤凰涅槃的决心，向积存多年的顽瘴痼疾开刀，坚决清除妨碍生产力发展的体制机制障碍，同一切因循守旧、固步自封、顽固保守、不思进取的思想和行为作坚决斗争，勇于变革、勇于创新，永不僵化、永不停滞。

四是更加自觉地维护我国主权、安全、发展利益，坚决反对一切分裂祖国、破坏民族团结和社会和谐稳定的行为。国家主权、安全和发展利益关乎中国的核心利益，对一切危及国家主权、安全、发展利益的活动，对一切分裂祖国、破坏民族团结和社会和谐稳定的行为，对一切渗透颠覆破坏活动、暴力恐怖活动、民族分裂活动、宗教极端活动要敢于斗争、敢于亮剑。中国是一个爱好和平的国家，决不会以牺牲别国利益为代价来发展自己，但也决不放弃自己的正当权益，任何人不要幻想让中国吞下损害自身利益的苦果。

五是更加自觉地防范各种风险，坚决战胜一切在经济、政治、文化、社会、生态等领域和自然界出现的困难和挑战。随着全球化的不断推进，随着人类活动频率的增多、活动范围的扩大，当今世界正进入风险社会，人类面临着越来越多的不确定性、不可预测性。中国是一个日益国际化的新兴国家，中国与世界深度关联，输入型风险正在增多；中国是一个高度活跃的经济体，内生风险也难以避免。因此，必须增强忧患意识、风险意识，坚决战胜前进道路上的一切艰难险阻。

实现伟大梦想必须进行伟大斗争。中华民族伟大复兴，是行走在社会主义道路上的复兴，是一个古老民族的复兴，是一个不同于西方发展道路和发展模式的大国复兴。这是一项前无古人的开创性事业，绝不是轻轻松松、敲锣打鼓就能实现的。要充分认识这场伟大斗争的长期性、复杂性、艰巨性，必须准备付出更为艰巨、更为艰苦的努力，任何贪图享受、消极懈怠的思想和行为都是不可取的。今天，我们已经站在了民族复兴的门槛上，越是接近中华民族伟大复兴的目标，我们就越是要凝神聚力，不断夺取伟大斗争新胜利。

二、实现伟大梦想必须建设伟大工程

实现伟大梦想，必须毫不动摇坚持和加强党的领导，毫不动摇推进党的建设新的伟大工程。中国共产党是中国特色社会主义事业的领导核心，历史已经并将继续证明，当代中国，只有中国共产党而没有别的什么政党，能够团结带领全国人民完成民族振兴、国家富强和人民幸福的历史使命。打铁还需自身硬。中国共产党要始终成为时代先锋、民族脊梁，始终成为马克思主义执政党，自身必须过硬。越是目标远大、任务艰巨，越是挑战频仍、矛盾集中，越要把党建设得更加坚强有力。

党的十八大以来，党和国家事业能够取得历史性成就、发生历史性变革，同伟大工程的建设是分不开的。中国共产党勇于面对各种重大风险考验和党内存在的突出问题，紧紧盯住全面从严治党不力这个症结，坚持发扬自我革命精神，发扬党在历史上行之有效的好经验好做法，以顽强意志品质正风肃纪、反腐惩恶，全面从严治党取得了卓著成效。过去几年来，通过扎实推进全面从严治党，解决了许多过去认为解决不了的问题，刹住了不少过去认为不可能刹住的歪风邪气，攻克了一系列司空见惯的顽瘴痼疾，管党治党实现了从“宽松软”到“严紧硬”的重大转变，党内政治生活气象更新，党内政治生态明显好转，党的创造力、凝聚力、战斗力显著增强，党的团结统一更加巩固，党群关系明显改善，党在革命性锻造中更加坚强，焕发出新的强大生机活力，为党和国家的事业发展提供了坚强政治保证。

建设伟大工程，永远在路上。党的十八大以来，全面从严治党取得重大阶段性成果，但我们千万不可沾沾自喜、盲目乐观，千万不能有差不多了，该松口气、歇歇脚、转换转换频道的想法。必须清醒地看到，决胜全面建成小康社会的艰巨任务、实现中华民族伟大复兴的历史使命，对中国共产党提出了前所未有的新挑战新要求，影响党的先进性、弱化党的纯洁性的因素仍然十分复杂，党内存在的思想不纯、组织不纯、作风不纯等突出问题尚未得到根本解决。这就决定了新时代党的建设新的伟大工程，既要培元固本，也要开拓创新，既要把住关键重点，也要形成整体态势，特别是必须以勇于自我革命的精神打造和锤炼自己，不断提高党的建设质量，把党建设成为始终走在时代前列、人民衷心拥护、勇于自我革命、经得起各种风浪考验、朝气蓬勃的马克思主义执政党，不断增强党的政治领导力、思想引领力、群众组织力、社会号召力，确保党永葆旺盛生命力和强大战斗力。

三、实现伟大梦想必须推进伟大事业

中国特色社会主义是实现社会主义现代化、创造人民美好生活的必由之路，是实现中华民族伟大复兴的必由之路。历史和现实都告诉我们，只有社会主义才能救中国，只有中国特色社会主义才能发展中国，这是历史的结论、人民的选择。鸦片战争以来的历史证明，我们什么主义都尝试了，什么道路都走过了，社会主义是唯一行得通、走得好的道路，只有社会主义而没有别的什么主义能够救中国；社会主义建设时期的历史证明，传统的发展模式会阻碍社会主义生产力的发展，走封闭僵化的老路发展不了中国，发展不了社会主义；苏东剧变的历史教训证明，与西方接轨不是社会主义的发展方向，走改旗易帜的邪路一定会葬送社会主义；改革开放以来的历史证明，社会主义事业一定要立足于本国实际，只有中国特色社会主义而没有别的什么主义能够发展中国。中国特色社会主义道路是实现中华民族伟大复兴的

必由之路，必须长期坚持、永不动摇。

中国特色社会主义在实践中彰显出强大生命力和巨大优越性。改革开放以来，党团结带领全国各族人民坚定不移沿着中国特色社会主义道路前进，推动我国经济实力、科技实力、国防实力、综合国力进入世界前列，推动我国国际地位实现前所未有的提升。中国特色社会主义实现的“中国之治”与“西方之乱”形成鲜明对比，打破了西方经济模式、政治制度和价值观的神话，给世界上那些既希望加快发展又希望保持自身独立性的国家和民族提供了全新选择，为解决人类面临的发展赤字、治理赤字、和平赤字贡献了中国智慧和中国方案。

站在新的历史起点上，必须保持政治定力，坚定中国特色社会主义道路自信、理论自信、制度自信、文化自信，一以贯之坚持和发展中国特色社会主义。同时，也应当深刻认识新时代坚持和发展中国特色社会主义的新要求，在习近平新时代中国特色社会主义思想的指引下，顺应我国社会主要矛盾发生的新变化，准确把握实现“两个一百年”奋斗目标新的战略安排，着力解决好发展不平衡不充分问题，大力提升发展质量和效益，更好满足人民在经济、政治、文化、社会、生态等方面日益增长的美好生活需要，更好推动人的全面发展、社会全面进步。

进入中国特色社会主义新时代，党的理论和实践的主题，仍然是坚持和发展中国特色社会主义；党的思想旗帜，仍然是中国特色社会主义伟大旗帜；党治国理政第一位的任务，仍然是紧紧围绕坚持和发展中国特色社会主义这个主题，续写中国特色社会主义这篇大文章。沿着中国特色社会主义道路前进，拥有13亿多中国人民聚合的磅礴之力，我们具有无比强大的前进定力，中华民族的伟大复兴必将迎来更加光明的前景。

四、“四个伟大”是一个有机统一的整体

伟大斗争，伟大工程，伟大事业，伟大梦想，紧密联系、相互贯

通、相互作用，是一个有机统一的整体，统一于新时代坚持和发展中国特色社会主义伟大实践。党的十九大把伟大斗争、伟大工程、伟大事业、伟大梦想作为一个统一整体提出来，不仅对党的历史使命提出了新要求，而且进一步明确了党在新时代治国理政的总方略、引领全局的总蓝图、谋划工作的总坐标，体现了奋斗目标、实现路径、前进动力的高度统一，历史传承、现实任务、未来方向的高度统一，党的前途命运、国家的前途命运、人民的前途命运的高度统一，深刻回答了什么是新时代党的历史使命、怎样实现新时代党的历史使命这一重大理论和实践问题，使党对自身肩负历史使命的认识达到了新的高度。

“四个伟大”作为一个有机的统一的整体，其内在逻辑是：伟大梦想是目标，指引着正确方向，为伟大斗争、伟大工程、伟大事业破浪前行领航导向；伟大斗争是动力，昭示着中国共产党的担当精神，为伟大工程、伟大事业、伟大梦想破解难题，扫除障碍，提供动力牵引；伟大工程是保证，为伟大斗争、伟大事业、伟大梦想提供坚强政治保证；伟大事业是路径，宣示着举什么旗、走什么路，为伟大斗争、伟大工程、伟大梦想开辟前进的道路。

在“四个伟大”中，起决定性作用的是党的建设新的伟大工程。办好中国的事情，关键在党。伟大斗争能不能沿着正确的航向乘风破浪，取得伟大胜利，取决于中国共产党；伟大事业能不能取得成功、推进得好不好，关键在中国共产党；伟大梦想能不能实现，也在于中国共产党能不能团结带领全国各族人民努力奋斗。如果离开了党的坚强领导，如果党自身不过硬，要想赢得伟大斗争、推进伟大事业、实现伟大梦想，必然是空想。只要把党建设好了、建设强了，取得伟大斗争的不断胜利，推进伟大事业的不断发展，实现中华民族伟大复兴的中国梦，就有了坚强的政治和组织保障。新时代要进行伟大斗争、推进伟大事业、实现伟大梦想，建设伟大工程决不能松懈。

使命呼唤担当，使命引领未来。对于伟大斗争、伟大工程、伟大事业、伟大梦想，我们要贯通起来理解、结合起来把握、协同起来推进，以党的坚强领导和顽强奋斗，激励全体中华儿女不断奋进，凝聚起同心共筑中国梦的磅礴力量。

第三节　新时代的战略安排

制定、调整和实施战略规划，是中国共产党带领人民建设社会主义一以贯之的领导方法。党的十九大综合分析国际国内形势和我国发展条件，在进一步阐明全面建成小康社会决胜期战略任务的同时，作出了从2020年到本世纪中叶分两个阶段，把我国建设成为富强民主文明和谐美丽的社会主义现代化强国的战略安排。这一战略安排，使实现“两个一百年”奋斗目标的时间表更加明确，路线图更加清晰，为建设社会主义现代化强国提供了战略指引，指明了前进方向，必将激发起全党全国人民团结奋进的强大力量。

一、改革开放以来的“三步走”战略

改革开放之后，党对我国社会主义现代化建设作出战略安排，提出了“三步走”的战略设想。1987年，党的十三大将这一设想写入了报告，明确指出，党的十一届三中全会以后，我国经济建设的战略部署大体分三步走。第一步，实现国民生产总值比一九八〇年翻一番，解决人民的温饱问题。这个任务已经基本实现。第二步，到本世纪末，使国民生产总值再增长一倍，人民生活达到小康水平。第三步，到下个世纪中叶，人均国民生产总值达到中等发达国家水平，人民生活比较富裕，基本实现现代化。然后，在这个基础上继续前进。

在当时历史条件下，邓小平设计的“三步走”战略，对“第三步”只作了一个大致的构想。此后，随着我国经济社会发展和人民生

活水平的进一步提高，党将第三步目标和步骤进一步具体化，并作出新的战略规划，是历史和现实的必然要求。1997年，党的十五大报告指出，展望下世纪，我们的目标是，第一个十年实现国民生产总值比二〇〇〇年翻一番，使人民的小康生活更加宽裕，形成比较完善的社会主义市场经济体制；再经过十年的努力，到建党一百年时，使国民经济更加发展，各项制度更加完善；到本世纪中叶建国一百年时，基本实现现代化，建成富强民主文明的社会主义国家。这是对“三步走”战略中“第三步”的细化和具体化。在这里，“两个一百年”的奋斗目标第一次被提出。

2002年，党的十六大报告将第一个百年目标明确界定为：全面建设惠及十几亿人口的更高水平的小康社会，使经济更加发展、民主更加健全、科教更加进步、文化更加繁荣、社会更加和谐、人民生活更加殷实。2007年，党的十七大在十六大确立的全面建设小康社会目标的基础上，对我国发展提出新的更高要求，将第一个百年目标调整为全面建成小康社会。2012年，党的十八大进一步提出了全面建成小康社会的各项要求。

“三步走”发展战略的提出和丰富，既坚持实事求是，又体现了中国共产党和中国人民的雄心壮志。几十年来，党始终紧紧扭住这个奋斗目标，一茬接着一茬干，一棒接着一棒跑，推动改革开放和社会主义现代化建设取得了显著成绩。

二、新时代中国特色社会主义发展的战略安排

党的十九大报告指出：“从全面建成小康社会到基本实现现代化，再到全面建成社会主义现代化强国，是新时代中国特色社会主义发展的战略安排。”这一战略安排是新形势下党对我国社会主义现代化建设“三步走”总体战略的推进和发展。

从现在到2020年，是全面建成小康社会决胜期。全面建成小康社

会，作为党提出的第一个百年目标，是党对历史、对人民作出的庄严承诺。党的十九大报告提出，要按照十六大、十七大、十八大提出的全面建成小康社会各项要求，紧扣我国社会主要矛盾变化，统筹推进经济建设、政治建设、文化建设、社会建设、生态文明建设，坚定实施科教兴国战略、人才强国战略、创新驱动发展战略、乡村振兴战略、区域协调发展战略、可持续发展战略、军民融合发展战略，突出抓重点、补短板、强弱项，特别是要坚决打好防范化解重大风险、精准脱贫、污染防治的攻坚战，使全面建成小康社会得到人民认可、经得起历史检验。

全面建成小康社会是一个综合性的发展目标，不仅强调“小康”，更强调“全面”，它不仅包含着经济发展的各项任务和目标，也包含着社会发展等其他方面的任务和目标，不仅要求在总量和平均水平上完成目标，还要求在发展的平衡性、协调性和可持续性上达标。根据当前经济社会发展各项任务指标的进展情况，我们有信心在2020年全面建成小康社会，完成第一个百年奋斗目标。以经济发展指标为例，2016年我国人均GDP超过8 000美元，超过世界银行确定的中高收入国家门槛值，达到中等偏上收入国家水平，但离高收入国家的门槛尚有不小差距。此外，我国在政治、文化、社会建设等诸多方面，也取得了巨大成就，为如期实现全面建成小康社会奠定了良好基础。同时也要看到，全面建成小康社会在生态、脱贫等方面仍然存在明显短板，这些短板涉及人民群众最为关心、反映最为强烈的问题，也是制约全面建成小康社会质量和水平的关键所在，必须下大力气、花大功夫补齐。

从2020年到本世纪中叶的战略安排分为两个阶段。第一个阶段是从2020年到2035年，基本实现社会主义现代化。党的十九大报告提出，在全面建成小康社会基础上，再奋斗15年，基本实现社会主义现代化。到那时，我国经济实力、科技实力将大幅跃升，跻身创新型国家前列；人民平等参与、平等发展权利得到充分保障，法治国家、法治政府、法治社会基本建成，各方面制度更加完善，国家治理体系和治理能力现代化基本实现；社会文明程度达到新的高度，国家文化软实力显著增强，中华文化影响更加广泛深入；人民生活更为宽裕，中等收入群体比例明显提高，城乡区域发展差距和居民生活水平差距显著缩小，基本公共服务均等化基本实现，全体人民共同富裕迈出坚实步伐；现代社会治理格局基本形成，社会充满活力又和谐有序；生态环境根本好转，美丽中国目标基本实现。

党的十九大报告提出到 2035 年基本实现社会主义现代化，这一安排意味着将原定的第二个百年奋斗目标实现时间提前了 15 年。对这一战略目标的安排是在综合分析国际国内形势和我国发展条件，在深入研究、反复论证的基础上确定的。改革开放 40 年来，我国经济持续较快发展，工业化城镇化快速推进，各项事业全面进步，国家面貌发生了前所未有的巨大变化。党的十八大以来，我国经济平稳健康发展，经济结构不断优化，全面深化改革取得重大突破，对外开放不断深入，生态文明建设成效显著，人民群众的获得感明显增强。同时，民主法治建设迈出重大步伐，思想文化建设取得重大进展，强军兴军开创新的局面，全面从严治党成效显著，为加快推进我国现代化建设进程奠定了坚实的基础。以目前的良好基础和发展势头，到 2035 年基本实现社会主义现代化是有把握的。

第二个阶段是从 2035 年到本世纪中叶，建成社会主义现代化强国。党的十九大报告提出，在 2035 年基本实现现代化的基础上，再奋斗 15 年，把我国建成富强民主文明和谐美丽的社会主义现代化强国。到那时，我国物质文明、政治文明、精神文明、社会文明、生态文明将全面提升，实现国家治理体系和治理能力现代化，成为综合国力和国际影响力领先的国家，全体人民共同富裕基本实现，我国人民将享有更加幸福安康的生活，中华民族将以更加昂扬的姿态屹立于世界民族之林。

这一安排，相较于过去第三步的战略目标，内涵更加充实，目标更加宏大，愿景更加美好。一是从“现代化国家”升级为“现代化强国”，这意味着我们的新目标不是建成一般意义上的社会主义现代化国家，而是在各个领域都真正强大、领先的社会主义现代化强国。到那时，中华民族将真正完成从站起来、富起来到强起来的伟大飞跃，民族复兴的伟大梦想将成为现实。二是将现代化国家的具体标准从“富强民主文明”提升为“富强民主文明和谐美丽”，全面体现了“五位一体”总体布局的要求。三是突出强调我们要实现的现代化绝不是什么别的现代化，而是社会主义的现代化，是以人民为中心的现代化，是全体人民共同富裕的现代化。

三、新时代战略安排的重大意义

新时代的战略安排，是党中央围绕未来 30 多年中国特色社会主义发展目标作出的重大战略部署，描绘了决胜全面建成小康社会、进而全面建成社会主义现代化国家的宏伟蓝图。这一科学规划，指明了社会主义现代化的具体内涵，深化了对中国特色社会主义建设和发展规律的认识，彰显了中国特色社会主义的制度优势，对于动员和激励全党全国各族人民众志成城、万众一心，为实现中华民族伟大复兴的中国梦不懈奋斗具有十分重大的意义。

第一，进一步丰富和发展了我国现代化建设的战略思想，完整科学地勾画了全面建成社会主义现代化强国的时间表和路线图，为新时代坚持和发展中国特色社会主义指明了前进方向。新时代战略安排从中国特色社会主义长远发展进程来谋划，从中华民族伟大复兴和中国人民整体福祉来谋划，结合当前国内外形势和我国发展实际，对我国现代化建设发展提出了一系列新判断新设想新安排。它将原定的第二个百年奋斗目标即基本实现社会主义现代化的实现时间提前了 15 年，同时第一次对第二个百年奋斗目标描绘出宏伟蓝图，并首次提出“全面建成富强民主文明和谐美丽的社会主义现代化强国”的奋斗目标，使未来的发展目标更加精准、发展路径更加清晰。

党的十九大适时提出全面建设社会主义现代化国家这一新的战略目标，对全面建成小康社会之后我国社会主义现代化建设的战略安排进行了明确部署，这对于保证党和国家各项事业发展、各项战略实施的连续性和稳定性具有重大意义。同时，这一重大安排将未来30多年划分为前后相应、不断递进的两大发展阶段，有利于锚定前进方向，有利于分步推进和落实，有利于一步一个脚印前进，从而积小胜为大胜。

第二，新时代战略安排将人民对美好生活的向往落实在具体战略和实际工作中，必将激励中国人民焕发出建设社会主义现代化强国的热情和力量。在经济文化高度繁荣、公平正义普遍实现的基础上，过上富裕美满的美好生活，是近代以来中国人民的热切期盼，是中国共产党的历史使命。社会主义制度的建立，改革开放的发展，为实现中国人民对美好生活的向往奠定了坚实基础。党的十八大以来，伴随我国发展取得的历史性成就和发生的历史性变革，人民群众对美好生活提出了更新更高的要求和期待。人民群众对美好生活的向往，就是中国共产党的历史使命和时代责任。党的十九大关于建设社会主义现代化强国的战略安排，紧扣我国社会主要矛盾的变化，坚持了以人民为中心的发展思想，把人民群众对美好生活的向往作为制定发展战略、谋划建设方略、部署建设任务的根本出发点和落脚点。

按照这一战略安排，到本世纪中叶，我国将在拥有高度的物质文明、高度的政治文明、高度的精神文明的基础上，拥有高度的社会文明和高度的生态文明。到那时，人民民主权利将获得充分保障和全面行使，形成又有集中又有民主、又有纪律又有自由、又有统一意志又有个人心情舒畅生动活泼的政治局面；人民群众的思想道德素质和科学文化素质将获得更大的提升，践行社会主义核心价值观成为人民群众的自觉行动；城乡居民将普遍拥有较高的收入、富裕的生活、健全的基本公共服务，享有更加幸福安康的生活，基本实现全体人民共同富裕，公平正义普遍彰显，生活充满生机活力而又规范有序；人们的生产生活环境发生根本改善，天蓝、地绿、水清的优美生态环境成为普遍常态，人与自然和谐共生成为日常景观。到那时，具有 5 000 多年文明历史的中华民族，必将焕发出前所未有的蓬勃生机。宏伟目标和美好理想是激励人们团结奋斗的精神动力。新时代战略安排是鼓舞人心的战略部署，是催人奋进的宏伟蓝图，必将对调动全社会积极性、凝聚全社会力量、统一全社会意志和行动起到十分重要的作用。

第三，充分彰显了中国特色社会主义的制度优势和中国共产党治国理政的能力，对于其他发展中国家实现现代化具有重要借鉴意义。高度重视国家发展战略的谋划和实施，以相互联系和不断递进的发展阶段推进党和国家事业，集中体现了中国特色社会主义的制度优势，也构成了党领导发展的优良传统和宝贵经验。从 20 世纪五六十年代提出“两步走”战略，到改革开放后提出“三步走”、新“三步走”等战略，这些战略安排都对国家发展进步和现代化建设发挥了重要引领作用。新时代的战略安排，坚持和发展了新中国成立以来党建设社会主义现代化国家的总体构想，体现了党对中国特色社会主义的认识、对社会主义现代化建设规律的认识达到了新高度，必将使中国特色社会主义的制度优势、中国共产党的治理优势、中国的发展优势获得全方位释放。

有目标、有规划、有步骤地进行现代化建设是中国共产党带领人民进行社会主义现代化建设的鲜明特点。历史充分证明，中国共产党具有从战略上谋全局、谋长远的能力和定力，善于谋定而后动，对认准的事情有序推进，对攸关长远的事情“一届接着一届干”，同时又能够根据世情国情党情的变化进行灵活动态调整，从而使今天的事业与明天的事业相衔接，当前的利益同长远的利益相结合，局部的利益同整体的利益相一致，前后相接，逐渐推进，稳步发展。我国有目标、有规划、有步骤地对现代化进行谋篇布局的做法，充分彰显了中国特色社会主义制度的独特优越性，对于其他发展中国家走向现代化提供了借鉴与启示。

□ 思考题

1. 如何理解中国共产党人的初心和使命？
2. 如何理解“四个伟大”的内在逻辑关系？
3. 如何认识新时代战略安排的重大意义？

第三章 中国特色社会主义经济建设

教学基本要求

1. 了解中国特色社会主义经济理论与制度。
2. 把握建设现代化经济体系的内涵与主要任务。
3. 认识深化供给侧结构性改革的主要内容和重要意义。
4. 明确完善社会主义市场经济体制的重点和难点。
5. 理解推动形成对外开放新格局的重要性和主要内容。

第一节 中国特色社会主义经济理论与制度

改革开放以来，特别是党的十八大以来，中国共产党团结带领全国各族人民大力推进社会主义经济建设，创造性地提出了关于中国经济发展的一系列重大理论观点，形成了中国特色社会主义经济理论，建立了中国特色社会主义经济制度，为中国经济发展提供了根本遵循和制度保障。

一、中国特色社会主义经济理论

中国特色社会主义经济理论，是马克思主义政治经济学基本原理与中国经济建设实际相结合的产物。早在社会主义建设初期的探索中，中国共产党就提出了发展社会主义经济的一系列独创性理论观点。在改革开放新的伟大实践中，党创造性地提出了关于社会主义本质的理论、关于经济体制改革的理论、关于社会主义初级阶段基本经济制度的理论、关于社会主义基本分配制度的理论、关于社会主义市场经济的理论、关于对外开放的理论等许多重要理论成果，有力指导了我国的经济社会发展，丰富和发展了马克思主义政治经济学。

党的十八大以来，党紧密结合时代和实践的要求，围绕发展中国特色社会主义经济，观大势、谋全局，自觉认识和遵循经济发展规律，提出了一系列新的重大战略思想和重要理论观点，形成了以新发展理念为主要内容的习近平新时代中国特色社会主义经济思想。这一思想是中国特色社会主义政治经济学的最新成果，是具有中国特色、中国风格、中国气派的 21 世纪马克思主义政治经济学，开辟了马克思主义政治经济学发展的新境界，为引领中国经济向高质量发展阶段迈进提供了根本遵循。

一是关于加强党对经济工作的集中统一领导的理论。经济工作是中国特色社会主义建设的中心工作，党的领导要在中心工作中得到充分体现。在经济工作中坚持党的集中统一领导，有利于集思广益、凝聚共识，有利于调动各方面积极性、形成合力，为更好开展其他方面工作提供支持和保障。改革开放 40 年来，我国经济社会发展之所以能够取得举世瞩目的巨大成就，是同我们坚定不移坚持党对经济工作的集中统一领导、充分发挥各级党组织和全体党员作用分不开的。面对风云变幻的世界经济大潮，中国共产党要团结带领 13 亿多人民全面建成小康社会，必须在经济工作中毫不动摇、百折不挠贯彻落实党中央决策部署，必须创新党领导经济社会发展的观念、体制、方式方法，提高党把握方向、谋划全局、提出战略、制定政策、推进改革的能力，为发展航船定好向、掌好舵。

二是关于坚持以人民为中心的发展的理论。人民性是马克思主义最鲜明的品格。发展为了人民，是马克思主义政治经济学的根本立场。马克思、恩格斯指出，“无产阶级的运动是绝大多数人的，为绝大多数人谋利益的独立的运动”①，在未来社会，生产将以所有人的富裕为目的，“所有人共同享受大家创造出来的福利”②。以人民为中心的发展思想，体现了党全心全意为人民服务的根本宗旨，体现了人民是推动发展的根本力量的唯物史观。践行以人民为中心的发展思想，要求在部署经济工作、制定经济政策、推动经济发展时，把增进人民福祉、促进人的全面发展、朝着共同富裕方向稳步前进作为经济发展的出发点和落脚点。

三是关于用新发展理念统领发展全局的理论。理念是行动的先导，一定的发展实践都是由一定的发展理念来引领。创新、协调、绿色、开放、共享的新发展理念，是在深刻总结国内外发展经验教训的基础上形成的，集中反映了党对经济发展规律的新认识，同马克思主义政治经济学的基本观点相通。坚持创新发展、协调发展、绿色发展、开放发展、共享发展，是当前和今后一个时期我国发展的总要求和大趋势，是关系我国发展全局的一场深刻变革。

四是关于经济发展新常态的理论。党的十八大以来，我国经济从高速增长转为中高速增长，经济结构不断优化升级，经济增长动力从要素驱动、投资驱动转向创新驱动，经济呈现出新常态。经济新常态是一个客观状态，并没有好坏之分。经济发展进入新常态，是我国经济发展阶段性特征的必然反映，是我国经济向形态更高级、分工更优化、结构更合理的阶段演进的必经过程，既没有改变我国发展仍处于可以大有作为的重要战略机遇期的判断，也没有改变我国经济发展总体向好的基本面。认识新常态，适应新常态，引领新常态，是当前和今后一个时期我国经济发展的大逻辑。

五是关于社会主义市场经济改革的理论。社会主义市场经济，是

---

① 《马克思恩格斯文集》第 2 卷，人民出版社 2009 年版，第 42 页。

② 《马克思恩格斯选集》第 1 卷，人民出版社 1995 年版，第 243 页。

社会主义基本制度和市场经济的有机结合。社会主义的制度优势为市场经济健康发展开辟了广阔空间，市场经济的发展也推动着社会主义制度进一步趋于完善和巩固。坚持社会主义市场经济改革方向，不仅是经济体制改革的基本遵循，也是全面深化改革的重要依托，其核心问题是处理好政府和市场的关系，使市场在资源配置中起决定性作用和更好发挥政府作用。市场起决定性作用，是从总体上讲的，不能盲目绝对讲市场起决定性作用，而是要讲辩证法、两点论。“看不见的手”和“看得见的手”都要用好，关键是加快转变政府职能，该放给市场和社会的权一定要放足、放到位，该政府管的事一定要管好、管到位。

六是关于供给侧结构性改革的理论。我国经济发展虽然面临周期性、总量性问题，但最突出的是结构性问题，矛盾的主要方面在供给侧。坚持适应我国经济发展主要矛盾变化完善宏观调控，就要坚持以供给侧结构性改革为主线，努力实现供求关系新的动态均衡。供给侧和需求侧是管理和调控宏观经济的两个基本手段。二者不是非此即彼、一去一存的替代关系，而是要相互配合、协调推进。纵观世界经济发展史，经济政策以供给侧为重点还是以需求侧为重点，要依据一国宏观经济形势作出抉择。我国经济运行面临突出矛盾和问题的根源是重大结构性失衡，这就决定了必须把推进供给侧结构性改革作为经济工作的主线。从政治经济学的角度看，供给侧结构性改革的根本，是使我国供给能力更好满足广大人民日益增长、不断升级和个性化的物质文化和生态环境需要，从而实现社会主义生产目的。

七是关于经济发展战略的理论。改革开放以来，我国经济在快速发展并取得巨大成就的同时，区域和城乡发展不平衡、经济发展和生态保护不协调、科技创新发展不充分等问题也逐渐凸显。坚持问题导向，制定实施经济发展战略，既是保持经济持续健康发展的要求，也是处理好新时代我国社会主要矛盾的要求。国际经济竞争是综合国力竞争，说到底就是创新能力的竞争。抢占科技和产业制高点，推动我国从经济大国走向经济强国，要坚定不移实施科教兴国战略、人才强国战略和创新驱动发展战略。实现区域协调发展、城乡协调发展、经济可持续发展，必须坚定不移实施乡村振兴战略、区域协调发展战略和可持续发展战略。统筹经济建设和国防建设，实现强军目标，必须坚定不移实施军民融合战略。

八是关于坚持正确工作策略和方法的理论。做好经济工作，既要满怀干事创业热情，又要讲究工作方法策略。稳中求进工作总基调是治国理政的重要原则，也是做好经济工作的方法论。“稳”和“进”相互促进，经济社会才会平衡，才能为调整经济结构和深化改革开放创造稳定宏观经济环境。要坚持底线思维，既要充分肯定我国经济社会发展取得的成绩，看到我国经济社会发展基本面长期趋好的态势，也要看到国际国内各种不利因素的长期性、复杂性、曲折性，不回避矛盾，不掩盖问题，从坏处准备，争取最好的结果，牢牢把握主动权。

二、中国特色社会主义经济制度

经济制度体现一定社会形态中最基本、最本质的经济关系，经济体制主要指在经济制度基础上经济运行的具体形式。经济制度和经济体制是内容和形式的关系。经济制度是经济体制建立的前提和基础，经济体制反作用于经济制度。经济制度的选择取决于一国生产力发展水平和具体的社会经济条件。中国特色社会主义经济制度，主要包括以下三个方面：

一是社会主义初级阶段基本经济制度。基本经济制度是指一国的生产资料所有制形式与结构，是生产关系的核心内容，决定了一国经济的基本性质和发展方向。中国仍处于并将长期处于社会主义初级阶段，这是我国的基本国情和最大的实际。我国现阶段实行的是以公有制为主体、多种所有制经济共同发展的基本经济制度。这个基本经济制度，是中国特色社会主义制度的重要支柱，也是社会主义市场经济体制的根基。公有制主体地位不能动摇，国有经济主导作用不能动摇，这是保证我国各族人民共享发展成果的制度性保证，也是巩固党的执政地位、坚持我国社会主义制度的重要保证。公有制经济和非公有制经济都是社会主义市场经济的重要组成部分，是我国经济社会发展的重要基础。必须毫不动摇巩固和发展公有制经济，坚持公有制主体地位，发挥国有经济的主导作用，不断增强国有经济活力、控制力、影响力。必须毫不动摇鼓励、支持、引导非公有制经济发展，激发非公有制经济的活力和创造力。

二是社会主义初级阶段的收入分配制度。收入分配制度是有关国民收入如何在不同经济主体和个人之间进行分配的制度总和。以按劳分配为主体，多种分配方式并存，是我国社会主义初级阶段的收入分配制度。现阶段，要坚持按劳分配原则，完善按要素分配的体制机制，促进收入分配更合理、更有序。鼓励勤劳守法致富，扩大中等收入群体，增加低收入者收入，调节过高收入，取缔非法收入。坚持在经济增长的同时实现居民收入同步增长，在劳动生产率提高的同时实现劳动报酬同步提高。拓宽居民劳动收入和财产性收入渠道。履行好政府再分配调节职能，加快推进基本公共服务均等化，缩小收入分配差距。

三是社会主义市场经济体制。市场经济体制，是指以市场为配置资源基本手段的一种经济体制。经过改革开放以来的不断探索，我国已基本建立了社会主义市场经济体制。社会主义市场经济体制是适应我国现阶段基本经济制度的经济体制形式。一方面，在多种所有制经济并存的商品交换关系下，价值规律仍然发挥作用，市场配置资源是最有效的形式；另一方面，要坚持党的领导，更好发挥政府作用。社会主义市场经济本质上是法治经济，使市场在资源配置中起决定性作用和更好发挥政府作用，必须以保护产权、维护契约、统一市场、平等交换、公平竞争、有效监管为基本导向，完善社会主义市场经济法律制度。

第二节　建设现代化经济体系

建设现代化经济体系是适应我国经济由高速增长阶段转向高质量发展阶段的必然要求，是跨越关口的迫切要求和我国发展的战略目标。建设现代化经济体系，必须用新发展理念统领发展全局，坚持质量第一、效益优先，以供给侧结构性改革为主线，推动经济发展质量变革、效率变革、动力变革，提高全要素生产率，一体建设、一体推进产业体系、市场体系等，不断增强我国经济创新力和竞争力。

一、我国经济转向高质量发展阶段

改革开放以来，我国经济增长迅速，生产能力居于世界前列，但在产品质量、技术水平等方面仍然和发达国家存在较大的差距，在经济结构、收入分配、生活环境等方面还存在一些问题，尚不能完全满足人民群众日益增长的美好生活需要。党的十八大以来，伴随新发展理念的提出和落实，深化供给侧结构性改革、转变经济发展方式的不断推进，我国经济整体平稳健康发展，经济结构不断优化，全面深化改革取得重大突破，生态文明建设成效显著，对外开放不断深入，人民获得感、幸福感明显增强。这些变化表明，我国经济已由高速增长阶段转向高质量发展阶段。

经济转向高质量发展阶段，是新时代我国经济发展的基本特征。主要体现在：一是经济结构不断优化。根据国家统计局数据，1978年，我国第一产业增加值占国内生产总值的比例约为 27.7%，第二产业约为 47.7%，第三产业约为 24.6%。改革开放之后，我国的产业结构不断优化。2015 年，第三产业占比及其对经济增长的贡献率首次超过50%。2017年，第一产业增加值占国内生产总值的比例约为7.9%，第二产业约为40.5%，第三产业约为51.6%。二是城乡差距不断缩小。2017年，城镇居民人均可支配收入约为36 396元，农村居民人均可支配收入约为13 432元，相比2012年之前的数据，城乡差距明显缩小。三是贫困人口数量大幅下降。2017年，全国农村贫困人口约为3 046万人，比2016年减少1 289万。四是生态环境不断改善。2017年，全国338个地级及以上城市可吸入颗粒物（PM10）平均浓度比2013年下降22.7%，蓝天保卫战成效显著。五是经济增长从要素驱动、投资驱动转向创新驱动。2017年，我国新设市场主体1 924.9万户，同比增长16.6%。

推动高质量发展是适应我国社会主要矛盾变化的必然要求。人民对美好生活的向往，不再简单是追求较高的物质生活水平，还包括民主、法治、公平、正义、安全、环境等方面的更高要求。这些变化体现在经济方面，主要有：一是在资源约束趋紧、环境承载能力已达到或接近上限的同时，人民群众对良好的生态环境的期待日益提高。这意味着高消耗、高污染、高排放的粗放发展模式难以为继，企业必须提高资源使用效率，减少污染排放。二是劳动力数量和成本优势逐步减弱，劳动力质量不断提高，人民群众要求在经济活动中有更多的参与感和获得感。这意味着要通过体制机制改革，释放市场主体的活力和创造力，推动资源在不同领域合理流动，缩小城乡差距和地区差距，提升经济发展的质量和效率。三是随着生活水平不断提高，人民群众的需要呈现多样化多层次多方面的特点，需要供给方面优化升级，提供更高质量、更加专业化的产品和服务。

推动高质量发展是遵循经济发展规律、保持经济持续健康发展的必然要求。主要体现在：一是经济发展是一个螺旋式上升的过程，上升不是线性的，量积累到一定阶段，必然转向质的发展，我国经济发展也要遵循这一规律。二是经济进入中高速增长阶段，是新时代经济发展的一个阶段性特征，客观上要求经济工作从经济增长速度转移到经济发展质量上来。三是传统行业供给不足问题已基本解决，部分行业甚至出现产能过剩的情况，但个性化产品、高质量产品的种类和数量还不能满足人民的需要。因此，产业结构必须不断优化升级，创新企业生产经营和经济管理方式，发挥新兴产业、服务业、小微企业的作用，推进产品质量升级，加快建设制造强国。四是随着经济增速下调，经济中各类隐性风险逐步显性化，防范化解重大风险成为全面建成小康社会决胜期的一个重要任务。因此，党和政府要全面把握经济发展阶段的新变化，优化经济结构，建立健全化解各类风险的体制机制，提高抗击风险的能力。

二、用新发展理念统领发展全局

理念是行动的先导和引领，从根本上决定发展的成败和成效。面对当前经济社会发展新趋势新机遇新矛盾和新挑战，党坚持以人民为中心的发展思想，提出创新、协调、绿色、开放、共享的新发展理念，全力推进经济实现高质量发展。

新发展理念集中体现了我国的发展思路、发展方向和发展着力点，具有很强的战略性、纲领性和引领性。第一，创新是引领发展的第一动力。坚持创新发展，是分析近代以来世界发展历程特别是总结我国改革开放成功实践得出的结论，是应对发展环境变化、增强发展动力、把握发展主动权，更好引领新常态的根本之策。树立创新发展理念，必须把创新摆在国家发展全局的核心位置，不断推进理论创新、制度创新、科技创新、文化创新等各方面创新，让创新贯穿党和国家的一切工作，让创新在全社会蔚然成风。第二，协调是持续健康发展的内在要求。树立协调发展理念，必须牢牢把握中国特色社会主义事业总体布局，正确处理发展中的重大关系，重点促进城乡区域协调发展，促进经济社会协调发展，促进新型工业化、信息化、城镇化、农业现代化同步发展，在增强国家硬实力的同时注重提升国家软实力，不断增强发展整体性。第三，绿色是永续发展的必要条件和人民对美好生活追求的重要体现。树立绿色发展理念，必须坚持节约资源和保护环境的基本国策，坚持可持续发展，坚定走生产发展、生活富裕、生态良好的文明发展道路，加快建设资源节约型、环境友好型社会，形成人与自然和谐发展现代化建设新格局，推进美丽中国建设，为全球生态安全作出新贡献。第四，开放是国家繁荣发展的必由之路。树立开放发展理念，必须顺应我国经济深度融入世界经济的趋势，奉行互利共赢的开放战略，坚持内外需协调、进出口平衡、引进来和走出去并重、引资和引技引智并举，发展更高层次的开放型经济，积极参与全球经济治理和公共产品供给，提高我国在全球经济治理中的制度性话语权，构建广泛的利益共同体。第五，共享是中国特色社会主义的本质要求。树立共享发展理念，必须坚持发展为了人民、发展依靠人民、发展成果由人民共享，作出更有效的制度安排，使全体人民在共建共享发展中有更多获得感，增强发展动力，增进人民团结，朝着共同富裕方向稳步前进。

贯彻新发展理念是关系全局的一场深刻变革。新发展理念要落地生根，关键在于认识和行动。第一，增强贯彻落实新发展理念的本领。要深学笃用、增强自信，把新发展理念贯穿领导活动全过程；要用好辩证法，坚持系统的观点，依照新发展理念的整体性和关联性进行系统设计；要创新手段，发挥改革的推动作用和法治的保障作用；要守住底线，积极主动、未雨绸缪，及时化解矛盾风险。第二，把新发展理念融入建设现代化经济体系中。要以新发展理念为指引，突出发展的创新性、整体性、协调性、可持续性、内外联动性和包容性、普惠性。第三，加快形成落实新发展理念的体制机制。贯彻落实新发展理念，涉及思维方式、行为方式、工作方式的变革，涉及社会关系、利益关系、工作关系的调整，必须全面创新发展体制、重塑发展生态，确保改革举措落地生根。

三、建设现代化经济体系的内涵和主要任务

建设现代化经济体系是我国经济高质量发展的战略目标，是落实新发展理念的客观要求，是转变经济发展方式、优化经济结构、转换经济增长动力的迫切需要。国家强，经济体系必须强。只有形成现代化经济体系，才能更好顺应现代化发展潮流和赢得国际竞争主动，也才能为其他领域的现代化提供有力支撑。

现代化经济体系，是由社会经济活动各个环节、各个层面、各个领域的相互关系和内在联系构成的有机整体。建设现代化经济体系的主要内涵包括：一是建设创新引领、协同发展的产业体系，实现实体经济、科技创新、现代金融、人力资源协同发展，使科技创新在实体经济发展中的贡献份额不断提高，现代金融服务实体经济的能力不断增强，人力资源支撑实体经济发展的作用不断优化。二是建设统一开放、竞争有序的市场体系，实现市场准入畅通、市场开放有序、市场竞争充分、市场秩序规范，加快形成企业自主经营公平竞争、消费者自由选择自主消费、商品和要素自由流动平等交换的现代市场体系。三是建设体现效率、促进公平的收入分配体系，实现收入分配合理、社会公平正义、全体人民共同富裕，推进基本公共服务均等化，逐步缩小收入分配差距。四是建设彰显优势、协调联动的城乡区域发展体系，实现区域良性互动、城乡融合发展、陆海统筹整体优化，培育和发挥区域比较优势，加强区域优势互补，塑造区域协调发展新格局。五是建设资源节约、环境友好的绿色发展体系，实现绿色循环低碳发展、人与自然和谐共生，牢固树立和践行绿水青山就是金山银山理念，形成人与自然和谐发展现代化建设新格局。六是建设多元平衡、安全高效的全面开放体系，发展更高层次开放型经济，推动开放朝着优化结构、拓展深度、提高效益方向转变。七是建设充分发挥市场作用、

更好发挥政府作用的经济体制，实现市场机制有效、微观主体有活力、宏观调控有度。

建设现代化经济体系，既是一个重大理论命题，更是一个重大实践课题；既要借鉴发达国家的有益做法，更要符合中国国情、具有中国特色。当前，建设现代化经济体系，要突出抓好大力发展实体经济、加快实施创新驱动发展战略、实施乡村振兴战略、积极推动城乡区域协调发展、着力发展开放型经济、深化经济体制改革六项主要任务。

建设现代化经济体系各项工作的一个目的，就是实现更加平衡更加充分的发展。当前经济不平衡不充分的重要表现之一，就是脱贫攻坚任务艰巨，城乡区域发展和收入分配差距依然较大。解决这些问题，离不开实施乡村振兴战略和区域协调发展战略。

实施乡村振兴战略，是决胜全面建成小康社会、全面建设社会主义现代化国家的重大历史任务，是新时代做好“三农”工作的总抓手。统筹谋划，科学推进乡村振兴战略，一是推动乡村产业振兴，把产业发展落到促进农民增收上来，全力以赴消除农村贫困，推动乡村生活富裕。二是发展现代农业，确保国家粮食安全，提高农业创新力、竞争力、全要素生产率。三是推动乡村人才振兴，把人力资本开发放在首要位置，激励各类人才在农村广阔天地大施所能、大展才华、大显身手，打造一支强大的乡村振兴人才队伍。四是推动乡村文化振兴，加强农村思想道德建设和公共文化建设，提高乡村社会文明程度，焕发乡村文明新气象。五是推动乡村生态振兴，坚持绿色发展，加强农村突出环境问题综合治理，完善农村生活设施，打造农民安居乐业的美丽家园，让良好生态成为乡村振兴支撑点。六是推动乡村组织振兴，建立健全党委领导、政府负责、社会协同、公众参与、法治保障的现代乡村社会治理体制，确保乡村社会充满活力、安定有序。

实施区域协调发展战略，是缩小收入差距、实现共享发展的重要途径。一是加大力度支持革命老区、民族地区、边疆地区、贫困地区加快发展，推进西部大开发、东北老工业基地振兴和中部地区崛起，实现东部地区优化发展。二是以城市群为主体构建大中小城市和小城镇协调发展的城镇格局，加快农业转移人口市民化。三是以疏解北京非首都功能为“牛鼻子”推动京津冀协同发展，高起点规划、高标准建设雄安新区。四是加大力度实施长江经济带发展战略。必须从中华民族长远利益考虑，把修复长江生态环境摆在压倒性位置，共抓大保护、不搞大开发，努力把长江经济带建设成为生态更优美、交通更顺畅、经济更协调、市场更统一、机制更科学的黄金经济带，探索出一条生态优先、绿色发展新路子。五是加快边疆发展，确保边疆巩固、边境安全。加强民族团结，反对民族分裂，维护祖国统一。坚决打击恐怖主义，维护社会安全稳定。坚持党的领导，积极创造条件，加快民族地区发展，实现边疆跨越式发展。六是坚持陆海统筹，坚持走依海富国、以海强国、人海和谐、合作共赢的发展道路，通过和平、发展、合作、共赢方式，扎实推进海洋强国建设。七是健全城乡一体化体制机制。提高城乡发展一体化水平，要把解放和发展农村社会生产力、改善和提高广大农民群众生活水平作为根本的政策取向，加快形成以工促农、以城带乡、工农互惠、城乡一体的新型工农城乡关系。

第三节　深化供给侧结构性改革

深化供给侧结构性改革是当前和今后一个时期我国经济发展的重要任务，是我国在经济发展的重要阶段作出的重大战略选择，符合国际发展大势和我国发展阶段性要求。

一、深化供给侧结构性改革的内涵

深化供给侧结构性改革，是适应国际金融危机发生后综合国力竞争新形势的主动选择，是适应和引领经济发展新常态的重大创新和必然要求，是推动我国经济实现高质量发展的必然要求。贯彻新发展理念、建设现代化经济体系，要以供给侧结构性改革为主线。

推进供给侧结构性改革，要正确处理供给和需求的关系。供给和需求是市场经济内在关系的两个方面，是对立统一的关系，相互依存、互为条件、缺一不可。新的需求可以催生新的供给，新的供给可以创造新的需求。当前和未来一段时期，我国经济发展面临的问题，供给和需求两侧都有，但矛盾的主要方面在供给侧。我国不是需求不足，或者没有需求，而是需求变了，供给的产品没有变，质量、服务跟不上。解决这些结构性问题，必须从供给侧发力，实现我国经济由低水平供需平衡向高水平供需平衡跃升。供给侧结构性改革的根本目的，就是要使我国供给能力更好满足广大人民日益增长的美好生活需要。

供给侧结构性改革的重点，是解放和发展生产力，用改革的方法推进经济结构调整，减少无效和低端供给，扩大有效和中高端供给，增强供给结构对需求变化的适应性和灵活性，提高全要素生产率。要把提高供给体系质量作为主攻方向，着力去产能、去库存、去杠杆、降成本、补短板；要立足优势、挖掘潜力、扬长补短，构建多元发展、多极支撑的现代产业新体系，形成优势突出、结构合理、创新驱动、区域协调、城乡一体的发展新格局；要大力培育新产业、新动能、新增长极，发展现代装备制造业，发展新兴产业，发展现代服务业，发展军民融合产业，优化资源要素配置和生产力空间布局，走集中集聚集约发展的路子，形成有竞争力的增长极。

二、把发展经济的着力点放在实体经济上

实体经济是一国经济中提供商品和服务、用于满足人们生活和生产需要的经济组成部分，是一国经济的立身之本，是财富创造的根本源泉，是国家强盛的重要支柱。实体经济对于经济发展、就业和人民

实际生活水平有着重要影响。推进供给侧结构性改革，必须把提高供给体系质量作为主攻方向，把发展经济的着力点放在实体经济上。这是党中央立足全局、面向未来的重大战略决策，对于我国抓住新一轮科技革命和产业变革机遇、打造国际竞争新优势，具有十分重大的意义。

深刻认识实体经济发展环境新变化。首先，制造业重新成为全球经济竞争的焦点。国际金融危机发生后，主要发达国家集中发力高端制造领域，一些新兴经济体依靠低成本优势致力于打造新的“世界工厂”。我国必须把发展实体经济摆在突出重要的战略位置，扭转资本“脱实向虚”的趋势，促进我国产业加快迈向全球产业价值链中高端，才能有效应对“双重挤压”的局面。其次，新工业革命对制造业发展带来深刻变革。以信息网络技术加速创新与渗透融合为突出特征的新一轮工业革命正在全球范围内孕育兴起，数字经济正成为全球经济增长的重要驱动力。新产品、新模式、新业态、新产业层出不穷，数据正在成为这个时代最宝贵的资源。因此，我国必须做好信息化与工业化深度融合，抢占新一轮产业竞争制高点。最后，我国制造业提质升级任务日益紧迫。经过改革开放以来的高速发展，我国已成为世界制造业第一大国。但与主要工业发达国家制造业发展水平和制造强国建设目标相比，我国在技术创新、质量品牌、环境友好等方面还存在很大差距，结构性供需失衡问题日益凸显。

优化实体经济的发展环境。首先，切实降低实体经济企业成本。针对造成实体经济企业成本居高不下的关键因素，制定可操作、可落地、可检查的系统性政策措施。其次，着力构建国家制造业创新体系。创新是制造业发展的源动力和主引擎。实施国家制造业创新中心建设工程，通过突破重点领域共性关键技术，加速科技成果商业化和产业化，优化制造业创新生态环境，显著提升国家制造业创新能力。再次，强化金融服务实体经济的功能。金融是实体经济的血脉，为实体经济服务是金融的天职，是金融的宗旨，也是防范金融风险的根本举措。金融要把为实体经济服务作为出发点和落脚点，全面提升服务效率和水平，把更多金融资源配置到经济社会发展的重点领域和薄弱环节，更好满足人民群众和实体经济多样化的金融需求。最后，加快建设多层次制造业人才队伍。深入实施人才强国战略，落实新时期产业工人队伍建设改革方案和制造业人才发展规划指南，深化校企合作，培养一大批具有创新精神和国际视野的企业家人才、各行业各领域技术创新的专家型人才和高级经营管理人才，建设知识型、技能型、创新型劳动者大军。

三、加快建设制造强国

制造业是国民经济的主体，是科技创新的主战场，是立国之本、兴国之器、强国之基。打造具有国际竞争力的制造业，是我国提升综合国力、保障国家安全、建设世界强国的必由之路。

加快建设制造强国，是对我国制造业整体形势正确判断的结果。我国是制造大国和出口大国，但目前主要是低端产品和技术，科技含量高、质量高、附加值高的产品并不多。我国总体上产能很大，但其中一部分产能是无效供给，而高质量、高水平的有效供给又不足。我们既要着力扩大需求，也要注重提高供给质量和水平。

坚持创新驱动、质量为先、绿色发展、结构优化、人才为本。坚持把创新摆在制造业发展全局的核心位置，走创新驱动的发展道路。坚持把质量作为建设制造强国的生命线，走以质取胜的发展道路。坚持把可持续发展作为建设制造强国的重要着力点，走生态文明的发展道路。坚持把结构调整作为建设制造强国的关键环节，走提质增效的发展道路。坚持把人才作为建设制造强国的根本，走人才引领的发展道路。

加快建设制造强国的主要任务，主要包含以下几点：一是培育壮大新兴产业，推动重点领域率先突破。新兴产业是经济体系中最有活力、最具增长潜力的部分，是我国抢占未来竞争制高点、实现引领型发展的关键。二是提升装备制造竞争力。装备制造业是一个国家制造业的脊梁，目前我国装备制造业还有许多短板，要加大投入、加强研发、加快发展，努力占领世界制高点、掌控技术话语权，使我国成为现代装备制造业大国。三是加快发展现代服务业，促进制造与服务协同发展。现代服务业是实体经济和制造业发展的重要支撑，特别是生产性服务业，对于提高制造业附加值和竞争力具有重要意义。四是大力推进智能制造，促进信息化与工业化深度融合。信息化与工业化融合将带来巨大市场空间，是大国产业博弈的重要阵地。五是培育世界级先进制造业集群，促进大中小企业融通发展。产业集群是中小企业发展的重要组织形式和载体，对推动企业专业化分工协作、有效配置生产要素、降低创新创业成本、节约社会资源、促进区域经济社会发展都具有重要意义。

四、支持传统产业优化升级

传统产业是稳定经济增长、改善民生福祉的主体力量，也是当前和今后一个时期我国工业结构调整的重点。要通过引入新技术、新管理、新模式，使之焕发巨大生机和活力。要坚决打好去产能攻坚战，更多运用市场机制和经济手段减少无效低效产能，促进先进产能发展。实施制造业重大技术改造升级工程，支持企业瞄准国际同行业标杆，全面提高产品技术、工艺装备、能效环保、质量效益和本质安全水平。开展质量提升行动，推进消费品工业增品种、提品质、创品牌，打造更多“百年老店”。

促进传统优势产业提质增效。实施企业技术改造提升行动计划，鼓励传统产业设施装备智能化改造，推动生产方式向数字化、精细化、柔性化转变；推进传统制造业绿色化改造，推行生态设计，加强产品全生命周期绿色管理。支持制造业由生产型向生产服务型转变，引导制造企业延伸产业链条、增加服务环节。

加快发展生产性服务业。生产性服务业涉及农业、工业等产业的多个环节，具有专业性强、创新活跃、产业融合度高、带动作用显著等特点，是全球产业竞争的战略制高点。以产业转型升级需求为导向，进一步加快生产性服务业发展，促进我国产业逐步由生产制造型向生产服务型转变。

加快发展生活性服务业。生活性服务业领域宽、范围广，涉及人民群众生活的方方面面，与经济社会发展密切相关。加快发展生活性服务业，是推动经济增长动力转换的重要途径，实现经济提质增效升级的重要举措，保障和改善民生的重要手段。围绕人民群众对生活性服务业的普遍关注和迫切期待，着力解决供给、需求、质量方面存在的突出矛盾和问题，推动生活性服务业便利化、精细化、品质化发展。

积极发挥新消费引领作用，加快培育形成新供给新动力。消费是最终需求，积极顺应和把握消费升级大趋势，以消费升级引领产业升级，以制度创新、技术创新、产品创新满足并创造消费需求，有利于提高发展质量、增进民生福祉、推动经济结构优化升级、激活经济增长内生动力，实现持续健康高效协调发展。只有围绕消费市场的变化趋势进行投资、创新和生产，才能最大限度地提高投资和创新有效性，优化产业结构，提升产业竞争力和附加值，实现更有质量和效益的增长。

第四节 完善社会主义市场经济体制

1992 年，党的十四大提出了我国经济体制改革的目标是建立社会主义市场经济体制。经过 20 多年实践，我国社会主义市场经济体制已经初步建立，但仍存在市场秩序不规范、生产要素市场发展滞后、市场规则不统一、市场竞争不充分等问题，仍然需要不断改革和完善。经济体制改革的核心是处理好政府和市场的关系，要使市场在资源配置中起决定性作用，更好发挥政府作用。完善社会主义市场经济体制，是全面深化改革的重要内容，是贯彻新发展理念、建设现代化经济体系的重要任务。

一、深化国有企业改革

国有企业属于全民所有，是公有制经济的重要载体，在关系国家安全和国民经济命脉的主要行业和关键领域占据支配地位，在中国共产党执政和我国社会主义国家政权的经济基础中起支柱作用，是推进国家现代化、保障人民共同利益的重要力量。深化国有企业改革，坚定不移地把国有企业做强做优做大，是坚持和发展中国特色社会主义的必然要求，也是完善社会主义市场经济体制的重要内容。

坚持和完善基本经济制度，是深化国有企业改革必须把握的根本要求。必须毫不动摇巩固和发展公有制经济，毫不动摇鼓励、支持、引导非公有制经济发展。坚持公有制主体地位，发挥国有经济主导作用，积极促进国有资本、集体资本、非公有资本等交叉持股、相互融合，建立现代企业制度，推动各种所有制资本取长补短、相互促进、共同发展。

坚持增强活力和强化监管相结合，是深化国有企业改革必须把握的重要关系。增强活力是搞好国有企业的本质要求，加强监管是搞好国有企业的重要保障，要切实做到两者的有机统一。继续推进简政放权，依法落实企业法人财产权和经营自主权，进一步激发企业活力、创造力和市场竞争力。深化国有企业改革，要有利于国有资产保值增值，有利于提高国有经济竞争力，有利于放大国有资本功能。

坚持和加强党对国有企业的领导，是深化国有企业改革坚持正确方向的根本保证。坚持党的领导、加强党的建设，是我国国有企业的光荣传统，是国有企业的“根”和“魂”，是我国国有企业的独特优势。坚持党对国有企业的领导是重大政治原则，必须一以贯之。要贯彻全面从严治党方针，充分发挥企业党组织领导核心和政治核心作用，坚持党组织对国有企业选人用人的领导和把关作用，以企业改革发展成果检验党组织的工作和战斗力。要加强企业领导班子建设，创新基层党建工作，深入开展党风廉政建设，坚持全心全意依靠工人阶级，维护职工合法权益，为国有企业改革发展提供坚强有力的政治保证、组织保证和人才支撑。

新时代深化国有企业改革的主要任务有以下几点：一是要完善各类国有资产管理体制。建立健全各类国有资产监督法律法规体系，改革国有资本授权经营体制，以管资本为主深化国有资产监管机构职能转变，创新监管方式和手段，深化国有资本投资运营公司综合性改革。二是要加快国有经济布局优化、结构调整、战略性重组。推动国有经济向关系国家安全、国民经济命脉和国计民生的重要行业和关键领域、重点基础设施集中，推动国有资本形态转换和结构调整，推动国有企业战略性重组。三是要发展混合所有制经济。积极推进主业处于充分竞争行业和领域的商业类国有企业混合所有制改革，大力推动国有企业改制上市，在取得经验基础上稳妥有序开展国有控股混合所有制企业员工持股，鼓励包括民营企业在内的非国有资本投资主体通过多种方式参与国有企业改制重组，鼓励国有资本以多种方式入股非国有企业，建立健全混合所有制企业治理机制。四是要形成有效制衡的公司法人治理结构和灵活高效的市场化经营机制。在全面完成公司制改革的基础上积极推进股份制改革，全面推进规范董事会建设，持续深化企业内部各项制度改革。五是要加强监管，有效防止国有资产流失。以国有资产保值增值、防止流失为目标，加快形成全面覆盖、分工明确、协同配合、制约有力的国有资产监督体系。六是要培育具有全球竞争力的世界一流企业。支持国有企业深入开展国际化经营，形成一批引领全球行业技术发展、全球产业发展中具有话语权和影响力的领军企业。

二、激发市场主体活力

市场主体的质量和活力关系到宏观经济整体的质量和活力。激发公有制经济、非公有制经济等各类市场主体活力，平等保护各类市场主体的合法权益，加强对市场主体的服务和监管，维护市场正常秩序、促进市场公平竞争，有利于充分发挥市场在资源配置中的决定性作用，促进经济社会持续健康发展。

转变政府职能，积极简政放权，更好发挥政府作用。转变政府职能的总方向，是创造良好发展环境、提供优质公共服务、维护社会公平正义。要深化行政审批制度改革，推进简政放权，深化权力清单、责任清单管理，同时要强化事中事后监管。要创新政府配置资源特别是公共资源的方式，遵循价值规律、发挥市场机制作用，体现政府配置资源的引导作用，实现政府与市场作用有效结合，既要“有效的市场”，也要“有为的政府”。

完善产权保护制度，深化产权制度改革。产权制度是社会主义市场经济的基石，保护产权是坚持社会主义基本经济制度的必然要求，经济主体财产权的有效保障和实现是经济社会持续健康发展的基础。健全以公平为核心原则的产权保护制度，公有制经济财产权不可侵犯，非公有制经济财产权同样不可侵犯。加强对各种所有制经济组织和自然人财产权的保护，清理有违公平的法律法规条款。创新适应公有制多种实现形式的产权保护制度，加强对国有及集体资产所有权、经营权和各类企业法人财产权的保护。国家保护各种所有制经济产权和合法利益，保证各种所有制经济依法平等使用生产要素、公开公平公正参与市场竞争、同等受到法律保护，依法监管各种所有制经济。

全面实施市场准入负面清单制度，清理废除妨碍统一市场和公平竞争的各种规定和做法。市场准入负面清单制度是指政府以清单方式明确列出在我国境内禁止和限制投资经营的行业、领域、业务等，各级政府依法采取相应管理措施的一系列制度安排。实行市场准入负面清单制度，是发挥市场在资源配置中的决定性作用的重要基础，是更好发挥政府作用的内在要求，也是构建开放型经济新体制的必要措施。

完善主要由市场决定价格的机制，加快要素价格市场化改革，使市场在资源要素配置中起决定性作用。价格机制是市场机制的核心，市场决定价格是市场在资源配置中起决定性作用的关键。凡是能由市场形成价格的都交给市场，政府不进行不当干预。政府定价领域，必须严格规范政府定价行为，坚决管细管好管到位。经营者自主定价领域，要通过健全规则，加强执法，来维护市场秩序，保障和促进公平竞争，推进现代市场体系建设。

三、创新和完善宏观调控

科学的宏观调控，有效的政府治理，是发挥社会主义市场经济体制优势的内在要求。创新和完善宏观调控，发挥国家发展规划的战略导向作用，健全财政、货币、产业、区域等经济政策协调机制，是新时代我国宏观调控的新要求。宏观调控工作要坚持稳中求进工作总基调，坚持以新发展理念统领发展，坚持以供给侧结构性改革为主线，适度扩大总需求，紧紧围绕加快建设现代化经济体系，不断创新思路、完善方式方法，为努力实现更高质量、更有效率、更加公平、更可持续的发展发挥作用。

发挥国家发展规划的战略导向作用。国家发展规划是宏观调控的重要载体，集中体现党和国家的战略意图和中长期发展目标，必须举全党全社会之力推进。一是强化规划约束引导。增强国家政策措施的宏观引导、统筹协调功能，提高规划的引领性、指导性和约束性。二是健全规划体系。加强规划统筹管理，构建层次分明、功能清晰、相互协调的发展规划体系，提升规划的系统性。三是创新规划实施机制。在中长期规划纲要中期评估和终结评估的基础上，组织开展年度监测报告，强化国家战略在各个层面的统一落实，确保一张蓝图干到底。

健全宏观调控政策体系。宏观调控的主要任务是保持经济总量平衡，促进重大经济结构协调和生产力布局优化，减缓经济周期波动影响，防范区域性、系统性风险，稳定市场预期，实现经济持续健康发展。一是更好发挥财政政策对平衡发展的积极作用。加快建立现代财政制度，加大财政支出优化整合力度。二是提升政策的适应性和灵活性。深化金融体制改革，增强金融服务实体经济能力，健全金融监管体系。三是优化促进消费转型升级的政策组合。把握消费转型升级的趋势，完善促进消费的体制机制，更好激发消费潜能，增强消费对经济发展的基础性作用。四是强化投融资政策对优化供给结构的关键作用。深化投融资体制改革，发挥好政府资金的撬动作用，推进政银企社结合，扩大有效投资，提高资金使用效率和增量资本产出率。五是精准实施产业政策。围绕构建现代产业体系、推动产业迈向中高端水平，大力实施创新驱动战略。六是创新完善区域政策。以“一带一路”建设、京津冀协同发展、长江经济带发展三大战略为引领，持续推进西部开发、东北振兴、中部崛起、东部率先“四大板块”和城乡协调协同发展，深入推进以人为核心的新型城镇化，发挥国家级新区等创新发展龙头的引领示范效应，拓展经济发展新空间。

完善宏观经济政策的协调机制。一是部门层面的协调。强化宏观经济政策统筹，提高政策的协同性，并协同形成调控合力。二是中央和地方层面的协调。中央要搞好顶层设计，充分考虑地方实际，最大限度调动地方积极性；地方层面要强化对宏观经济政策的理解、执行和传导，引导市场主体积极响应和实现宏观政策意图。三是国际层面的沟通协调。以更加宽广的全球视野，积极主动参与国际宏观经济政策沟通协调及国际经济规则调整和构建，防范系统性风险，力争营造良好的外部经济环境。

注重引导市场行为和社会预期。一是加强风险防范和应对处置。强化底线思维，建立安全识别和监测预警体系，重点提高财政、金融、房地产、能源资源、生态环境等方面的风险防控能力，坚决守住不发生系统性区域性风险的底线。二是提升服务监督水平。密切关注新技术新产业新业态新模式发展，主动优化服务、创新监管，明规矩于前、寓严管于中、施重惩于后、存包容于严，为新兴生产力成长开辟更大空间。三是强化社会预期管理。把预期管理作为宏观调控的重要内容，提高政策透明度和可预期性，用稳定的宏观经济政策稳住市场预期，用重大改革举措落地增强发展信心。

第五节　推动形成全面开放新格局

对外开放是我国的基本国策，是推动我国经济社会发展的重要动力。2008 年国际金融危机爆发以来，经济全球化呈现出一系列新形势和新特征，也给我国的对外开放带来了新机遇和新挑战。新形势下，要实施更加主动积极的开放战略，全面提升开放型经济水平，推动形成全面开放新格局。

一、中国开放的大门只会越开越大

世界正处于大发展大变革大调整时期，我国经济也正处在转变发展方式、优化经济结构、转换增长动力的攻关期，机遇前所未有，挑战前所未有，机遇大于挑战。面临新形势，中国开放的大门不会关闭，只会越开越大。

坚定不移扩大开放，是实现中华民族繁荣富强的必由之路。开放带来进步，封闭导致落后，这已为我国的发展实践所证明。以开放促改革、促发展，成为我国现代化建设不断取得新成就的重要法宝。当前，我国已经成为世界第二大经济体，跨境投资位居世界前列，对世界经济增长贡献率超过30%，成为世界经济增长的主要稳定器和动力源。坚持打开国门搞建设，既立足国内，充分运用我国资源、市场、制度等优势，又重视国内国际经济联动效应，积极应对外部环境变化，更好利用两个市场、两种资源，推动互利共赢、共同发展，已经成为中华民族伟大复兴历史进程的必然选择。

坚定不移扩大对外开放，是适应经济全球化新趋势的必然要求。习近平指出，“一个国家能不能富强，一个民族能不能振兴，最重要的就是看这个国家、这个民族能不能顺应时代潮流，掌握历史前进的主动权。”① 经济全球化就是当前我们面对的不可逆转的时代潮流。2008 年国际金融危机以来，世界经济复苏艰难曲折，全球贸易增速连续多年低于世界经济增速，跨国投资还未完全恢复到危机前水平。以互联网、大数据、人工智能等为代表的新一轮科技革命和产业革命，逐渐成为推动经济增长的新动力。与此同时，在世界经济疲弱的大环境下，发展失衡、治理困境、公平赤字等问题更加突出，“逆全球化”思潮涌动，保护主义倾向上升。在瞬息万变的国际经济形势下，抓住新旧动能转化的关键，推动经济全球化向着更加开放、包容、普惠、平衡、共赢的方向发展，只能一往无前，进一步扩大对外开放水平。

坚定不移扩大开放，是顺应新时代国内改革发展新要求的应有之举。当前，我国经济发展进入新常态，劳动力成本持续攀升，资源约束日益趋紧，环境承载力接近上限，开放型经济传统竞争优势受到削弱，传统发展模式遭遇瓶颈。但同时，我国人力资源丰富、市场规模庞大、基础设施比较完善、产业配套齐全，创新发展的制度环境和政

---

① 《习近平谈治国理政》第 2 卷，外文出版社 2017 年版，第 210 页。

策环境不断完善，开放型经济仍然具备综合竞争优势。在严峻复杂的国内外环境倒逼下，我国加工贸易转型升级，服务贸易持续快速发展，外贸新产品、新业态、新模式不断涌现，企业国际化经营能力明显增强，在国际分工中的地位逐步提升。因势利导、乘势而上，进一步完善开放布局、创新开放体制，提高对外开放水平，才能妥善应对新常态下经济社会发展面临的困难和挑战，既为自身发展赢得更大空间，也为建设开放型世界经济作出积极贡献。

二、推动“一带一路”建设

党的十九大报告指出，要以“一带一路”建设为重点，坚持引进来和走出去并重，遵循共商共建共享原则，加强创新能力开放合作，形成陆海内外联动、东西双向互济的开放格局。

深刻认识“一带一路”建设的重大意义。首先，“一带一路”建设是我国扩大对外开放的重大举措和经济外交的顶层设计。“一带一路”建设，是将我国发展置于更广阔的国际空间来谋划的主动开放之举，标志着党的开放理论实现了从指导我国开放到推动世界各国共同开放的伟大历史转变。其次，“一带一路”建设是为破解人类发展难题提供的中国智慧和中国方案。“一带一路”致力于缩小发展鸿沟，从根本上化解造成各种冲突和矛盾的根源，致力于破解全球发展难题。再次，“一带一路”建设是探索全球经济治理新模式、构建人类命运共同体的新平台。“一带一路”强调求同存异、兼容并蓄，给予各国平等参与全球事务的权利，推动现有国际秩序、国际规则增量改革，为完善全球经济治理体系提供了新思路新方案。最后，“一带一路”建设是新时代中国特色社会主义的伟大开放实践。“一带一路”倡议提出以来，全球多个国家和国际组织积极支持和参与。实践证明，“一带一路”建设开创了中国特色社会主义伟大新实践，丰富和发展了治国理政的新理念。

牢牢把握“一带一路”建设的总体方向。首先，以共商共建共享为基本原则。共商共建共享，是“一带一路”建设的重要遵循。新形势下，遵循共商共建共享原则，要充分考虑各国差异，共同探讨符合各国国情的合作模式，增强各参与方的获得感，充分调动各方面积极性。其次，以深化“五通”交流合作为关键支撑。政策沟通、设施联通、贸易畅通、资金融通和民心相通，是“一带一路”建设的核心内容。最后，以构建全面开放新格局为努力方向。新形势下推进“一带一路”建设，就是要助推内陆沿边地区成为开放前沿，实现开放空间逐步从沿海、沿江向内陆、沿边延伸。要加强“一带一路”建设同京津冀协同发展、长江经济带发展等国家战略的对接，加强同西部开发、东北振兴、中部崛起、东部率先等“四大板块”的结合，带动形成陆海内外联动、东西双向互济的开放格局。

促进“一带一路”国际合作的重点内容。其一，坚持引进来和走出去并重，深化双向投资合作。新形势下，坚持引进来与走出去并重，就是要进一步挖掘双向投资潜力，促进要素自由流动，资源高效配置和市场深度融合，为发展开放型世界经济注入新动能。其二，促进基础设施互联互通，突破沿线发展瓶颈。基础设施互联互通是“一带一路”建设的优先领域。要完善基础设施联通网络，协调政策规则标准联通，创新设施联通融资渠道。其三，加强创新能力开放合作，增强发展新动力。新形势下，加强创新能力开放合作，要推动“一带一路”沿线国家创新资源共享、创新优势互补，共同实现创新引领和驱动发展。其四，推动开放合作，完善全球治理体系。加强“一带一路”建设，要致力于建设开放型世界经济，推动形成更加公正合理的国际经济秩序。其五，构筑多层次人文交流平台，促进包容发展。“一带一路”建设，是我国为世界搭建的具有广泛包容性的发展合作平台。新形势下，要努力开辟更多合作渠道，推动各国政府、企业、社会机构、民间团体积极参与，共同打造多主体、全方位、跨领域的互利合作新平台。

三、实施高水平对外开放

实施高水平对外开放，既要求开放范围扩大、领域拓宽、层次加深，也要求开放方式创新、布局优化、质量提升。

坚持主动开放，把开放作为发展的内在要求，更加积极主动地扩大对外开放。开放发展的核心是解决内外联动问题，目标是提高对外开放质量、发展更高层次的开放型经济。以开放促改革、促发展、促创新，以对外开放的主动赢得经济发展的主动。主动处理好对外开放和维护经济安全之间的关系，坚持底线思维，注重风险防控和评估，在扩大开放中动态地谋求更高层次的总体安全。

坚持双向开放，把引进来与走出去更好结合起来，拓展经济发展空间。要坚持引进来和走出去并重，更好统筹国际国内两个市场、两种资源、两类规则。在引进来方面，着力提高引资质量，注重吸收国际投资搭载的技术创新能力、先进管理经验，吸引高素质人才。在走出去方面，支持我国企业扩大对外投资，推动装备、技术、标准、服务走出去，提升在全球价值链中的位置。

坚持全面开放，推动形成陆海内外联动、东西双向互济的开放格局。全面开放体现在开放空间上，就是优化区域开放布局，加大西部开放力度，逐步形成沿海内陆沿边分工协作、互动发展的全方位开放新格局。体现在开放举措上，就是推进“一带一路”建设，坚持自主开放与对等开放，加强走出去战略谋划，统筹多双边和区域开放合作，加快实施自由贸易区战略等。体现在开放内容上，就是大幅度放宽市场准入，进一步放开一般制造业，有序扩大服务业对外开放，扩大金融业双向开放，促进基础设施互联互通。推进全面开放，还要求协同推进战略互信、经贸合作、人文交流。

坚持公平开放，构建公平竞争的内外资发展环境。公平开放要求改变过去依靠土地、税收等优惠政策招商引资的做法，通过加强法治建设，为外资企业提供公平、透明、可预期的市场环境，实现各类企业依法平等使用生产要素、公平参与市场竞争、同等受到法律保护。

坚持共赢开放，推动经济全球化朝着普惠共赢方向发展。中国对外开放，不是要营造自己的后花园，而是要建设各国共享的百花园。中国坚定不移地奉行互利共赢的开放策略，坚定不移地发展全球自由贸易和投资，在开放中推动贸易和投资自由化、便利化，促进形成各国合作共赢的新格局，旗帜鲜明反对保护主义。

坚持包容开放，探索求同存异、包容共生的国际发展合作新途径。当今世界，开放包容、多元互鉴是主基调。中国的对外开放，秉持的是共商共建共享原则，不是封闭的、排他的，而是开放的、包容的；不是中国一家独奏，而是世界各国的合唱。

□ 思考题

1. 如何理解建设现代化经济体系的内涵及其重要意义？
2. 为什么要把发展经济的着力点放在实体经济上？
3. 完善社会主义市场经济体制的重点内容是什么？
4. 如何理解“一带一路”建设对推动形成全面开放格局的意义？

第四章
中国特色社会主义政治建设

教学基本要求

1. 了解中国特色社会主义政治理论与制度。
2. 理解中国特色社会主义政治发展道路的必然性及其内涵。
3. 认识中国特色社会主义民主政治建设的时代要求。
4. 明确中国特色社会主义法治道路的核心要义。

第一节　中国特色社会主义政治理论与制度

改革开放以来，中国共产党坚持从中国国情出发，不断深化对中国特色社会主义政治建设规律的认识，坚定不移地走中国特色社会主义政治发展道路，有力地推进了社会主义民主政治建设，促进了中国社会的全面进步。特别是党的十八大以来，我国民主法治建设迈出重大步伐，社会主义政治文明建设不断深化，全面依法治国取得重大进展，中国特色社会主义政治理论创新发展，中国特色社会主义政治制度日臻完善。

一、中国特色社会主义政治理论

改革开放以来，中国共产党自觉地运用马克思主义的立场、观点、方法，观察中国的政治生活和政治实践，勇于推进实践基础上的理论创新，形成并发展了中国特色社会主义政治理论。

一是关于国家政权的理论。中华人民共和国是工人阶级领导的、以工农联盟为基础的人民民主专政的社会主义国家，国家一切权力属于人民。人民代表大会制度是中国的根本政治制度，是国家政权组织形式。民主集中制是国家机构的组织活动原则。人民当家作主是社会主义民主政治的本质和核心，必须坚持人民主体地位，支持和保证人民通过人民代表大会行使国家权力。中国的国家结构形式是单一制。

二是关于政治发展道路的理论。中国特色社会主义政治发展道路，为实现人民民主确立了正确的方向。坚持中国特色社会主义政治发展道路，最根本的是坚持党的领导、人民当家作主和依法治国的有机统一。要坚定对中国特色社会主义政治制度自信，借鉴人类政治文明的有益成果，但绝不能生搬硬套外国政治制度模式，绝不能放弃中国特色社会主义政治制度的根本。要长期坚持、不断发展我国社会主义民主政治，积极稳妥推进政治体制改革，推进社会主义民主政治制度化、规范化、程序化，保证人民依法通过各种途径和形式管理国家事务、管理经济文化事业、管理社会事务，巩固和发展生动活泼、安定团结的政治局面。

三是关于人民民主的理论。人民民主是社会主义的本质特征，是社会主义的生命，没有民主就没有社会主义，就没有社会主义现代化。人民民主的实质是人民当家作主，它是最广泛的民主、最真实的民主，是不断发展着的民主，是民主与专政、民主与集中、民主与法治的有机统一。选举民主和协商民主是中国特色社会主义民主的两种形式。要坚定不移走中国特色社会主义政治发展道路，在坚持党的领导、人民当家作主、依法治国有机统一中推进社会主义民主政治建设，不断加强人民当家作主的制度保障，加快推进国家治理体系和治理能力现代化，充分调动人民的积极性、主动性、创造性，更加切实、更有成效地实施人民民主。

四是关于社会主义法治的理论。社会主义民主和社会主义法治是不可分割的统一整体，民主是法治的基础和前提，法治是民主的体现和保障，是治国理政的基本方式。依法治国是社会主义民主政治的基本要求，是党领导人民治理国家的基本方略，必须坚持依法治国、建设社会主义法治国家。全面依法治国是中国特色社会主义的本质要求和重要保障。全面依法治国的总目标是建设中国特色社会主义法治体系，建设社会主义法治国家。全面依法治国是国家治理领域的一场广泛而深刻的革命，必须从我国法治建设的实际出发，加强宪法实施，扎实有序推进科学立法、严格执法、公正司法、全民守法等重点任务。必须把党的领导贯彻落实到依法治国全过程和各方面，坚定不移走中国特色社会主义法治道路。

五是关于政治体制改革的理论。政治体制改革是社会主义政治制度的自我完善，是发展社会主义民主政治的必然要求。要适应经济基础深刻变化和人民民主意识不断增强的客观要求，坚持正确的政治方向，积极稳妥地推进政治体制改革。政治体制改革，要以保证人民当家作主为根本，以增强党和国家活力、调动人民积极性为目标，不断建设社会主义政治文明。深化党和国家机构改革是我国政治体制改革的重要组成部分，是推进国家治理体系和治理能力现代化的一场深刻变革。要把坚定政治制度自信与不断改革创新统一起来，在坚持根本政治制度、基本政治制度的基础上，不断推进政治制度体系完善和发展；要着重加强制度建设，用制度体系保障人民当家作主，实现社会主义民主政治的制度化、规范化和程序化。

六是关于新时期爱国统一战线的理论。统一战线是凝聚各方面力量，促进政党关系、民族关系、宗教关系、阶层关系、海内外同胞关系的和谐，夺取中国特色社会主义新胜利的重要法宝，必须长期坚持。做好新形势下统战工作，必须高举爱国主义旗帜、社会主义旗帜，牢牢把握大团结大联合的主题，正确处理一致性和多样性关系，不断巩固共同思想政治基础，同时要充分发扬民主、尊重包容差异，尽可能通过耐心细致的工作找到最大公约数，画出最大同心圆。要全面贯彻党的民族政策，深化民族团结进步教育，铸牢中华民族共同体意识，加强各民族交往交流交融，促进各民族共同团结奋斗、共同繁荣发展。坚持长期共存、互相监督、肝胆相照、荣辱与共，支持民主党派按照中国特色社会主义参政党要求更好履行职能。要全面贯彻党的宗教工作基本方针，坚持我国宗教的中国化方向，积极引导宗教与社会主义社会相适应。要加强党外知识分子工作，做好新的社会阶层人士工作，广泛团结联系海外侨胞和归侨侨眷，共同致力于中华民族伟大复兴。

七是关于坚持“一国两制”和推进祖国统一的理论。“一国两制”方针是党和国家实现祖国统一大业的基本国策，实现祖国完全统一是中华民族根本利益所在。改革开放初期，邓小平着眼实现国家完全统一，以超凡的智慧和胆略创造性地提出“一国两制”伟大构想，并首先成功地运用于解决历史遗留的香港、澳门问题。党的十八大以来，在以习近平同志为核心的党中央坚强领导下，“一国两制”在香港、澳门的成功实践深入推进，两岸关系实现和平发展。保持香港、澳门长期繁荣稳定，必须全面准确贯彻“一国两制”、“港人治港”、“澳人治澳”、高度自治的方针，确保“一国两制”方针不会变、不动摇，确保“一国两制”实践不变形、不走样。解决台湾问题、实现祖国完全统一，必须继续坚持“和平统一、一国两制”方针，推动两岸关系和平发展，推进祖国和平统一进程。

八是关于尊重和保障人权的理论。尊重和保障人权是发展社会主义民主政治、建设社会主义政治文明的内在要求。人权是具体的、相对的，不是抽象的、绝对的。中国坚持把人权的普遍性原则同本国实际相结合，坚持生存权和发展权是首要的基本人权。实现人权的根本途径是经济发展和社会全面进步。中国始终坚持以人民为中心的发展思想，不断推动经济社会发展，增进人民福祉，促进社会公平正义，加强人权法治保障，努力促进经济、社会、文化权利和公民、政治权利全面协调发展，显著提高了人民生存权、发展权的保障水平，走出了一条适合中国国情的人权发展道路。

九是关于国防和军队建设的理论。党的十八大以来，习近平在新时代坚持和发展中国特色社会主义历史进程中，着眼实现中华民族伟大复兴的中国梦，紧紧围绕新时代建设一支什么样的强大人民军队、怎样建设强大人民军队，深入进行理论探索和实践创造，形成了习近平强军思想，开拓了中国特色强军之路，把当代中国马克思主义军事理论和军事实践发展推向新境界。习近平强军思想内涵丰富、思想深邃，涉及巩固国防和强大人民军队是新时代坚持和发展中国特色社会主义、实现中华民族伟大复兴的战略支撑，党在新时代的强军目标，党对军队的绝对领导，构建中国特色现代作战体系，加强军队的作风建设和纪律建设，坚持政治建军、改革强军、科技兴军、依法治军，推进军队组织形态现代化，建设创新型人民军队，构建中国特色军事法治体系，加强军民融合发展等一系列重要内容，这些内容构成了一个系统完整、逻辑严密、相互贯通的科学军事理论体系。

二、中国特色社会主义政治制度

政治制度是指在特定的社会中，统治阶级通过组织政权以实现其政治统治的原则和规则的总和。它包括国家政权的组织形式、国家结构形式、政党制度、选举制度等。我国是工人阶级领导的、以工农联盟为基础的人民民主专政的社会主义国家，我国的国家性质以及历史文化传统、经济社会发展水平决定了我国政治制度的基本架构。中国特色社会主义政治制度的本质是实现最广大人民群众的根本利益，保障人民当家作主，保持国家长期稳定和发展。

人民代表大会制度是中国的根本政治制度，是人民当家作主的政权组织形式，也是坚持党的领导、人民当家作主、依法治国有机统一的根本制度安排。民主集中制是人民代表大会的组织原则。人民行使权力的机关是全国人民代表大会和地方各级人民代表大会，全国人民代表大会是最高国家权力机关，地方各级人民代表大会是地方国家权力机关，它们都由民主选举产生，对人民负责，受人民监督；各级国家行政机关、监察机关、审判机关、检察机关都由人民代表大会产生，对它负责，受它监督。

中国共产党领导的多党合作和政治协商制度是中国特色社会主义的政党制度，也是中国的一项基本政治制度。中国共产党的领导是多党合作和政治协商的前提和基础，多党合作是政治协商制度的核心内容，各民主党派按照中国特色社会主义参政党要求更好履行职责。政治协商是中国民主政治的重要形式，宪法和法律是各政党活动的基本准则。中国人民政治协商会议是中国人民爱国统一战线的组织，是中国共产党领导的多党合作和政治协商的重要机构，是我国政治生活中发扬社会主义民主的重要形式。

民族区域自治制度是中国的一项基本政治制度，是具有中国特色的解决民族问题的基本制度安排，其根本目的在于实现和维护国家统一和民族团结。民族区域自治是指在国家的统一领导下，以少数民族聚居区为基础，建立相应的民族自治地方，设立民族自治机关，行使宪法和法律规定的自治权的制度，它是民族自治和区域自治的结合。各民族自治地方都是中华人民共和国不可分离的部分。

基层群众自治制度是中国的一项基本政治制度，是城乡基层群众直接参与社会主义民主政治建设的主阵地和重要平台。它是指城乡居民群众以相关法律法规政策为依据，在城乡基层党组织领导下，在居住地范围内，依托基层群众自治组织，直接行使民主选举、民主决策、民主管理和民主监督等权利，实行自我管理、自我服务、自我教育、自我监督的制度与实践。基层群众自治是人民当家作主最有效、最广泛的途径。

此外，中国特色的国家元首制度、选举制度、行政制度、监察制度、司法制度、军事制度、特别行政区制度等构成我国的具体政治制度。它们建立在根本政治制度与基本政治制度之上，相互配套、相互支撑，共同为人民当家作主和党领导人民治理国家提供制度保障。

第二节　坚定不移走中国特色社会主义政治发展道路

改革开放以来，中国共产党团结带领人民在发展社会主义民主政治方面取得了重大进展，成功开辟和坚持了中国特色社会主义政治发展道路，为实现最广泛的人民民主确立了正确方向。实践证明，中国特色社会主义政治发展道路是符合中国实际、体现最广大人民意志、能够真正保证社会和谐稳定和国家长治久安的正确道路，具有强大的生命力，必须长期坚持。坚持中国特色社会主义政治发展道路，关键是要坚持党的领导、人民当家作主、依法治国有机统一，以保证人民当家作主为根本，以增强党和国家活力、调动人民积极性为目标，扩大社会主义民主，加快建设社会主义法治国家，发展社会主义政治文明。

一、坚持走中国特色社会主义政治发展道路的必然性

政治发展道路是一个国家发展民主政治、建设政治文明过程中所选择的路径和模式，它是一个国家政治发展的战略目标、基本要求、动力机制、制度架构、重点任务等方面的综合反映。一个国家选择什么样的政治发展道路，归根到底是由这个国家的性质和国情决定的。正如世界上没有两片完全相同的树叶一样，世界上也不存在完全相同的政治发展道路。

正确的政治发展道路应该是符合本国国情、体现人民意愿、能够保证国家有效治理和长治久安的政治发展道路。中国特色社会主义政

治发展道路是发展社会主义民主政治、建设社会主义政治文明的正确道路，其关键是坚持党的领导、人民当家作主和依法治国的有机统一，核心是坚持和完善人民代表大会制度、中国共产党领导的多党合作和政治协商制度、民族区域自治制度和基层群众自治制度，目的是不断推进人民当家作主的社会主义政治制度的自我完善和发展。这一道路，是近代以来中国人民长期奋斗的历史逻辑、理论逻辑、实践逻辑的必然结果，是坚持党的本质属性、践行党的根本宗旨的必然要求。它是符合中国国情，体现人民意愿、顺应时代潮流的政治发展道路，是唯一能够为国家富强、民族振兴、人民幸福、社会和谐提供根本政治保障的正确道路。坚持走中国特色社会主义政治发展道路是党和人民总结长期历史经验所得出的必然结论。

首先，坚持走中国特色社会主义政治发展道路，是近代以来中国人民长期奋斗的历史逻辑决定的。进入近代社会以来，面对内忧外患、山河破碎的严峻局面，选择什么样的政治发展道路，建立什么样的政治制度，才能完成民族复兴、人民解放的历史任务，成了摆在中国人民面前的历史性课题。为了解决这一历史性课题，中国人民尝试了包括君主立宪制、议会制、多党制、总统制等在内的各种政治制度，但都没能找到一条适合中国国情的政治发展道路，反而使中国社会陷入了军阀混战、四分五裂、外敌入侵的状态。中国共产党领导人民取得新民主主义革命胜利之后，在总结革命根据地政权建设经验的基础上，经过长期的理论思考和实践探索，找到了以人民代表大会制度为根本政治制度的政治发展道路。正如习近平所说，在中国实行人民代表大会制度，是中国人民在人类政治制度史上的伟大创造，是深刻总结近代以来中国政治生活惨痛教训得出的基本结论，是中国社会100多年激越变革、激荡发展的历史结果，是中国人民翻身作主、掌握自己命运的必然选择。

其次，坚持走中国特色社会主义政治发展道路，是近代以来中国人民长期奋斗的理论逻辑与实践逻辑的必然结果。马克思主义传入中国以后，给苦苦探索救国救民道路的中国人民提供了强大的思想武器。马克思主义是实现无产阶级和人民大众解放的学说，建立人民当家作主的政治制度，是马克思主义孜孜以求的奋斗目标，而巴黎公社式的议行合一制度，则是对无产阶级国家政权形式的实践探索。早在新民主主义革命时期，中国共产党就不断地把马克思主义的政治理论与中国的具体实践相结合，探索了革命根据地时期的政权建设问题，为新中国成立以后的政权建设积累了经验。中华人民共和国成立以后，我国又在中国人民政治协商会议的实践经验基础上，确立了人民代表大会制度，并把它规定为中国的根本政治制度，从而找到了适合中国国情的政治发展道路。

最后，坚持走中国特色社会主义政治发展道路是坚持党的本质属性、践行党的根本宗旨的必然要求。中国共产党是中国工人阶级的先锋队，同时也是中国人民和中华民族的先锋队，是中国特色社会主义事业的领导核心，代表中国先进生产力的发展要求，代表中国先进文化的前进方向，代表中国最广大人民的根本利益。党的根本宗旨是全心全意为人民服务。中国共产党的性质和宗旨规定了党必然把领导和支持人民群众当家作主作为自己的重要使命，把实现好、维护好、发展好最广大人民的根本利益作为自己的执政目标，党要不断提高科学执政、民主执政、依法执政水平，更好地为人民服务。党领导和支持人民当家作主，最根本的就是要坚持不断完善人民代表大会制度，坚持全面推进依法治国，实现党的领导、人民当家作主和依法治国的有机统一。

二、坚持党的领导、人民当家作主、依法治国有机统一

坚持党的领导、人民当家作主和依法治国的有机统一是中国特色社会主义政治发展的必然要求。坚持走中国特色社会主义政治发展道

路，关键是要坚定不移地坚持中国共产党的领导、人民当家作主和依法治国的有机统一。这既体现了社会主义国家政权的性质和社会主义民主的性质，也是被实践证明了符合中国实际的正确的政治发展道路。

中国共产党的领导是人民当家作主和依法治国的根本保证。中国共产党的领导地位，是历史的选择、人民的选择，也是当代中国发展进步的根本保障。在中国这样一个人口众多、发展很不平衡的大国，人民利益具有广泛性和多样性，实现人民利益具有空前的复杂性、艰巨性，这就要求有一个能够代表广大人民利益、集中反映和有效体现人民意愿的政治核心。只有坚持中国共产党的领导，才能坚持中国民主发展的社会主义方向，使民主与集中相统一、民主与法治相统一，使社会发展既满足人民的愿望和要求，又合乎客观规律，人民当家作主和依法治国才能有可靠的保证。坚持党的领导，就是要支持人民当家作主，实施好依法治国这个党领导人民治理国家的基本方略。要加强党的集中统一领导，支持人大、政府、政协和监察委员会、法院、检察院依法依章程履行职能、开展工作、发挥作用。

人民当家作主是社会主义民主政治的本质特征。人民当家作主具体体现在国家制度和社会政治生活的各方面。它的实现方式是：第一，中华人民共和国的一切权力属于人民，人民通过各级人民代表大会行使管理国家的权力；第二，国家建立健全法律制度和体制机制，保证人民享有管理国家事务、管理经济文化事业和管理社会事务的权利；第三，一切国家机关和国家工作人员必须依靠人民的支持，经常保持同人民群众的密切联系，倾听人民的意见和建议，接受人民的监督，为人民服务；第四，国家制定和实施的法律法规和方针政策，必须体现人民意志、尊重人民意愿、得到人民拥护，维护最广大人民的根本利益；第五，国家各方面事业和各方面工作，必须坚持以人民为中心的发展思想，不断满足人民日益增长的美好生活需要，促进人的全面发展。人民当家作主保证了国家各项事业发展符合人民的利益和意愿，离开人民当家作主，不受人民监督，党的领导和依法治国就会脱离正确方向，就会变质。要改进党的领导方式和执政方式，保证党领导人民有效治理国家，保证人民各项民主权利落到实处。

依法治国，就是广大人民群众在中国共产党的领导下，依照宪法和法律规定，通过各种途径和形式管理国家事务、管理经济文化事业、管理社会事务，保证国家各项工作都依法进行，加快建设社会主义法治国家。依法治国是坚持和发展中国特色社会主义的本质要求和重要保障，是国家治理体系和治理能力现代化的必然要求，也是国家治理领域的一场深刻革命，是党领导人民治理国家的基本方式，是人民当家作主的有效途径和可靠保障。人民当家作主离不开社会主义法治。人类社会的发展事实表明，依法治理是最可靠、最稳定的治理，它优于人治。必须坚持依法治国、依法执政、依法行政共同推进，坚持法治国家、法治政府、法治社会一体建设，不断开创依法治国的新局面。

党的领导、人民当家作主、依法治国是一个相辅相成的有机整体，三者统一于我国社会主义民主政治伟大实践。任何把党的领导、人民当家作主、依法治国割裂开来、对立起来或者相互取代的主张和做法，都不符合社会主义民主政治的根本性质、核心理念和实践要求。在我国政治生活中，党是居于领导地位的，坚持三者的有机统一，最根本的是坚持中国共产党的领导。

三、不能生搬硬套外国政治制度模式

政治制度模式，一般指一个国家或一类国家稳定的、常态化的关于国家权力配置及其实现形式的政治制度安排。各个国家实行什么样的政治制度，是由各个国家的国家性质和国情决定的，是各个国家在其本国历史传统、文化传统、经济社会发展的基础上长期发展、渐进改进、内生性演化的结果，是各个国家在一定社会发展阶段和特定历史条件下解决特定政治问题的产物，有其自身形成发展的独特规律。

世界上没有完全相同的政治模式，没有也不可能有一种放之四海而皆准的政治发展道路。

西方政治制度模式是西方国家在其长期的历史发展过程中形成的。它建立在资本主义经济基础之上，是保护资产阶级私人占有制的政治上层建筑。实际上，西方各国政治制度也存在着明显的差异，如英国实行的是君主立宪制，美国实行的是总统制，德国、意大利实行的是议会制，但“政党轮替”“三权鼎立”则是西方国家政治制度模式的主要特点。“政党轮替”是资本主义国家由两个或多个政党通过竞选而轮流上台执政或联合执政的政党制度。这种政党制度曾经被看成是资产阶级民主政治的主要运行机制。但无论是“两党制”还是“多党制”，其实质都是资产阶级内部不同集团、不同派别的政治统治，而且越来越表现出政党之间相互倾轧、相互拆台的乱象，导致金钱政治、民主游戏和政治极化现象丛生。“三权鼎立”主要是指立法权、行政权和司法权分别由不同的国家机关掌握，三者之间相互独立、互相制衡。它是西方资本主义国家政治制度的建制原则，在一定程度上可以避免某一集团独揽权力，便于资产阶级统治集团内部实现“民主”，但实际上是资产阶级内部不同利益集团之间的博弈和制衡，是实行资产阶级专政、维护资本主义统治的工具。正如马克思、恩格斯所说：“现代的国家政权不过是管理整个资产阶级的共同事务的委员会罢了。”①

当代中国的政治制度与我国人民当家作主的国家性质相适应。它是在马克思主义国家理论的指导下，以保证人民当家作主和党领导人民有效治理国家为宗旨建立起来的。改革开放以来，中国共产党从实际出发，积极借鉴人类政治制度文明的有益成果，不断改革和完善政治体制，形成和发展了以党的领导、人民当家作主、依法治国三者有

---

①《马克思恩格斯文集》第2卷，人民出版社2009年版，第33页。

机统一为主要内容的政治制度基本框架。

发展和完善我国社会主义政治制度，需要借鉴国外政治文明的有益成果，但绝不能放弃中国政治制度的根本。不能看到我们有而别的国家没有就简单认为是多余的，就要去除掉；或者看到别的国家有而我们没有就简单认为有欠缺，就要搬过来。“鞋子合不合脚，自己穿了才知道。”一个国家的政治制度合不合适，只有这个国家的人民才最有发言权。以美国为代表的西方国家总是打着“普世价值”的旗号，试图在全球推行或输出西方政治制度模式。国内也有一些人简单地将西方政治制度奉为圭臬，主张移植或照搬西方政治制度模式。但中国既不存在实行西方政治制度的历史文化传统，也不存在实行西方政治制度的经济社会基础。

中国现行的政治制度是近代以来中国历史发展的必然结果，体现了社会主义制度的本质要求，同中国经济、政治、文化、社会状况相符合，也同中国疆域广大、人口众多、民族众多等实际状况相适应，符合中国国情。中国作为社会主义国家，国体是人民民主专政，国家的一切权力属于人民，人民的权利具有至上性、不可分割性；中国坚持公有制为主体、多种所有制经济共同发展的基本经济制度，广大人民的根本利益是一致的，不存在根本利益不同的利益集团。因此，在中国没有搞西方政治制度模式的政治基础和经济基础，“中国之治”与“西方之乱”的鲜明对比也证明了中国现代政治制度是适合中国的，是有明显优势的。

第三节 健全人民当家作主的制度体系

中国特色社会主义进入新时代，人民美好生活的需要日益广泛，不仅对物质文化生活提出了更高要求，而且在民主、法治、公平、正义、安全、环境等方面的要求日益增长。要满足人民日益增长的美好生活需要，就必须大力发展社会主义民主政治、建设社会主义法治国家，用制度体系保障人民当家作主。中国的社会主义民主政治是维护人民根本利益的最广泛、最真实、最管用的民主政治。发展社会主义民主政治就是要体现人民意志、保障人民权益、激发人民创造活力。

一、发展和完善人民代表大会制度

人民通过何种方式、何种途径才能有效实现当家作主，是一个需要认真研究和解决的重大问题。用制度体系保障人民当家作主，是我们总结正反两方面经验教训得出的科学结论，也是各个国家民主政治发展的共同规律。从一定意义上说，民主就是一种确保人民当家作主的制度体系，如果不能建立和健全这一制度体系，人民当家作主就是一句空话。因此，社会主义制度建立以后，建立健全人民当家作主的制度体系，用制度体系保障人民当家作主，就成了社会主义民主政治建设的重大任务。人民代表大会制度是我国的根本政治制度，是坚持党的领导、人民当家作主、依法治国有机统一的根本政治制度安排，必须长期坚持、不断完善。

一是支持和保证人民通过人民代表大会行使国家权力。中华人民共和国的一切权力属于人民，人民行使权力的机关是全国人民代表大会和地方各级人民代表大会。为此，要发挥人大及其常委会在立法工作中的主导作用，依法行使立法权，不断完善社会主义法律体系。人大及其常委会作为我国宪法规定的立法机构，要努力使每一项立法都符合宪法精神、反映人民意愿、得到人民拥护。同时，人大要依法行使监督权。人民代表大会制度的重要原则和制度设计的基本要求就是，任何国家机关及其工作人员的权力都要受到制约和监督。人大要把宪法法律赋予的监督权用起来，实行正确监督、有效监督。要进一步健全各级行政机关、监察机关、审判机关、检察机关由人大产生、对人大负责、受人大监督的制度，加强对行政机关、监察机关、审判机关、检察机关的监督。此外，还要健全人大讨论、决定重大事项制度，包括各级政府重大决策出台前向本级人大报告等，从而保证人大依法行使决定权、任免权，使各级人大及其常委会成为全面担负起宪法法律赋予的各项职责的工作机关。

二是要更好发挥人大代表作用。我国人民代表大会制度之所以具有强大生命力，就在于它深深根植于人民之中，而人大代表则是连接人民群众和人民代表大会的关键，在完善保证人民当家作主的根本政治制度中具有举足轻重的地位。在我国，人大代表由人民通过民主选举产生，由代表组成各级人民代表大会，由各级人民代表大会产生国家各级行政机关、监察机关、审判机关、检察机关。中国的各级人大代表，都要忠实代表人民利益和意志，努力做到民有所呼、我有所应。各级国家机关及其工作人员，都要坚持为人民服务，这是人民代表大会制度的内在要求。为此，不仅要加强人大代表同人民群众的联系，完善代表联系群众制度，推进代表联络机构和网络平台建设，更好发挥代表在了解民情、反映民意、集中民智方面的独特作用，还要加强国家机关与代表的联系，坚持和深化人大常委会组成人员直接联系代表制度等。

三是要与时俱进推进人大自身的制度与体制机制建设。不论是支持和保证人民通过人民代表大会行使国家权力，还是更好发挥人大代表作用，都需要不断推动人大自身的制度与体制机制建设，要健全人大组织制度和工作制度，完善人大专门委员会设置，优化人大常委会和专门委员会组成人员结构，健全人大常委会组成人员联系本级人大代表机制，畅通社情民意反映和表达渠道等。各级党委要以“坚持党的领导、人民当家作主、依法治国有机统一”为基本原则与根本方针，加强和改善党对人大工作的领导，支持和保证人大及其常委会依法行使职权、开展工作。

二、推动协商民主广泛、多层、制度化发展

社会主义协商民主是在中国共产党领导下，人民内部各方面围绕改革发展稳定的重大问题和涉及群众切身利益的实际问题，在决策之前和决策实施之中开展广泛协商，努力形成共识的重要民主形式。协商民主是实现党的领导的重要方式，是中国社会主义民主政治中独特的、独有的、独到的民主形式，是中国共产党的群众路线在政治领域的重要体现。它源自中华民族长期形成的天下为公、兼容并蓄、求同存异等优秀传统文化，源自近代以后中国政治发展的现实进程，源自中国共产党领导人民进行革命、建设、改革的长期实践，源自新中国成立后各党派、各团体、各民族、各阶层、各界人士在政治制度上共同实现的伟大创造，源自改革开放以来中国在政治体制上的不断创新，具有深厚的文化基础、理论基础、实践基础、制度基础。

社会主义协商民主具有鲜明的特点和独特的优势，以人民利益根本一致为最大政治基础，以团结尊重和谐为出发点和落脚点，以制度化、规范化和程序化为重要保证。既坚持了中国共产党的领导，又发挥了各方面的积极作用；既坚持了人民主体地位，又贯彻了民主集中制的领导制度和组织原则；既坚持了人民民主的原则，又贯彻了团结和谐的要求。中国社会主义协商民主丰富了民主的形式、拓展了民主的渠道、加深了民主的内涵，是对人类政治文明发展的新贡献。

协商民主深深嵌入了中国社会主义民主政治全过程。协商民主以我国根本政治制度和基本政治制度为支撑，是人民依法直接行使民主权利的重要保障。发展社会主义民主政治，实现人民当家作主，必须推动协商民主广泛、多层、制度化发展。要坚持在党的领导下，围绕经济社会发展中的重大问题和涉及群众切身利益的实际问题，在全社会开展广泛协商，坚持协商于决策之前和决策实施之中，构建程序合

理、环节完整的协商民主体系。

一是继续加强政党协商。政党协商是中国共产党同民主党派基于共同的政治目标，就党和国家重大方针政策和重要事务，在决策之前和决策实施之中，直接进行政治协商的重要民主形式。要发挥中国特色社会主义政党制度优势，加强中国共产党同民主党派的政治协商，搞好合作共事，巩固和发展和谐政党关系。政党协商的内容十分广泛，涉及国家大政方针制定、法律制定或修改、国家领导人建议人选、经济社会发展规划、改革发展稳定等重大事宜。协商的形式主要有会议协商、约谈协商、书面协商等。加强政党协商要继续探索政党协商形式，规范政党协商程序，加强政党协商保障机制。

二是积极开展人大协商。开展人大协商是推进人大制度发展完善，提升人大工作质量和水平的重要途径。要以人民代表大会为平台，深入推进立法工作中的协商，发挥好人大代表在协商民主中的作用，鼓励基层人大在履职过程中依法开展协商，探索协商形式、丰富协商内容，各级人大要依法行使职权，同时在重大决策之前根据需要进行充分协商，更好汇聚民智、听取民意，支持和保证人民通过人民代表大会行使国家权力。

三是扎实推进政府协商。围绕有效推进科学民主依法决策加强政府协商，增强决策透明度和公众参与度，解决好人民最关心最直接最现实的利益问题，推进政府职能转变，提高政府治理能力和水平。要探索制定并公布协商事项目录，积极做好政府信息公开工作，创新协商方式和协商平台，增强协商的广泛性针对性和实效性。

四是充分发挥人民政协作为协商民主重要渠道和专门协商机构的作用。加强人民政协协商民主建设，必须聚焦党和国家中心任务，围绕团结和民主两大主题，把协商民主贯穿到政治协商、民主监督、参政议政全过程，完善协商议政内容和形式，进一步拓展协商内容、丰富协商形式、规范协商程序、增加协商密度，提高协商成效，推进政治协商、民主监督、参政议政制度建设。

五是认真做好人民团体协商。建立完善人民团体参与各渠道协商的工作机制，围绕做好新形势下党的群众工作开展协商，对涉及群众切身利益的实际问题，特别是事关特定群体权益保障，要加强与有关部门协商。健全人民团体直接联系群众工作机制，更好组织和代表所联系群众参与公共事务，有效反映群众意愿和利益诉求，发挥人民团体作为党和政府联系人民群众的桥梁和纽带作用。

六是稳步推进基层协商。基层协商是指乡镇、街道和行政村、社区围绕城乡社会治理、基层公共事务、社会公益事业、涉及群众切身利益的实际问题，以及企事业单位围绕民主管理进行协商的基层民主形式。涉及人民群众利益的大量决策和工作，主要发生在基层。要按照协商于民、协商为民的要求，建立健全基层协商民主建设协调联动机制，稳步开展基层协商，更好解决人民群众的实际困难和问题，及时化解矛盾纠纷，促进社会和谐稳定。

七是探索开展社会组织协商。坚持党的领导和政府依法管理，健全与相关社会组织联系的工作机制和沟通渠道，引导社会组织有序开展协商，更好为社会服务。

我国的协商民主建设是全方位的、多层次的、立体化的，是切实保障人民当家作主的制度安排，具有无可比拟的优越性和强大的生命力。切实落实推进社会主义协商民主广泛、多层、制度化发展这一重大战略任务，对于发挥我国政治制度的优越性、扩大公民有序参与政治生活、保持党同人民群众的血肉联系、保证人民当家作主，具有重大的现实意义和长远的历史意义。

三、积极稳妥地推进政治体制改革

政治体制是一个国家政治制度得以运行和发挥功能的体制安排，涉及政治制度运行的组织体系、功能结构、工作机制和程序安排。政治体制改革是中国社会主义改革事业的有机组成部分，是中国社会主义政治制度的自我完善。积极稳妥地进行政治体制改革，是发展社会主义民主政治、推进中国特色社会主义政治发展、推进国家治理体系和治理能力现代化的必然要求。

我国的政治体制与中国特色社会主义政治制度总体上是相适应的。同时，也应当清醒地看到，同满足人民群众不断增长的民主、法治、公平、正义需要相比，同我国扩大人民民主、促进经济社会发展的新要求相比，我国政治体制还存在一些不适应、不符合的问题，民主政治在具体制度方面还存在不完善、不健全的地方，在保障人民民主权利、发挥人民创造精神方面还存在不足。因此，只有积极稳妥推进政治体制改革，才能增强党和国家的活力，发挥社会主义政治制度的优势，才能发展更加广泛、更加充分、更加健全的人民民主，充分调动人民群众的积极性和创造性，才能切实维护国家统一、民族团结和社会稳定，促进经济发展和社会全面进步。

政治体制改革是全面深化改革的重要内容和必然要求。任何国家的政治制度的确立、运行和巩固都是一个发展变化的过程，都有赖于不断改革和完善政治体制。经济与社会的发展必然对政治制度的功能和运行提出新的、更高的要求，政治制度必须不断适应这些要求而进行改革和完善。推进国家治理现代化，就是要使包括政治体制在内的各方面制度更加科学、更加完善。政治体制改革决不是要根本改变中国特色社会主义政治制度，而是要通过优化运行机制和实际功能，健全和完善国家政治制度，增强其组织国家、治理社会、推动发展的能力。

改革开放40年来，我国政治体制改革取得了重大成就，实现了国家领导层的依法有序更替，民主法治建设向前推进，权力监督和制约体系更加健全，政府职能转变与行政管理体制改革取得了新的进展，干部人事制度日臻完善，人权保障事业成效显著，反腐败斗争压倒性态势已经形成并巩固发展。但今后改革的任务依然艰巨。当前，要以深化党和国家机构改革为重点，继续积极稳妥地推进政治体制改革，推进国家治理体系和治理能力现代化。

深化党和国家机构改革。深化党和国家机构改革的目标是，构建系统完备、科学规范、运行高效的党和国家机构职能体系，形成总揽全局、协调各方的党的领导体系，职责明确、依法行政的政府治理体系，中国特色、世界一流的武装力量体系，联系广泛、服务群众的群团工作体系，推动人大、政府、政协、监察机关、审判机关、检察机关、人民团体、企事业单位、社会组织等在党的统一领导下协调行动、增强合力，全面提高国家治理能力和治理水平。

健全党和国家监督体系。构建党统一指挥、全面覆盖、权威高效的监督体系，把党内监督同国家机关监督、民主监督、司法监督、群众监督、舆论监督贯通起来，增强监督合力。要深化国家监察体制改革，组建国家、省、市、县监察委员会，同党的纪律检查机关合署办公，实现对所有行使公权力的公职人员监察全覆盖。制定国家监察法，依法赋予监察委员会职责权限和调查手段；改革审计管理体制，完善统计体制。

建立健全科学有效的权力制约和协调机制。坚持用制度管权管事管人，让人民监督权力，让权力在阳光下运行，是把“权力关进制度笼子”的根本之策。必须构建决策科学、执行坚决、监督有力的权力运行体系，健全惩治和预防腐败体系，建设廉洁政治，努力实现干部清正、政府清廉、政治清明。要形成科学有效的权力制约和协调机制，加强反腐败体制机制创新和制度保障，健全改进作风常态化制度。

丰富民主形式、拓宽民主渠道。人民民主不仅体现在国家的政治制度上，而且也通过各种各样的民主形式体现出来。要探索多种实现人民民主的形式和扩大公民有序参与政治的方式，从各个层次、各个领域扩大公民有序参与政治，保证人民依法实行民主选举、民主决策、民主管理、民主监督。要通过民主选举、信息公开、社会公示、听证制度、协商对话、舆论监督等途径保障人民的民主权利，使广大人民群众依照宪法和法律规定，积极参与管理国家事务。

第四节 全面依法治国

全面依法治国，是坚持和发展中国特色社会主义的本质要求和重要保障，是实现国家治理体系和治理能力现代化的必然要求，事关党执政兴国，事关人民幸福安康，事关党和国家长治久安。全面依法治国，总目标是建设中国特色社会主义法治体系，建设社会主义法治国家。

一、坚定不移走中国特色社会主义法治道路

中国特色社会主义法治道路，本质上是中国特色社会主义道路在法治领域的具体体现。每个国家的法治道路，都是与其各自历史文化传统、经济基础、社会条件等因素密切相关。中国是一个有着 5 000 多年历史的文明古国，又是发展中的社会主义大国，具有独特的法治传统、独特的国情、独特的现实问题，这就决定了我们的法治道路必定要走自己的路。中国特色社会主义法治道路，是社会主义法治建设成就和经验的集中体现，是我国建设社会主义法治国家的唯一正确道路。全面依法治国，必须走对路，要坚定不移地走中国特色社会主义法治道路。

坚定不移走中国特色社会主义法治道路，必须坚持以下原则：

一是必须坚持中国共产党的领导。党的领导是中国特色社会主义最本质的特征，是社会主义法治最根本的保证。必须坚持党领导立法、保证执法、支持司法、带头守法，把依法治国基本方略同依法执政基

本方式统一起来，把党总揽全局、协调各方同人大、政府、政协、监察机关、审判机关、检察机关依法依章程履行职能、开展工作统一起来，把党领导人民制定和实施宪法法律同党坚持在宪法法律范围内活动统一起来，善于使党的主张通过法定程序成为国家意志，善于使党组织推荐的人选通过法定程序成为国家政权机关的领导人员，善于通过国家政权机关实施党对国家和社会的领导，善于运用民主集中制原则维护中央权威、维护全党全国团结统一。

二是必须坚持人民主体地位。我国社会主义制度保证了人民当家作主的主体地位，也保证了人民在全面依法治国中的主体地位。坚持人民主体地位，必须坚持法治为了人民、依靠人民、造福人民、保护人民。要保证人民在党的领导下，依照法律规定，通过各种途径和形式管理国家事务，管理经济和文化事业，管理社会事务。要把体现人民利益、反映人民愿望、维护人民权益、增进人民福祉落实到依法治国全过程，使法律及其实施充分体现人民意志。要充分调动人民群众投身依法治国实践的积极性和主动性，使全体人民都成为社会主义法治的忠实崇尚者、自觉遵守者、坚定捍卫者。

三是必须坚持法律面前人人平等。平等是社会主义法律的基本属性，是社会主义法治的基本要求。坚持法律面前人人平等，必须体现在立法、执法、司法、守法各个方面。任何组织和个人都必须尊重宪法法律权威，都必须在宪法法律范围内活动，都必须依照宪法法律行使权力或权利、履行职责或义务，都不得有超越宪法法律的特权。任何人违反宪法法律都要受到追究，绝不允许任何人以任何借口任何形式以言代法、以权压法、徇私枉法。

四是必须坚持依法治国和以德治国相结合。法律是成文的道德，道德是内心的法律，法律和道德都具有规范社会行为、维护社会秩序的作用。治理国家、治理社会必须一手抓法治、一手抓德治，实现法律和道德相辅相成、法治和德治相得益彰。要发挥好法律的规范作用，以法治体现道德理念、强化法律对道德建设的促进作用。要发挥好道德的教化作用，以道德滋养法治精神、强化道德对法治文化的支撑作用。

五是必须坚持从中国实际出发。走什么样的法治道路、建设什么样的法治体系，是由一个国家的基本国情决定的。全面依法治国，必须从我国实际出发，同推进国家治理体系和治理能力现代化相适应，突出中国特色、实践特色、时代特色，既不能罔顾国情、超越阶段，也不能因循守旧、墨守成规。坚持从我国实际出发，不等于关起门来搞法治。要学习借鉴世界上优秀的法治文明成果，但必须坚持以我为主、为我所用，认真鉴别、合理吸收，不能搞“全盘西化”，不能搞“全面移植”，不能照搬照抄。

二、加强宪法实施与监督

宪法是国家的根本法，是治国安邦的总章程，是党和人民意志的集中体现。现行宪法颁布以来，在改革开放和社会主义现代化建设的历史进程中、在党治国理政实践中发挥了十分重要的作用，有力坚持了党的领导，有力保障了人民当家作主，有力促进了改革开放和社会主义现代化建设，有力推动了社会主义法治国家建设进程，有力维护了国家统一、民族团结、社会稳定。实践证明，我国现行宪法是符合国情、符合实际、符合时代发展要求的好宪法，是充分体现人民共同意志、充分保障人民民主权利、充分维护人民根本利益的好宪法，是推动国家发展进步、保证人民创造幸福生活、保障中华民族实现伟大复兴的好宪法，是我们国家和人民经受住各种困难和风险考验、始终沿着中国特色社会主义道路前进的根本法治保障。

但是，宪法又不是一成不变的，它必须随着社会实践的发展而不断完善。我国宪法必须随着党领导人民建设中国特色社会主义实践的发展而不断完善发展。中国特色社会主义进入新时代，这是我国发展的新的历史方位。根据新时代坚持和发展中国特色社会主义的新形势新任务，有必要对我国宪法作出适当的修改，把党和人民在实践中取得的重大理论创新、实践创新、制度创新成果上升为宪法规定。2018年3月召开的十三届全国人大一次会议通过了《中华人民共和国宪法修正案》，对我国宪法部分内容进行了修改。这次宪法修改，对在新时代更好发挥宪法“治国安邦总章程”的根本性作用，对广泛动员和组织全国各族人民为夺取新时代中国特色社会主义伟大胜利而奋斗，提供了有力宪法保障，从而将全面推进依法治国提升到了一个新的高度，也为更好地保障宪法实施提供了重要前提。

宪法实施是将宪法文本落实到社会生活、国家政治生活中的一套观念和制度。宪法的生命力既表现为内容的科学性，同时也表现为实施的过程与效果。宪法的生命在于实施，宪法的权威也在于实施。维护宪法权威，就是维护党和人民共同意志的权威；捍卫宪法尊严，就是捍卫党和人民共同意志的尊严；保证宪法实施，就是保证人民根本利益的实现。如果宪法得不到有效实施，社会生活中存在的违宪行为无法得到惩处，宪法权威必然流于形式。宪法实施有赖于完善的宪法监督制度。加强宪法监督，有助于树立宪法的权威和尊严、有助于维护国家法制的统一、有助于保障公民基本权利、有助于降低国家治理成本。

加强宪法实施与监督，必须推进合宪性审查工作，维护宪法权威。合宪性审查，就是对宪法以下的法律文件是否符合宪法精神进行审查，是宪法监督的一种方式。我国宪法明确规定：“一切法律、行政法规和地方性法规都不得同宪法相抵触。一切违反宪法和法律的行为，必须予以追究。”要加强对宪法法律实施情况的监督检查，坚决纠正违宪违法行为。各级国家机关工作人员特别是领导干部要增强宪法观念、依照宪法法律行使职权、履行责任，自觉接受人民监督。全国各族人民、一切国家机关和武装力量、各政党和社会团体、各企业事业组织，都必须以宪法为根本活动准则，都负有维护宪法尊严、保证宪法实施的职责，任何组织和个人都不得有超越宪法法律的特权，一切违反宪法法律的行为都必须予以追究。我国宪法规定，全国人民代表大会及其常委会是我国的合宪性审查机关。当前，必须进一步探索具有中国特色的合宪性审查制度，健全相关制度，确保宪法实施和监督，维护宪法权威。

三、建设社会主义法治国家

全面推进依法治国，建设社会主义法治国家，是当代中国社会发展的必然产物，是社会主义社会的本质要求。建设社会主义法治国家，就是在中国共产党领导下，坚持中国特色社会主义制度，贯彻中国特色社会主义法治理论，形成完备的法律规范体系、高效的法治实施体系、严密的法治监督体系、有力的法治保障体系，形成完善的党内法规体系，坚持依法治国、依法执政、依法行政共同推进，坚持法治国家、法治政府、法治社会一体建设。

建设社会主义法治国家首先要求推进科学立法、严格执法、公正司法、全民守法。科学立法，关键是完善立法体制，深入推进科学立法、民主立法，应抓住提高立法质量这个关键。要优化立法职权配置，发挥人大及其常委会在立法工作中的主导作用，健全立法起草、论证、协调、审议机制，完善法律草案表决程序，增强法律法规的及时性、系统性、针对性、有效性，提高法律法规的可执行性、可操作性。要明确立法权力边界，从体制机制和工作程序上有效防止部门利益和地方保护主义法律化。要加强重点领域立法，及时反映党和国家事业发展要求、人民群众关切期待，对涉及全面深化改革、推动经济发展、完善社会治理、保障人民生活、维护国家安全的法律抓紧制定、及时修改。

推进严格执法，重点是解决执法不规范、不严格、不透明、不文明以及不作为、乱作为等突出问题。要以建设法治政府为目标，建立行政机关内部重大决策合法性审查机制，积极推行政府法律顾问制度，推进机构、职能、权限、程序、责任法定化，推进各级政府事权规范化、法律化。要全面推进政务公开，强化对行政权力的制约和监督，建立权责统一、权威高效的依法行政体制。要严格执法资质、完善执法程序、建立健全行政裁量权基准制度，确保法律公正、有效实施。

司法是维护社会公平正义的最后一道防线。公平公正是法治的生命线，也是司法的灵魂。司法公正对社会公正具有重要引领作用，司法不公对社会公正具有致命性的破坏作用。推进公正司法，要以优化司法职权配置为重点，健全司法权力分工负责、相互配合、相互制约的制度安排。要坚持以公开促公正、树公信，构建开放、动态、透明、便民的阳光司法机制，杜绝暗箱操作，坚决遏制司法腐败。

法律权威源自人民的内心拥护和真诚信仰。人民权益要靠法律保障，法律权威要靠人民维护。要坚持把全民普法和守法作为依法治国的长期基础性工作，采取有力措施加强法治宣传教育。要坚持法治教育从娃娃抓起，把法治教育纳入国民教育体系和精神文明创建内容，由易到难、循序渐进，不断增强青少年的规则意识。要健全公民和组织守法信用记录，完善守法诚信褒奖机制和违法失信行为惩戒机制，形成守法光荣、违法可耻的社会氛围，使尊法守法成为全体人民的共同追求和自觉行动。

□ 思考题

1. 结合我国民主政治的发展历程，谈谈如何用制度体系保障人民当家作主？
2. 如何认识党的领导、人民当家作主和依法治国的统一性？
3. 为什么不能生搬硬套外国政治制度模式？
4. 如何推动中国特色社会主义协商民主广泛、多层、制度化发展？

第五章
中国特色社会主义文化建设

教学基本要求

1. 了解中国特色社会主义文化理论与制度。
2. 认识巩固和发展社会主义意识形态工作的重要性。
3. 明确培育和践行社会主义核心价值观的基本要求。
4. 认识推动社会主义文化繁荣兴盛的重要意义。

第一节　中国特色社会主义文化理论与制度

文化建设是中国特色社会主义建设事业的有机组成部分。改革开放以来，特别是党的十八大以来，中国共产党总结文化事业发展的实践经验，创造性地回答了中国特色社会主义文化建设中的一系列重大问题，形成了中国特色社会主义文化理论，建立健全了独具特色的文化管理制度，为建设社会主义文化强国提供了理论指南和制度保障。

一、中国特色社会主义文化理论

中国特色社会主义文化理论，是马克思主义文化理论与中国实际相结合的产物，体现了对中国特色社会主义文化建设的规律性认识，是中国特色社会主义理论体系的重要内容，是推动社会主义文化繁荣兴盛、建设社会主义文化强国的基本遵循。

一是关于坚定中国特色社会主义文化自信的理论。文化自信是更基础、更广泛、更深厚的自信，是更基本、更深沉、更持久的力量。坚定文化自信是事关国运兴衰、事关文化安全、事关民族精神独立性的大问题。坚定中国特色社会主义道路自信、理论自信、制度自信，最根本的是坚定中国特色社会主义文化自信。中国特色社会主义文化，源自于中华民族 5 000 多年文明历史所孕育的中华优秀传统文化，熔铸于党领导人民在革命、建设、改革中创造的革命文化和社会主义先进文化，它积淀着中华民族最深层的精神追求，代表着中华民族独特的精神标识。站在新的历史方位上，更要坚定中国特色社会主义文化自信，从而为新时代坚持和发展中国特色社会主义、实现中华民族伟大复兴的中国梦注入更为强大的精神动力。

二是关于发展中国特色社会主义文化的理论。发展中国特色社会主义文化，就是以马克思主义为指导，坚守中华文化立场，立足当代中国现实，结合当今时代条件，将马克思主义具体地贯穿到对中华优秀传统文化的传承弘扬中，贯穿到对革命文化和社会主义先进文化的继承发展中，贯穿到对世界优秀文化成果的借鉴吸收中，更好地发展面向现代化、面向世界、面向未来的，民族的科学的大众的社会主义文化。要坚持为人民服务、为社会主义服务，坚持百花齐放、百家争鸣，坚持创造性转化、创新性发展，不断铸就中华文化新辉煌。

三是关于建设社会主义文化强国的理论。当今时代，文化越来越成为民族凝聚力和创造力的重要源泉，成为综合国力竞争的重要因素，成为经济社会发展的重要支撑，丰富的精神文化生活越来越成为人民群众的美好生活需要。推动中国特色社会主义文化繁荣兴盛、建设社会主义文化强国，是新时代坚持和发展中国特色社会主义的题中应有之义。要坚定不移地走中国特色社会主义文化发展道路，激发全民族文化创新创造活力，建设社会主义文化强国。

四是关于建设中国特色社会主义文化目的的理论。中国特色社会主义文化必须以满足人民精神文化需求为出发点和落脚点。坚持以人为本，贴近实际、贴近生活、贴近群众，发挥人民在文化建设中的主体作用，坚持文化发展为了人民、文化发展依靠人民、文化发展成果由人民共享；不断丰富人民的精神世界，更好地适应广大人民日益增长的美好生活需要，使人民基本文化权益保障更充分，文化获得感、幸福感更充实；不断增强人民的精神力量，促进人的全面发展，培育有理想、有道德、有文化、有纪律的社会主义公民，提高全民族的思想道德素质和科学文化素质。

五是关于培育和践行社会主义核心价值观的理论。社会主义核心价值观的基本内容包括富强、民主、文明、和谐，自由、平等、公正、法治，爱国、敬业、诚信、友善。社会主义核心价值观是社会主义核心价值体系的内核，体现社会主义核心价值体系的根本性质和基本特征，反映社会主义核心价值体系的丰富内涵和实践要求，是社会主义核心价值体系的高度凝练和集中表达，是当代中国精神的集中体现，也是中国特色社会主义的价值表达，体现了社会主义意识形态的本质要求。要强化教育引导、实践养成、制度保障，发挥社会主义核心价值观对国民教育、精神文明创建、精神文化产品创作生产传播的引领作用，把社会主义核心价值观融入国民教育全过程，落实到经济发展实践和社会治理中，转化为人们的情感认同和行为习惯。

六是关于坚持中华优秀传统文化创造性转化、创新性发展的理论。创新创造是文化的生命所在。任何一个国家和民族文化的发展，都离不开继承传统和借鉴外来，更离不开创造性转化和创新性发展。要客观科学礼敬地对待中华优秀传统文化，结合新的时代条件和实践要求对其内涵和表现形式加以补充、拓展、完善，赋予其新的时代内涵和现代表达形式，充分展现中华文化独特魅力和时代价值。要正确处理“守”和“变”、“中”和“外”的关系，做到不忘本来、吸收外来、面向未来，更好构筑中国精神、中国价值、中国力量。

七是关于提高国家文化软实力的理论。当今世界，文化与经济相互交融，文化软实力的作用渗透到各个方面，成为综合国力的重要组成部分，成为国家核心竞争力的重要因素。中华优秀传统文化是文化软实力的根基，核心价值观是文化软实力的灵魂。要努力展示中华文化独特魅力，努力夯实国家文化软实力的根基；要努力提高国际话语权，加强国际传播能力建设，精心构建对外话语体系，发挥好新兴媒体作用，增强对外话语的创造力、感召力、公信力，讲好中国故事，传播好中国声音，阐释好中国特色。

二、中国特色社会主义文化制度

中国特色社会主义文化制度与中国特色社会主义经济制度、政治制度等一起，构成中国特色社会主义制度体系。中国特色社会主义文化制度，是现阶段国家通过宪法和法律等规范社会文化生活，调整以社会意识形态为核心的各种文化生活的基本原则和规则的总和。

改革开放以来，中国特色社会主义文化事业的体制机制，包括党和政府对文化事业的领导体制、文化事业单位管理体制、文化事业投入机制、文化队伍管理制度、文化作品评价制度、网络文化管理等方面的体制机制不断改革完善。党的十八大以来，党领导文化事业的体制机制更加健全，把社会效益放在首位、社会效益和经济效益相统一的文化事业管理体制机制逐步形成。

文化产业既是我国意识形态的重要载体，也是一种新型产业形态。对文化产业的管理既要体现其意识形态属性，也要遵循社会主义市场经济的规律。改革开放以来，我国不断改革和完善文化产业管理制度，健全文化产业管理体制机制，中国特色社会主义文化产业管理制度日趋完善。改革并加强各级党委和政府对文化产业发展的管理，对不同性质的文化产业单位实行分类管理，按照公益性和经营型的不同类别，改革文化产业投入机制，推进文化企业建立现代企业制度、完善文化企业法人治理结构，完善公共文化服务体系，积极推进文化市场繁荣发展。初步形成了党委领导、政府推动、企业主导、社会参与、市场运作相结合的文化产业管理制度。

此外，在意识形态工作方面，在长期的文化建设实践中，我们逐步形成了党委统一领导、党政齐抓共管、宣传部门组织协调、有关部门分工负责、社会力量积极参与的工作体制和工作格局，建立了意识形态工作责任制、网络舆情监督管理制度等一系列工作机制和制度，全党全社会共同推进文化建设的体制机制不断完善。在思想政治工作方面，逐步建立健全了组织领导机制、思想教育机制、综合保障机制、考评奖惩机制等体制机制，有力提高了思想政治工作的有效性。

第二节 巩固和发展社会主义意识形态

意识形态建设决定文化前进方向和发展道路。能否做好意识形态工作，事关党的前途命运，事关国家长治久安，事关民族凝聚力和向心力。我国经济社会深刻变革、利益格局深刻调整，使意识形态领域局部多元多样多变的趋势日益明显，人们的思想更加活跃，独立性、选择性、多样性、差异性显著增强，各种思想多样杂陈、各种力量竞相发声成为常态。我国是社会主义国家，马克思主义处于意识形态的指导地位。必须把意识形态工作领导权、话语权牢牢掌握在手中，不断巩固马克思主义在意识形态领域的指导地位，巩固全党全国人民团结奋斗的共同思想基础。

一、推进马克思主义中国化时代化大众化

马克思主义是我们立党立国的指导思想，是社会主义意识形态的

旗帜和灵魂。巩固和发展社会主义意识形态，必须毫不动摇地坚持和发展马克思主义，不断推进马克思主义中国化时代化大众化，用马克思主义中国化的最新理论成果武装全党、教育人民。

推进马克思主义中国化时代化大众化，必须坚持马克思主义指导地位不动摇。马克思主义是党和人民事业不断发展的参天大树之根本，是党和人民不断奋进的万里长河之泉源，背离或放弃马克思主义就会失去灵魂、迷失方向。在坚持马克思主义指导地位这一根本问题上，我们必须坚定不移，任何时候任何情况下都不能有丝毫动摇。时代在变化，社会在发展，但马克思主义基本原理依然是科学真理。尽管我们所处的时代同马克思所处的时代相比发生了巨大而深刻的变化，但从世界社会主义500多年的大视野来看，我们依然处在马克思主义所探索的历史时代。在人类思想史上，就科学性、真理性、影响力、传播面而言，没有一种思想理论能达到马克思主义的高度，也没有一种学说能像马克思主义那样对世界产生了如此巨大的影响。这体现了马克思主义的巨大真理威力和强大生命力，表明马克思主义对人类认识世界、改造世界、推动社会进步仍然具有不可替代的作用。

推进马克思主义中国化时代化大众化，必须以科学态度对待马克思主义。马克思主义是与时俱进的、开放的科学理论体系，是已经被历史和现实证明了的科学理论，是伟大的认识工具，是指导中国革命、建设、改革事业取得成功的强大思想武器。马克思主义并不是僵死的教条，也没有穷尽真理，而是与时俱进的、开放的科学理论体系。对待马克思主义既要反对教条主义的态度，又要反对实用主义的态度。只有把马克思主义的基本原理和各国的具体实际相结合，马克思主义才能彰显其真理的力量。中国共产党在革命、建设、改革各个历史时期，都坚持把马克思主义基本原理同中国具体实际相结合，运用马克思主义立场、观点、方法研究解决各种重大理论和实践问题，不断推进马克思主义中国化，产生了毛泽东思想、邓小平理论、“三个代表”重要思想、科学发展观、习近平新时代中国特色社会主义思想等重大成果，指导党和人民取得了新民主主义革命、社会主义革命和社会主义建设、改革开放的伟大成就，不断巩固马克思主义在意识形态领域的指导地位。实践没有止境，理论创新也没有止境。要使党和人民事业不停顿，首先在理论上不能停顿。在新的征程上，我们要进行伟大斗争、建设伟大工程、推进伟大事业、实现伟大梦想，必须继续保持和发扬马克思主义与时俱进的理论品格，深入总结中国特色社会主义实践，更好地实现马克思主义基本原理同当代中国具体实际相结合，为发展马克思主义作出原创性贡献，使21世纪马克思主义展现出更加强大、更具说服力的真理性力量。

推进马克思主义中国化时代化大众化，必然要求加强理论武装。中国共产党历来高度重视理论武装，始终把用党的创新理论成果武装全党、教育群众，作为牢牢掌握意识形态领导权、巩固全党全国各族人民团结奋斗共同思想基础的基础性工程。习近平新时代中国特色社会主义思想是马克思主义中国化的最新成果，是全面建成小康社会、实现中华民族伟大复兴中国梦必须长期坚持的行动指南。当前和今后一个时期，坚持理论武装最重要的就是要用习近平新时代中国特色社会主义思想武装全党、教育群众。要深刻把握习近平新时代中国特色社会主义思想的重大贡献、历史地位、精神实质、丰富内涵、实践要求，将其自觉转化为清醒的理论自觉、坚定的政治信念、科学的思维方法、根本的价值选择，形成高度的政治认同、思想认同、理论认同、情感认同。

二、加快构建中国特色哲学社会科学

哲学社会科学是人们认识世界、改造世界的重要工具，是推动历史发展和社会进步的重要力量，是一个民族的思维能力、精神品格、

文明素质的集中体现，是一个国家、一个民族价值观念和思想文化影响力的重要体现。牢牢掌握意识形态工作领导权、巩固壮大社会主义意识形态，就必须大力加强和繁荣哲学社会科学。要坚持以马克思主义为指导，按照立足中国、借鉴国外，挖掘历史、把握当代，关怀人类、面向未来的思路，着力构建中国特色哲学社会科学，在指导思想、学科体系、学术体系、话语体系等方面充分体现中国特色、中国风格、中国气派。

一是体现继承性、民族性。中华民族有着深厚文化传统，形成了富有特色的思想体系，体现了中华民族几千年来积累的知识智慧和理性思辨，这是我国的独特优势。中华文明延续着我们国家和民族的精神血脉，既需要薪火相传、代代守护，也需要与时俱进、推陈出新，使中华民族最基本的文化基因与当代文化相适应、与现代社会相协调，把跨越时空、超越国界、富有永恒魅力、具有当代价值的文化精神弘扬起来，推动中华文化创造性转化、创新性发展，激活其生命力。

加快构建中国特色哲学社会科学，还必须善于融通古今中外各种资源。其一，马克思主义理论的资源，包括马克思主义基本原理，马克思主义中国化形成的成果及其文化形态，如党的理论和路线方针政策，中国特色社会主义道路、理论体系、制度、文化，中国经济、政治、法律、文化、社会、生态、外交、国防、党建等领域形成的哲学社会科学思想和成果。这是中国特色哲学社会科学的主体内容，也是中国特色哲学社会科学发展的最大增量。其二，中华优秀传统文化的资源，这是中国特色哲学社会科学发展十分宝贵、不可多得的资源。其三，国外哲学社会科学的资源，包括世界所有国家哲学社会科学取得的积极成果，这可以成为中国特色哲学社会科学的有益借鉴。坚持古为今用、洋为中用，不断推进知识创新、理论创新、方法创新。

二是体现原创性、时代性。创新是哲学社会科学发展的永恒主题，也是社会发展、实践深化、历史前进对哲学社会科学的必然要求。我们的哲学社会科学有没有中国特色，归根到底要看有没有主体性、原创性。当代中国的伟大社会变革，不是简单延续我国历史文化的母版，不是简单套用马克思主义经典作家设想的模板，不是其他国家社会主义实践的再版，也不是国外现代化发展的翻版。跟在别人后面亦步亦趋，不仅难以形成中国特色哲学社会科学，而且解决不了我国的实际问题。优秀的哲学社会科学成果都是时代的产物，都是思考和研究当时当地社会突出矛盾和问题的结果。必须以我国实际为研究起点，立足时代变化，从改革发展的实践中挖掘新材料、发现新问题、提出新观点、构建新理论，提出具有主体性、原创性、时代性、针对性的理论观点，决不能做西方理论的“搬运工”。

哲学社会科学工作者应立足本职，紧密关注世情国情党情新变化，加强对改革开放和社会主义现代化建设实践经验的系统总结，加强对发展社会主义市场经济、民主政治、先进文化、和谐社会、生态文明以及党的执政能力建设等领域的分析研究，为构建中国特色哲学社会科学学科体系、学术体系、话语体系，为推进中国哲学社会科学发展作出应有的贡献。

三是体现系统性、专业性。当前，我国哲学社会科学学科体系已基本确立，涵盖经济、政治、文化、社会、生态、军事、党建、历史等各领域，囊括传统学科、新兴学科、前沿学科、交叉学科、冷门学科等诸多学科，但还存在一些亟待解决的问题，主要是一些学科设置同社会发展联系不够紧密，学科体系不够健全，新兴学科、交叉学科建设比较薄弱。要突出优势、拓展领域、补齐短板、完善体系，加快完善对哲学社会科学具有引领和支撑作用的学科，使基础学科健全扎实、重点学科优势突出、新兴学科和交叉学科创新发展、冷门学科代有传承，基础研究和应用研究相辅相成、学术研究和成果应用相互促进，打造具有中国特色和普遍意义的学科体系。以学科建设为基点加强话语体系建设，提炼具有自身特质的标识性概念，打造易于为国际社会所理解和接受的新概念、新范畴、新表述，增强我国哲学社会科学研究的国际影响力。

三、加强意识形态阵地建设

意识形态阵地是加强和改进意识形态工作的基本依托。历史已经多次证明，一个政权的瓦解往往是从思想领域开始的；一个社会的颠覆，也往往是先从意识形态阵地打开缺口。意识形态阵地我们不去占领，人家就会去占领；正确的思想不去占领，错误的思想就会去占领；马克思主义、无产阶级的思想不去占领，各种非马克思主义、非无产阶级的思想甚至反马克思主义的思想就会去占领。党的十八大以来，意识形态领域总体保持向上向好的态势，阵地意识明显提升，但同时也面临着更趋复杂的内外环境。巩固和发展社会主义意识形态，要求增强阵地意识，加强阵地建设和管理，切实做到守土有责、守土负责、守土尽责，使各类意识形态阵地始终成为传播先进思想文化的坚强阵地，决不给错误思想观点提供传播渠道。

舆论历来是影响社会发展的重要力量。古今中外，任何政党要夺取和掌握政权，任何政权要实现长治久安，都必须抓好舆论工作。在新的时代条件下，做好新闻舆论工作，营造良好舆论环境，必须牢牢坚持马克思主义新闻观，引导广大新闻舆论工作者做党的政策主张的传播者、时代风云的记录者、社会进步的推动者、公平正义的守望者。坚持以正确的舆论引导人，做到所有工作都有利于坚持中国共产党领导和我国社会主义制度，有利于推动改革发展，有利于增进全国各族人民团结，有利于维护社会和谐稳定。

党和政府主办的媒体是党和政府的宣传阵地，必须姓党，必须抓在党的手里，必须成为党和人民的喉舌。党的新闻舆论媒体的所有工作，都要体现党的意志、反映党的主张，维护党中央权威、维护党的团结，做到爱党、护党、为党；都要增强看齐意识，在思想上政治上行动上同党中央保持高度一致；都要坚持党性和人民性相统一，把体现党的主张和反映人民心声统一起来，更好、更全面地反映人民愿望，增强人民精神力量，满足人民精神需求，激发全社会团结奋进的强大力量。

互联网已经成为当前舆论斗争的主战场、意识形态工作的最前沿。随着新媒体快速发展，国际国内、线上线下、虚拟现实、体制内体制外等边界愈益模糊，构成了越来越复杂的大舆论场，更具有自发性、突发性、公开性、多元性、冲突性、匿名性、无界性、难控性等特点。特别是互联网的迅猛发展，深刻改变了舆论生成方式和传播方式，改变着媒体格局和舆论生态。意识形态领域许多新情况新问题往往因网而生、因网而增，许多错误思潮也都以网络为温床生成并发酵。在这个舆论斗争的主战场上，能否顶得住、打得赢，直接关系我国意识形态安全和政权安全。过不了互联网这一关，党就过不了长期执政这一关。必须坚持正能量是总要求、管得住是硬道理，加强互联网建设管理运用，打好网络意识形态攻坚战，推动互联网这个“最大变量”释放“最大正能量”。

高校是意识形态工作的前沿阵地，肩负着学习研究宣传马克思主义，培育和弘扬社会主义核心价值观，为实现中华民族伟大复兴的中国梦提供人才保障和智力支持的重要任务。加强高校意识形态阵地建设，是一项战略工程、固本工程、铸魂工程，事关党对高校的领导，事关全面贯彻党的教育方针，事关中国特色社会主义事业后继有人。要切实加强高校意识形态引导管理，做大做强正面宣传，加强国家安全教育，加强国家观和民族团结教育，管好导向、管好阵地、管好队伍，坚决抵御敌对势力渗透，牢牢掌握高校意识形态工作领导权、话语权，不断巩固马克思主义指导地位。如果有人以所谓“学术自由”

为名诋毁马克思主义、否定马克思主义指导地位，就必须旗帜鲜明予以抵制和反对。

第三节　培育和践行社会主义核心价值观

核心价值观，承载着一个民族、一个国家的精神追求，体现着一个社会评判是非曲直的价值标准，是决定文化性质和方向的最深层次要素。社会主义核心价值观，是中国特色社会主义的价值表达，是我国社会共同的思想道德基础。必须把培育和践行社会主义核心价值观作为凝魂聚气、强基固本的基础工程抓紧抓好。

一、当代中国精神的集中体现

人类社会发展的历史表明，一个民族、一个国家最持久、最深层的力量是全社会共同认可的核心价值观。不同民族、不同国家由于其自然条件和发展历程不同，产生和形成的核心价值观也各有特点。我们生而为中国人，最根本的是我们有中国人的独特精神世界，有百姓日用而不觉的价值观。几千年来，中国人民在长期奋斗中培育、继承、发展起来的伟大创造精神、伟大奋斗精神、伟大团结精神、伟大梦想精神，为中国发展和人类文明进步提供了强大精神动力。

以倡导富强、民主、文明、和谐，倡导自由、平等、公正、法治，倡导爱国、敬业、诚信、友善为主要内容的社会主义核心价值观，凝结着全体人民共同的价值追求，是中华民族赖以维系的精神纽带，是当代中国精神的集中体现。持续培育和践行社会主义核心价值观，大力传承和延续中华民族思想精髓、精神基因、文化血脉，才能更好构筑中国精神、中国价值、中国力量。

培育和践行社会主义核心价值观，是新时代坚持和发展中国特色社会主义的重大任务。中国特色社会主义，需要有一套与其经济基础和上层建筑相适应并能形成广泛社会共识的核心价值观。中国特色社会主义进入了新时代，我国发展处于新的历史方位，只有把培育和践行社会主义核心价值观作为重大任务来认识、来落实，才能增强“四个自信”，确保中国特色社会主义沿着正确方向胜利前进，不断展现出更加强大的生命力。培养什么样人的问题是社会主义核心价值观建设的根本问题，要以培养担当民族复兴大任的时代新人为着眼点，按照有自信、尊道德、讲奉献、重实干、求进取的标准和要求培养和塑造青年一代。

培育和践行社会主义核心价值观，是进行伟大斗争、建设伟大工程、推进伟大事业、实现伟大梦想的铸魂工程。伟大斗争需要众志成城，伟大工程需要坚定一致，伟大事业需要聚力推进，伟大梦想需要同心共筑。这就要求我们激发全体人民的信心和热情，凝聚起团结奋进的强大力量。深培厚植、广泛践行社会主义核心价值观，就一定能够铸牢理想信念、坚守价值追求、聚合磅礴之力。

培育和践行社会主义核心价值观，是在世界文化激荡中保持民族精神独立、挺起民族精神脊梁的战略支撑。当今世界各种观念碰撞激荡不断加剧，各种文化交流交融交锋日益频繁。特别是一些西方国家对外推销以所谓“普世价值”为内核的思想文化，企图诱导人们淡化乃至放弃对本民族精神文化的认同。价值观是文化最深层的内核，价值观自信是文化自信最本质的体现。持续培育和践行根植于中华文化沃土又具有当代中国特色的社会主义核心价值观，才能使中华民族以更加昂扬的姿态屹立于世界民族之林。

二、强化教育引导、实践养成、制度保障

培育和践行社会主义核心价值观，必须强化教育引导、实践养成、制度保障，并将社会主义核心价值观融入社会发展各方面，转化为人

们的情感认同和行为习惯，让人们在日常生活中感知、领悟、培育、弘扬。

教育引导，是培育和弘扬社会主义核心价值观的重要基础。必须注重区分层次，突出重点，发挥榜样的模范作用，让群众感受到楷模、榜样的无穷力量，用高尚人格和精神境界感召群众、带动群众；把社会主义核心价值观的基本内容和要求融入国民教育之中，教育引导广大青少年树立远大志向、培育美好心灵，勤学、修德、明辨、笃实，扣好人生第一粒扣子，打牢思想之基、价值观之基；充分发挥家庭的基础作用，家庭是社会的细胞，从家庭做起，大力加强家庭文明建设，发扬光大中华民族传统美德，重视做好家庭教育，传承良好家风家训，形成爱国爱家、相亲相爱、崇德向善、共建共享的社会主义家庭文明新风尚；发挥精神文化产品潜移默化、润物无声的作用，运用各类文化形式，培育、践行、展现社会主义核心价值观。

实践养成，是培育和践行社会主义核心价值观的重要途径。社会主义核心价值观的培育和践行是内化于心、外化于行的实践活动，要把社会主义核心价值观与人们日常生活紧密联系起来，在落细、落小、落实上下功夫，从身边小事做起、从一点一滴做起，把社会主义核心价值观融入社会发展各方面，逐步变成思维习惯、行为准则、话语体系，进而提高自觉奉行和日常践行能力，充分利用重大节日、重大活动，开展面向大众的社会主义核心价值观培育活动，使社会主义核心价值观成为全体人民的共同价值追求。

健全制度，是培育和践行社会主义核心价值观的重要保障。制度是规范人们行为的一系列规则。从一定意义上讲，制度是价值观的体现，价值观是制度的灵魂，价值观和制度共同发挥着规范和影响人们行为的作用。制度是硬约束，使人们的行为更具有稳定的预期。必须通过科学合理的制度设计、政策法规等，提高社会主义核心价值观的刚性约束力，使符合核心价值观的行为得到鼓励、违背核心价值观的行为受到约束。社会治理承担着倡导社会主义核心价值观的责任，应当注重在日常治理中体现价值导向，做好有关政策、法规的制定和修订工作，使其与培育和践行社会主义核心价值观相联系，形成崇德向善、见贤思齐的社会氛围。

凝聚共识，是培育和践行社会主义核心价值观的重要氛围。当前，各种社会思潮此起彼伏、相互交织。社会思潮越是纷繁复杂，越需要主旋律，越需要用社会主义核心价值观引领社会思潮、凝聚社会共识。用社会主义核心价值观引领社会思潮，必须尊重差异、包容多样，在尊重差异中扩大社会认同，在包容多样中形成思想共识，提高整合社会思想文化和价值观念的能力，扩大主流价值观念的影响力，有力抵制各种错误思想和腐朽文化的影响，引导社会思潮朝着积极健康的方向发展，为实现“两个一百年”奋斗目标，实现中华民族伟大复兴的中国梦而不断积累正能量。

三、加强思想道德建设

加强思想道德建设，是中国特色社会主义文化建设的重要内容，是培育和践行社会主义核心价值观的题中应有之义。道德之于个人、之于社会，都具有基础性意义。思想道德水平的高低，是衡量一个国家、一个社会文明程度的重要标准。中国共产党历来重视思想道德建设，特别是党的十八大以来，以习近平同志为核心的党中央围绕加强思想道德建设提出了一系列新理念新思想新战略，有力地促进了国民素质和社会文明程度的提升。但同时也要清醒地看到，思想道德领域仍然存在着诸如一些社会成员理想信念模糊甚至缺失，世界观、人生观、价值观扭曲，一些领域道德失范、诚信缺失现象比较突出等问题，必须采取更加有效的举措加以防范和解决。

广泛开展理想信念教育。人民有信仰，国家有力量，民族有希望。不论时代如何变化，不论条件如何变化，都要保持理想信念坚定，风雨如磐不动摇，自觉做共产主义远大理想和中国特色社会主义共同理想的坚定信仰者、忠实实践者。广泛开展理想信念教育，深化中国特色社会主义和中国梦宣传教育，弘扬民族精神和时代精神，加强爱国主义、集体主义、社会主义教育，引导人们树立正确的历史观、民族观、国家观、文化观，是加强思想道德建设的首要任务。

深入实施公民道德建设工程。国无德不兴，人无德不立。加强思想道德建设，要继承和弘扬我国人民在长期实践中培育和形成的传统美德，推进社会公德、职业道德、家庭美德、个人品德建设，激发人们形成善良的道德意愿、道德情感，培育正确的道德判断和道德责任，提高道德实践能力尤其是自觉践行能力，向上向善、孝老爱亲，忠于祖国、忠于人民。要创新形式，注重实效，深入开展道德模范宣传学习活动，把道德模范的榜样力量转化为亿万群众的生动实践，在全社会形成崇德向善、见贤思齐、德行天下的浓厚氛围。

加强和改进思想政治工作。要把先进性要求与广泛性要求结合起来，把解决思想问题与解决实际问题结合起来，把面上教育引导与个别交流疏导结合起来，切实把工作做到群众的心坎上，注重人文关怀，着力理顺情绪、化解矛盾。深化群众性精神文明创建活动，引导广大人民群众自觉践行社会主义核心价值观，开展移风易俗、弘扬时代新风行动，抵制腐朽落后文化侵蚀。

注重青年的价值观教育。青年是引风气之先的社会力量。一个民族的文明素养很大程度上体现在青年一代的道德水准和精神风貌上。青年正处在价值观形成和确立的时期，面对世界的深刻复杂变化，面对信息时代各种思潮的相互激荡，面对纷繁多变、鱼龙混杂、泥沙俱下的社会现象，面对学业、情感、职业选择等多方面的考量，广大青年要树立正确的世界观、人生观、价值观。要修大德、守公德、严私德，把正确的道德认知、自觉的道德养成、积极的道德实践紧密结合起来。要爱国、励志、求真、力行，用理想之光照亮奋斗之路，用信仰之力开创美好未来。

第四节 推动社会主义文化繁荣兴盛

一个国家、一个民族、一个社会的强盛，不但需要高度发展的物质文明，还需要繁荣兴盛的精神文化作为支撑。没有中华文化繁荣兴盛，就没有中华民族伟大复兴；没有社会主义文化繁荣兴盛，就没有社会主义现代化。推动社会主义文化繁荣兴盛，要以满足人们对精神文化的需要为出发点和落脚点，以进一步增强文化自信为引领，不断激发全民族文化创新创造活力。

一、繁荣发展社会主义文艺

一个时代有一个时代的文艺，一个时代有一个时代的精神。任何一个时代的经典文艺作品，都是那个时代社会生活和精神的写照，都具有那个时代的烙印和特征。中国特色社会主义新时代为繁荣发展社会主义文艺提供强大动力和广阔空间，也提出了新的更高要求。

坚持以人民为中心的创作导向。社会主义文艺，从本质上讲，就是人民的文艺。人民既是历史的创造者、也是历史的见证者，既是历史的“剧中人”、也是历史的“剧作者”。文艺要始终坚持为人民服务、为社会主义服务这个根本方向，反映好人民心声。只有牢固树立马克思主义文艺观，真正做到以人民为中心，文艺才能发挥最大正能量。以人民为中心，就要求文艺界把满足人民对精神文化生活的需求作为文艺和文艺工作的出发点和落脚点，把人民生活看成文艺创作的活水源头，把人民看作文艺审美的鉴赏家和评判者，自觉与人民同呼吸、共命运，欢乐着人民的欢乐，忧患着人民的忧患，努力为人民抒写、为人民抒情、为人民抒怀。只有真正做到以人民为中心，在人民中体悟生活本质、吃透生活底蕴，文艺才能汲取力量、打动人心，才能真正实现自己的社会价值，才能经得起时代和历史的检验。

努力创造无愧于伟大民族伟大时代的优秀作品。改革开放以来，我国文艺创作迎来了新的春天，产生了大量脍炙人口的优秀作品。但同时不能否认，在文艺创作方面，也存在着有数量缺质量、有“高原”缺“高峰”的现象，存在着抄袭模仿、千篇一律的问题，存在着机械化生产、快餐式消费的问题。特别是有些作品搜奇猎艳、一味媚俗、低级趣味，把作品当作追逐利益的“摇钱树”，当作感官刺激的“摇头丸”，这实际上是面对市场经济大潮，一味服膺于市场价值、迷失了文艺创作方向的结果。当代中国正经历着我国历史上最为广泛而深刻的社会变革，正进行着人类历史上最为宏大而独特的实践创新。这种伟大实践必将给以文艺创作为代表的文化创新提供强大动力和广阔空间。新时代的文艺创作，应当倡导讲品味、讲格调、讲责任，坚决抵制低俗、庸俗、媚俗，把提高作品的精神高度、文化内涵、艺术价值作为追求，向着人类最先进的方面注目，向着人类精神世界的最深处探寻，直面当下中国人民的生存现实，创作更多体现中华文化精髓、反映中国人审美追求、传播当代中国价值观念、符合世界进步潮流的优秀作品，充分展现中国人民的伟大创造精神、伟大奋斗精神、伟大团结精神、伟大梦想精神，为世界贡献具有中国风格的声响和色彩、展现中国风貌的诗情和意境。

尊重和遵循文艺规律。文艺要反映生活，但文艺不能机械反映生活。读懂社会、读透社会，决定着艺术创作的视野广度、精神力度、思想深度。古往今来，文艺巨制无不是厚积薄发的结晶，文艺魅力无不是内在充实的显现。急功近利，竭泽而渔，粗制滥造，不仅是对文艺的一种伤害，也是对社会精神生活的一种伤害。繁荣发展社会主义文艺，要以马克思主义文艺理论为指导，坚持在文艺创作中既要有当代生活的底蕴，又要有文化传统的血脉，还要认真学习借鉴世界各国人民创造的优秀文艺。要切实加强党对文艺工作的领导，确保社会主义文艺沿着正确方向发展，坚决抵制和反对文艺创作中出现的那些调侃崇高、扭曲经典、亵渎英雄、歪曲历史的作品，坚决抵制和反对那种丑化人民群众和英雄的历史虚无主义态度。要尊重文艺工作者的创作个性和创造性劳动，营造有利于文艺创作的良好环境，引导和团结文艺工作者为推动新时代中国特色社会主义文艺繁荣发展作出积极贡献，在为祖国、为人民立德立言中成就自我、实现价值。

二、推动中华优秀传统文化创造性转化、创新性发展

中华优秀传统文化是中华民族的精神命脉，是涵养社会主义核心价值观的重要源泉，也是我们在世界文化激荡中站稳脚跟的坚实根基。必须大力传承和弘扬中华优秀传统文化，在继承中发展、在发展中继承，以更大的力度、更实的措施加快建设社会主义文化强国，培育和践行社会主义核心价值观，推动中华优秀传统文化创造性转化、创新性发展，让中华文明的影响力、凝聚力、感召力更加充分地展示出来。

中华优秀传统文化是我们民族的“根”和“魂”。中华优秀传统文化来源于中华民族的历史实践，积淀着中华民族最深沉的精神追求，包含着中华民族最根本的精神基因，具有重要的历史意义和时代价值。中华传统文化中的优秀成分，对中华文明形成并延续发展几千年而从未中断，对形成和维护中国团结统一的政治局面，对形成和巩固中国多民族和合一体的大家庭，对形成和丰富中华民族精神，对激励中华儿女维护民族独立、反抗外来侵略，对推动中国社会发展进步、促进中国社会利益和社会关系平衡，都发挥了十分重要的作用。中国人民的理想和奋斗，中国人民的价值观和精神世界，始终深深植根于中华优秀传统文化沃土之中，又随着历史和时代前进而不断与日俱新、与

时俱进。中华优秀传统文化的丰富哲学思想、人文精神、教化思想、道德理念等，可以为人们认识世界和改造世界提供有益启迪，可以为治国理政提供有益启示，也可以为道德建设提供有益启发。

当然，传统文化中不可避免地存在陈旧过时或已成为糟粕性的东西，与社会主义市场经济、民主政治、先进文化、社会治理等还存在需要协调适应的地方。这就要求人们必须实现对传统文化的创造性转化、创新性发展，使之与现实文化相融相通，共同服务于以文化人、以文育人的时代任务。创造性转化，就是要按照时代特点和要求，对那些至今仍有借鉴价值的内涵和陈旧的表现形式加以改造，赋予其新的时代内涵和现代表达形式，激活其生命力。创新性发展，就是要按照时代的新进步新进展，对中华优秀传统文化的内涵加以补充、拓展、完善，增强其影响力和感召力。

以科学的态度对待中华优秀传统文化。不忘历史才能开辟未来，善于继承才能善于创新。对中华优秀传统文化要坚持马克思主义的方法，采取马克思主义的态度，把弘扬优秀传统文化和发展现实文化有机统一起来，古为今用、推陈出新，有鉴别地加以对待，有扬弃地予以继承，既不能片面地讲厚古薄今，也不能片面地讲厚今薄古，既不能陷入历史虚无主义，也不能陷入文化虚无主义。

系统梳理中华优秀传统文化资源。要深入研究阐释中华优秀传统文化的思想精华和时代价值，讲清楚中华优秀传统文化的历史渊源、发展脉络、基本走向，讲清楚中华文化的独特创造、价值理念、鲜明特色，增强文化自信和价值观自信。加强文化遗产的科学保护和利用。对待中华优秀传统文化所遗留下来的文化遗产，既要像爱惜自己的生命一样保护好，又要合理地利用起来，让收藏在禁宫里的文物、陈列在广阔大地上的遗产、书写在古籍里的文字都活起来。大力宣传中华民族的优秀文化和光荣历史。通过学校教育、理论研究、历史研究、影视作品、文学作品等多种方式，加强爱国主义、集体主义、社会主义教育，引导人们树立和坚持正确的历史观、民族观、国家观、文化观，增强做中国人的骨气和底气。

传承和弘扬中华优秀传统文化，并不意味着固步自封，闭上眼睛不看世界。中华民族是一个兼容并蓄、海纳百川的民族，在漫长的历史进程中，不断学习他人的好东西，把他人的好东西化成我们自己的东西，这才形成我们的民族特色。文明因交流而多彩，文明因互鉴而丰富，对各国人民创造的优秀文明成果，我们当然要学习借鉴，而且要认真学习借鉴，在不断汲取各种文明养分中丰富和发展中华文化。

三、推动文化事业与文化产业发展

发展文化事业和文化产业，是新时代满足人民日益增长的美好生活需要的必然要求，也是激发全民族文化创新创造活力的必然要求。必须坚持以改革促发展、促繁荣，坚定深化文化体制改革，推动新时代中国特色社会主义文化事业和文化产业繁荣发展。

深化文化体制改革。文化体制改革，指的是为适应文化生产力发展水平和要求、体现中国特色社会主义基本制度本质要求，在文化具体制度和体制方面作出的改革。在新的历史起点上深化文化体制改革，是推动社会主义文化大发展大繁荣的必由之路，也是建设社会主义文化强国的重要方面。要按照政企分开、政事分开原则，推动政府部门由办文化向管文化转变，推动党政部门与其所属的文化企事业单位进一步理顺关系；建立党委和政府监管国有文化资产的管理机构，实行管人管事管资产管导向相统一；继续推进国有经营性文化单位转企改制，加快公司制、股份制改造；推动文化企业跨地区、跨行业、跨所有制兼并重组，不断提高文化产业规模化、集约化、专业化水平。

发展文化事业，完善公共文化服务体系。加强重大公共文化工程和文化项目建设，以基本公共文化服务标准化均等化为抓手，以基层和农村为重点，深入实施文化惠民工程，健全设施网络，创新运行方式，提高服务水平，丰富群众性文化活动，推动文化小康顺利实现并不断巩固；丰富群众性文化活动，广泛开展全民健身活动，组织开展多种形式的面向基层的文化活动和全民健身运动，着力丰富群众文化生活，促进重点人群体育活动，推动全民健身和全民健康深度融合，创建全民健身体制机制，普及科学健身知识和方法，推进全民健身生活化；加强文化交流，沟通心灵，开阔眼界，增进共识，让人们在持续的以文化人中提升素养，让文化为人类进步助力；让历史说话，让文物说话，传承祖先的成就和光荣、增强民族自尊和自信。

发展文化产业，健全现代文化产业体系。深入实施“互联网+”“文化+”行动，不断优化文化产品供给结构，以更好满足人民多样化、多层次、多方面的精神文化需求；健全现代文化产业体系和市场体系，创新生产经营机制，完善文化经济政策，培育新型文化业态；培育壮大文化市场主体，完善文化融资体系，完善文化市场准入机制，加强对文化资本市场的监管和引导；创新生产经营机制，推动文化企业形成具有文化特色的现代企业制度；完善文化经济政策，在确保文化事业更好发展的同时，支持文化产业快速发展；培育新型文化业态，推动文化与科技、体育、旅游、金融等相关产业深度融合，不断丰富人民精神世界、增强人民精神力量，不断增强文化整体实力和竞争力。

四、讲好中国故事

改革开放以来，随着国力不断强大，中国日益走近世界舞台中央，在国际舞台上发挥着越来越重要的作用。世界从来没有像今天这样渴望了解一个“真实”的中国、一个“奇迹”的中国，近代以来的中国也从来没能像今天这样能够满怀自信地向世界讲述中国故事。然而，由于各种主客观方面的影响，世界对“中国故事”仍然存在着一些误读、误判，甚至曲解，“中国威胁论”“中国崩溃论”等论调不绝于耳。讲好中国故事，传播好中国声音，向世界展现真实、立体、全面的中国，增信释疑、扩大共识，不仅是时代命题，而且是时代使命。

讲好中国故事，是要讲好中国特色社会主义的故事，更加鲜明地展现中国理论、中国道路的独特内涵和世界意义，特别是要讲清楚习近平新时代中国特色社会主义思想这一原创性、时代性的21世纪马克思主义，讲清楚中国特色社会主义进入新时代在世界社会主义发展史和人类社会发展史上的意义。讲好中国故事，是要讲好中国梦的故事，讲清楚中国梦意味着中国人民和中华民族的价值体现和价值追求，意味着全面建成小康社会、实现中华民族伟大复兴，意味着每一个人都能在为中国梦的奋斗中实现自己的梦想，意味着中华民族为人类和平与发展以及解决世界难题作出更大贡献的真诚意愿。讲好中国故事，是要讲好中华优秀传统文化故事，特别是讲清楚有着5 000多年历史的中华文明对“和”文化的崇尚，讲清楚“以和为贵”“和而不同”“天下大同”等中华文化理念，讲清楚对和平、和睦、和谐的追求深深植根于中华民族的精神世界和文化基因之中。讲好中国故事，还要讲好中国和平发展的故事，讲清楚中国将始终做世界和平的建设者、全球发展的贡献者、国际秩序的维护者，要充分展示中国历史底蕴深厚、各民族多元一体、文化多样和谐的文明大国形象，充分展示中国为人类作出贡献的负责任的社会主义大国形象。

讲好中国故事，要不断创新传播形式，创新对外话语表达方式。坚持政府主导、企业主体、市场运作、社会参与，完善人文交流机制，创新人文交流方式，综合运用大众传播、群体传播、人际传播等多种方式，扩大对外文化交流，推动中华文化走向世界。着力推进国际传播能力建设，创新对外宣传方式，发挥好新兴媒体作用。精心构建对外话语体系，增强对外话语的创造力、感召力、公信力，要研究国外不同受众的习惯和特点，采用融通中外的概念、范畴、表述，把我们想讲的和国外受众想听的结合起来，把“陈情”和“说理”结合起来，把自己讲和别人讲结合起来，使中国故事更多为国际社会和海外受众所认同，让中国声音赢得国际社会理解和尊重，让中国形象在世界上树立和闪亮起来。

□ 思考题

1. 如何理解巩固和发展社会主义意识形态工作的重要意义？
2. 怎样认识培育和践行社会主义核心价值观的重要意义？
3. 怎样理解讲好中国故事，提高国家文化软实力？

第六章

中国特色社会主义社会建设

教学基本要求

1. 了解中国特色社会主义社会建设理论与制度。
2. 明确保障和改善民生的主要内容。
3. 把握加强和创新社会治理的原则和措施。
4. 理解和把握总体国家安全观。

第一节　中国特色社会主义社会建设理论与制度

加强社会建设是中国特色社会主义事业的一项重大任务。在长期实践中，我国逐步形成和发展了中国特色社会主义社会建设理论与制度。特别是党的十八大以来，以习近平同志为核心的党中央，深刻把握人民群众日益增长的美好生活需要，提出了一系列具有原创性的社会建设理论，加强和创新社会治理体制机制，中国特色社会主义社会治理和社会管理制度更加健全。

一、中国特色社会主义社会建设理论

中国特色社会主义社会建设理论的内涵十分丰富，涉及社会建设各个领域，涵盖社会建设各个方面。

一是关于建设社会文明、促进社会和谐的理论。社会文明是社会主义社会建设的重要目标和特征，全面提高社会文明水平是国家发展

的需要，是人民的共同期盼。社会和谐是中国特色社会主义的本质属性，是党不断追求的社会理想。构建社会主义和谐社会，是党根据当今时代社会实践发展的新要求和人民群众生产生活的新需要提出的建设中国特色社会主义的新战略、新举措。要按照民主法治、公平正义、诚信友爱、充满活力、安定有序、人与自然和谐相处的总要求，把社会建设同社会主义经济建设、政治建设、文化建设和生态文明建设一起，作为中国特色社会主义事业总体布局的重要组成部分统一部署、整体推进。

二是关于在发展中保障和改善民生的理论。保障和改善民生是社会建设的重点。增进民生福祉是党立党为公、执政为民的根本要求，是发展的根本目的。发展社会主义民生事业，要始终站在最广大人民的立场上，着力解决好就业、教育、医疗、居住、养老等人民最关心最直接最现实的利益问题，最大限度地激发全社会的创造活力，在幼有所育、学有所教、劳有所得、病有所医、老有所养、住有所居、弱有所扶上不断取得新进展，不断满足人民日益增长的美好生活需要。

三是关于促进社会公平正义的理论。在发展基础上实现和维护社会公平正义，是马克思主义的基本立场和基本观点，是中国特色社会主义的内在要求。社会公平正义，就是社会各方面的利益关系得到妥善协调，人民内部矛盾和其他社会矛盾得到正确处理，人民的合法权益得到切实维护和实现。社会公平正义的核心是权利公平、机会公平和规则公平，其中权利公平是基础，机会公平是前提，规则公平是保障，三者相辅相成，构成一个完整的现代社会公平正义体系。实现社会公平正义，要在全体人民共同奋斗、经济社会发展的基础上，逐步建立以权利公平、机会公平、规则公平为主要内容的社会法律和制度体系，努力营造公平的社会环境，保证人民平等参与、平等发展的权利。

四是关于精准扶贫的理论。消除贫困，改善民生，逐步实现共同富裕，是社会主义的本质要求。贫困人口脱贫是全面建成小康社会的底线任务和标志性指标。扶贫贵在精准、重在精准，成败之举在于精准。精准扶贫就是根据致贫原因有针对性地制定方案，对不同原因不同类型的贫困采取不同措施，因人因户因村施策，精确识别、精确帮扶、精确管理，做到扶持对象精准、项目安排精准、资金使用精准、措施到户精准、因村派人精准、脱贫成效精准，确保各项政策好处落到扶贫对象身上。

五是关于加强和创新社会治理的理论。打造共建共治共享的社会治理格局是社会建设的重要内容，也是一个系统工程，需要综合施策，形成合力。创新社会治理，就是要实现从社会管理到社会治理的观念转变，从单一社会管理主体向多元社会治理主体转变，从简单行政命令管理方式向多元、民主、协调治理方式转变。要加强社会治理的法律法规、体制机制等建设，着力推进社会治理社会化、法治化、智能化、专业化，维护社会秩序、促进社会和谐、保障人民安居乐业，为党和国家事业发展营造良好社会环境。

六是关于坚持总体国家安全观的理论。国家安全是改革发展的前提。坚持总体国家安全观，必须坚持国家利益至上，以人民安全为宗旨，以政治安全为根本，统筹外部安全和内部安全、国土安全和国民安全、传统安全和非传统安全、自身安全和共同安全，完善国家安全体制体系，加强国家安全能力建设，坚决维护国家主权、安全、发展利益。走中国特色国家安全道路，为中华民族伟大复兴中国梦提供坚实安全保障。

二、中国特色社会主义社会制度

这里的社会制度是指与国家经济、政治、文化、生态文明等相对应的社会领域的制度。中国特色社会主义社会建设在实践中形成了教育制度、劳动就业制度、基本医疗卫生制度、社会保障制度、社会治理制度等一系列制度，为实现构建社会主义和谐社会总体目标提供了制度保障。

一是教育制度。教育制度是为规范各类教育机构与组织体系及其运行而制定的各种规则和原则的总和，具有传承文明和传播先进文化、推进社会主义民主政治建设、促进经济科学发展、培养人才、推动自主创新等功能。

二是劳动就业制度。劳动就业制度是为调整劳动和就业社会关系而制定的各种规则和原则的总和，具有个体自由保护、个体价值实现和社会安全保障等功能，对于维护社会稳定、促进社会和谐具有重要作用。

三是基本医疗卫生制度。基本医疗卫生制度是为规范医疗卫生行为而制定的规则和原则的总和，涵盖医疗保障、医疗服务、公共卫生、药品供应、监管体制等各个方面。我国基本医疗卫生制度的目标是人人享有基本医疗卫生服务。基本医疗卫生制度必须遵循公益性、公平性和可及性原则。

四是社会保障制度。社会保障制度是为保障全体社会成员的基本生存与生活需要而制定的有关社会福利、社会保险、社会救助、慈善事业、社会优抚和社会安置等一系列规则和原则的总和。社会保障制度对保障公民基本生活需要、增进全体社会成员的物质和文化福利、促进社会和谐稳定具有重要作用。

五是社会治理制度。社会治理制度是为维护人民群众权益、协调利益矛盾、促进社会公平正义、保持社会良好秩序而制定的关于社会治理的各种规则和原则的总和。要建立健全与中国特色社会主义经济、政治、文化、社会和生态文明要求相适应的新型社会治理制度体系，形成社会治理和服务的合力。

第二节　在发展中保障和改善民生

随着中国特色社会主义进入新时代，我国社会主要矛盾已经转化为人民日益增长的美好生活需要和不平衡不充分的发展之间的矛盾，这对做好民生工作提出了许多新要求。在发展中保障和改善民生，带领人民创造美好生活，是党始终不渝的奋斗目标，也是加强社会建设的基本着力点。

一、增进民生福祉是发展的根本目的

民生主要是指人民的基本生存和生活状态，以及人民的基本发展机会、基本发展能力和基本权益保护状况等，具体涉及劳动就业、社会福利、义务教育、医疗保障、基本住房、最低生活保障、社会救助等方面的内容。

增进民生福祉是坚持立党为公、执政为民的本质要求。民生是人民幸福之基、社会和谐之本。中国共产党是全心全意为人民服务的政党，人民对美好生活的向往，是党的奋斗目标。让人民群众过上幸福美好的生活，是党的一切工作的出发点和落脚点。检验党工作成效的最终标准，就是看广大人民群众是否得到真实惠，社会民生是否得到真改善。

增进民生福祉是推动发展的根本目的。我们的发展是以人民为中心的发展，我们一切的奋斗和工作归根到底就是要顺应各族人民过上美好生活的新期待，着力解决好人民群众最关心、最直接、最现实的利益问题，不断满足人民群众日益增长的物质文化需要，提高人民群众的生活质量和水平。如果只是为发展而发展，只是为了追求 GDP 的增长，而忽视民生问题的改善，忽视人民群众的期盼，不能真正实现好、维护好、发展好最广大人民的根本利益，这样的发展是没有意义的，也是难以持续的。

抓民生也是抓发展。经济发展是前提，离开经济发展谈改善民生是无源之水、无本之木。民生是做好经济社会发展工作的“指南针”，持续不断改善民生，能有效解决群众后顾之忧，调动人们发展生产的积极性，又能释放居民消费潜力，拉动内需，催生新的经济增长点，为经济发展、转型升级提供强大内生动力。因此，既要通过发展经济，为持续改善民生奠定坚实物质基础，又要通过持续不断改善民生，为经济发展创造更多有效需求，实现两者良性循环。

改善民生要做到尽力而为、量力而行。群众对美好生活的期待是不断提升的，需求是多样化、多层次的，而我国仍处于并将长期处于社会主义初级阶段，改善民生不能脱离这个最大的实际提出过高目标，只能根据经济发展和财力状况逐步提高人民生活水平，做那些现实条件下可以做到的事情，决不能开空头支票，也要防止把胃口吊得过高，否则，结果只会适得其反。一些国家的教训表明，过度福利化，过度承诺讨好民众，导致了效率低下、增长停滞、通货膨胀。要坚持从实际出发，将收入提高建立在劳动生产率提高的基础上，将福利水平提高建立在经济和财力可持续增长的基础上。

当前，保障和改善民生的主要内容包括以下几点：

一是优先发展教育事业。建设教育强国是中华民族伟大复兴的基础工程，必须把教育事业放在优先位置。要全面贯彻党的教育方针，落实立德树人的根本任务，加强社会主义核心价值观教育，增强学生社会责任感、创新精神和实践能力，培养德智体美全面发展的社会主义事业建设者和接班人。坚持正确办学方向，建设高素质教师队伍，形成高水平人才培养体系，加快一流大学和一流学科建设，实现高等教育内涵式发展。

二是提高就业质量和人民收入水平。就业是最大的民生工程、民心工程、根基工程。实施就业优先战略和积极就业政策。坚持按劳分配原则，完善按要素分配的体制机制，促进收入分配更合理、更有序。鼓励勤劳守法致富，扩大中等收入群体，增加低收入者收入，调节过高收入，取缔非法收入。坚持在经济增长的同时实现居民收入同步增长，在劳动生产率提高的同时实现劳动报酬同步提高。

三是加强社会保障体系建设。社会保障制度是保障人民生活、调节社会分配的一项基本制度。按照兜底线、织密网、建机制的要求，全面建成覆盖全民、城乡统筹、权责清晰、保障适度、可持续的多层次社会保障体系。全面实施全民参保计划。统筹城乡社会救助体系，完善最低生活保障制度。坚持房子是用来住的、不是用来炒的定位，加快建立多主体供给、多渠道保障、租购并举的住房制度，让全体人民住有所居。

四是坚决打赢脱贫攻坚战。让贫困人口和贫困地区同全国一道进入全面小康社会是党的庄严承诺。坚持精准扶贫、精准脱贫，瞄准特定贫困群众精准帮扶，向深度贫困地区聚焦发力。注重扶贫同扶志、扶智相结合，激发贫困人口内生动力。深入实施东西部扶贫协作，重点攻克深度贫困地区脱贫任务，确保到2020年我国现行标准下农村贫困人口实现脱贫，做到既不降低标准，也不吊高胃口。

五是实施健康中国战略。人民健康是民族昌盛和国家富强的重要标志。要完善国民健康政策，为人民群众提供全方位全周期健康服务。深化医疗卫生体制改革，全面建立中国特色基本医疗卫生制度、医疗保障制度和优质高效的医疗卫生服务体系，健全现代医院管理制度。

二、坚决打赢脱贫攻坚战

打赢脱贫攻坚战，是保障和改善民生的头等大事，是第一民生工程。实现全面建成小康社会的第一个百年奋斗目标，必须消除贫困。党的十八大以来，以习近平同志为核心的党中央实施精准扶贫、精准脱贫，加大扶贫投入，创新扶贫方式，脱贫攻坚战取得决定性进展，6 000多万贫困人口稳定脱贫，贫困发生率从10.2%下降到3.1%，创造了我国扶贫史上的最好成绩。我国成为世界上减贫人口最多的国家，也是世界上率先完成联合国千年发展目标的国家。但在同时，应当清醒地看到，我国脱贫攻坚形势依然严峻。截至 2017 年年底，全国贫困人口还有约 3 000 万人，其中相当一部分居住在艰苦边远地区，处于深度贫困状态，属于脱贫攻坚“最重的担子”“最硬的骨头”。实现到 2020 年我国现行标准下农村贫困人口脱贫的目标，必须以更大的决心、更明确的思路、更精准的举措，推进脱贫攻坚工作向纵深发展。

一是坚持精准扶贫、精准脱贫。要找准“贫根”、明确靶向、量身定做、对症下药，真正扶到点上、扶到根上。要因地制宜探索多渠道、多样化的精准扶贫、精准脱贫路径，扎实做好产业扶贫、易地扶贫搬迁、就业扶贫、危房改造、教育扶贫、健康扶贫、生态扶贫等重点工作。实施发展生产脱贫，支持贫困群众立足各地资源条件，发展适宜特色产业，宜农则农、宜林则林、宜商则商、宜游则游。引导劳务输出脱贫，加强技能培训，提高培训的针对性和有效性，提高贫困群众就业能力。拓展贫困地区劳动力外出就业空间，建立和完善输出地与输入地劳务对接机制。实施易地搬迁脱贫，因地制宜选择搬迁安置方式，合理确定住房建设标准，完善搬迁后续扶持政策，确保搬迁对象有业可就、稳定脱贫，做到搬得出、稳得住、能致富。结合生态保护脱贫，创新生态资金使用方式，利用生态补偿和生态保护工程资金使当地有劳动能力的部分贫困人口转为护林员等生态保护人员。完善森林、草原、湿地、水土保持等生态补偿制度，提高补偿标准，让贫困群众从生态保护修复中多得实惠。实行农村最低生活保障制度兜底脱贫，完善政策设计，做好农村低保对象的核实排查，尽快实现农村低保制度和扶贫开发政策的有效衔接。资产收益扶贫，强化监督管理，建立健全收益分配机制，确保资产收益及时回馈持股贫困户。开展医疗保险和医疗救助脱贫，实施好健康扶贫工程，保障贫困人口享有基本医疗卫生服务，切实减轻建档立卡贫困人口个人医疗费用负担，努力防止因病致贫、因病返贫。

二是注重扶贫同扶志、扶智相结合。志和智就是内力、内因。没有内在动力，仅靠外部帮扶，帮扶再多，也不能从根本上解决问题。脱贫致富终究要靠贫困群众用自己的辛勤劳动来实现。在脱贫攻坚中，要注重调动贫困群众的积极性、主动性、创造性，注重激发贫困地区和贫困群众脱贫致富的内在动力，注重培育贫困群众发展生产和务工经商的基本技能，注重提高贫困地区和贫困群众自我发展能力，重视从思想上拔穷根，引导他们形成艰苦奋斗、自强自立、苦干实干的精神状态，消除精神贫困。教育是阻断贫困代际传递的治本之策。要采取更加有力的措施，加快实施教育扶贫工程，让贫困家庭子女都能享有公平而有质量的教育。国家教育经费要继续向贫困地区倾斜、向基础教育倾斜、向职业教育倾斜。继续改善贫困地区办学条件，加大支持乡村教师队伍建设力度。对农村贫困家庭儿童特别是留守儿童给予特殊关爱。

三是坚持大扶贫格局。坚持专项扶贫、行业扶贫、社会扶贫互为补充的“三位一体”大扶贫格局。脱贫攻坚是全社会的共同义务，要构建政府、市场、社会协同推进的大扶贫格局。进一步做好东西部扶贫协作和对口支援工作。东部地区根据财力增长情况，逐步增加对口帮扶财政投入。要把帮扶资金和项目重点向贫困村、贫困群众倾斜。完善省际结对关系，实施好“携手奔小康”行动，着力推动县与县精准对接。推进东部产业向西部梯度转移，加大产业带动扶贫工作力度。进一步加强和改进定点扶贫工作，建立考核评价机制，确保各单位落实扶贫责任。要健全社会力量参与机制，鼓励支持民营企业、社会组织、个人参与扶贫开发，着力打造扶贫公益品牌，表彰对扶贫开发作出杰出贡献的组织和个人，激励社会各界更加关注、支持和参与脱贫攻坚。

四是坚持脱贫攻坚责任制。完善中央统筹、省负总责、市县抓落实的工作机制，强化党政一把手负总责的责任制，强化脱贫攻坚责任考核。要结合脱贫攻坚进展和考核情况，改进完善考核评估机制，通过较真碰硬的考核，促进真抓实干，确保脱贫工作务实，脱贫过程扎实，脱贫结果真实，让脱贫成效真正获得群众认可、经得起实践和历史检验。进一步加强脱贫攻坚督查巡查，推动政策举措落地。要认真开展扶贫领域腐败和作风问题专项治理，加强扶贫资金管理，对挪用、贪污扶贫款项的行为严惩不贷。充分发挥人大代表、政协委员、民主党派、纪检监察、审计、检察、媒体、社会等各类监督渠道的作用，以监督促扶贫工作进步。进一步强化扶贫资金项目监管，推进财政涉农资金在扶贫领域统筹整合使用，提高资金整合效率和使用效益。

三、全面建成多层次社会保障体系

社会保障是民生安全网、社会稳定器，与人民幸福安康息息相关，关系国家长治久安。从 20 世纪 80 年代初期开始，为适应计划经济体制向社会主义市场经济体制转轨要求，我国拉开了社会保障制度改革的序幕。随着经济社会的不断发展，社会保障制度建设在党和国家事业发展总体布局中的角色不断转变，逐步从国有企业改革的配套措施、社会主义市场经济的重要支柱，发展为国家的一项重要社会经济制度。党的十八大以来，以习近平同志为核心的党中央坚持以人民为中心的发展思想，从增强公平性、适应流动性、保证可持续性出发，提出了全面建成多层次社会保障体系的目标，让人民群众更多地分享到经济社会发展成果。

全面建成多层次社会保障体系，就是要坚持全覆盖、保基本、多层次、可持续的基本方针，按照兜底线、织密网、建机制的基本要求，实现覆盖全民、城乡统筹、权责清晰、保障适度、可持续的奋斗目标，更好体现社会公平正义，体现人民群众差异化需求。

全面建成多层次社会保障体系，就是要在保障项目上，坚持以社会保险为主体，社会救助保底层，积极完善社会福利、慈善事业、优抚安置等制度；在组织方式上，坚持以政府为主体，积极发挥市场作用，促进社会保险与补充保险、商业保险相衔接。积极构建基本养老保险、职业（企业）年金与个人储蓄性养老保险、商业保险相衔接的养老保险体系，协同推进基本医疗保险、大病保险、补充医疗保险、商业健康保险，在保基本基础上满足人民群众多样化多层次的保障需求。

全面建成多层次社会保障体系的基本要求是“兜底线、织密网、建机制”。兜底线，就是要发挥社会保障政策的托底功能，切实保障群众基本生活需求，兜住民生保障底线，坚守社会稳定底线；织密网，就是要实现制度最广泛的覆盖，让人人都能享受基本社会保障；建机制，就是要持续深化改革，建立健全体制机制，不断提高社会保障法治化、制度化水平。

全面建成多层次社会保障体系的奋斗目标是“覆盖全民、城乡统筹、权责清晰、保障适度、可持续”。覆盖全民，就是要不断扩大社会保障覆盖面，基本实现法定人员全覆盖；城乡统筹，就是要统筹推进城乡居民社会保障体系建设，合理缩小社会保障领域的城乡差异；权责清晰，就是要明确各级政府和用人单位、个人的社会保障权利、义务和责任；保障适度，就是要根据经济发展状况确定保障待遇水平，合理引导群众的保障预期；可持续，就是要确保各项社会保险基金收支平衡，制度长期稳定运行。

四、不断促进社会公平正义

公平正义是中国特色社会主义的内在要求，实现公平正义是党的一贯主张。改革开放以来，我国经济社会发展取得巨大成就，为促进社会公平正义提供了坚实物质基础和有利条件。同时，在我国现有发展水平上，社会还存在大量有违公平正义的现象。特别是随着我国经济发展水平和人民生活水平不断提高，人民群众的公平意识、民主意识、权利意识不断增强，对社会不公问题反应越来越强烈。新时代坚持和发展中国特色社会主义，必须在全体人民共同奋斗、经济社会发展的基础上，通过制度安排，依法保障人民权益，逐步建立社会公平保障体系，努力营造公平的社会环境，保障人民平等参与、平等发展的权利，使人民获得感、幸福感、安全感更加充实、更有保障、更可持续。

实现社会公平正义是由多种因素决定的，最主要的是经济社会发展水平。在不同发展水平上，在不同历史时期，不同思想认识的人，不同阶层的人，对社会公平正义的认识和诉求也会不同。中国共产党讲促进社会公平正义，就要从最广大人民根本利益出发，多从社会发展水平、社会大局、全体人民的角度看待和处理这个问题。我国现阶段存在的有违公平正义的现象，许多是发展中的问题，是能够通过不断发展，通过制度安排、法律规范、政策支持加以解决的。我们必须紧紧抓住经济建设这个中心，推动经济持续健康发展，进一步把“蛋糕”做大，为保障社会公平正义奠定更加坚实的物质基础。

实现社会公平正义还要分好“蛋糕”。经济发展是基础，没有经济发展，分配就是无源之水、无本之木。但并不是说要等着经济发展起来了再解决社会公平正义问题。不断做大“蛋糕”的同时，还要把“蛋糕”分好。改革开放以来，我们确立了按劳分配为主体、多种分配方式并存的分配制度。实践证明，这一制度安排有利于调动各方面积极性，有利于实现效率和公平有机统一。要努力推动居民收入增长和经济增长同步、劳动报酬提高和劳动生产率提高同步，不断健全体制机制和具体政策，调整收入分配格局，不断缩小收入差距。

中国特色社会主义进入新时代，人民美好生活需要日益广泛，不仅对物质文化生活提出了更高要求，而且在民主、法治、公平、正义、安全、环境等方面的要求日益增长。发展不平衡不充分，这已经成为满足人民日益增长的美好生活需要的主要制约因素。全面深化改革必须把促进社会公平正义、增进人民福祉作为一面镜子，审视我们各方面体制机制和政策规定，哪里有不符合促进社会公平正义的问题，哪里就需要改革；哪个领域哪个环节问题突出，哪个领域哪个环节就是改革的重点。要通过完善公共服务体系、完善包括机会公平在内的社会公平保障体系、健全法律体系、改革司法体制等，更好体现社会主义公平正义原则。

第三节 加强和创新社会治理

加强和创新社会治理，是完善和发展中国特色社会主义制度、推进国家治理体系和治理能力现代化的重要内容。要坚持问题导向、需求导向、发展导向有机结合，围绕切实影响人民安居、社会安定的重点难点问题，不断创新社会治理的理念思路、体制机制和方法手段，探索一条具有中国特色、体现时代特征的社会治理之路。

一、推进社会治理现代化

社会治理是以社会多元主体参与为基础，以维护和改善人民群众根本利益为核心，针对社会发展中的各种问题，协调社会利益、化解社会矛盾，促进社会公平、推动社会有序发展的过程。

社会治理具有以下几个主要特征：一是社会治理主体的一主多元性。加强党委领导，发挥政府主导作用，鼓励和支持社会组织和个体等参与社会治理，实现政府治理和社会自我调节、居民自治良性互动。二是社会治理的过程性。社会治理是动态的、发展的，是随着社会经济政治的变化而不断发展的。三是社会治理的协调性。社会作为一个有自组织能力的有机体，自身就存在自我生存、自我发展、自我纠错、自我修复的功能，社会治理不是用强力去破坏社会自身发展的功能，而是通过协调多方利益使其功能得到更好的发挥。四是社会治理的互动性。社会治理的目的是协调社会利益，引导社会达成利益共识。因此，社会治理必然表现出多元主体参与、表达利益诉求、平等协商、相互配合的互动性。

社会治理是国家治理的重要领域，社会治理现代化是国家治理体系和治理能力现代化的题中应有之义。党的十八大以来，以习近平同志为核心的党中央牢牢把握推进国家治理体系和治理能力现代化的总要求，坚持一手抓保安全、护稳定，一手抓打基础、谋长远，不断创新社会治理理念思路、体制机制、方法手段，着力从源头上预防和减少影响社会和谐稳定的问题发生，使一些社会治理难题得到有效破解，平安中国建设取得重大进展。总体上看，我国社会治理体系不断完善，社会安全稳定形势持续向好，人民生命财产安全得到有效维护，广大人民群众的安全感和满意度不断增强。与此同时，也要清醒地看到，在社会大局总体稳定的同时，社会利益关系日趋复杂，社会阶层结构分化，社会矛盾和问题交织叠加，人民群众对社会事务参与意愿更加强烈，社会治理面临的形势环境更为复杂。随着互联网特别是移动互联网的发展，社会治理模式正在从单向管理转向双向互动，从线下转向线上线下融合，从单纯的政府监管向更加注重社会协同治理转变。必须时刻居安思危，强化底线思维，进一步开创社会治理崭新局面。

理念是行动的先导，创新社会治理首先要创新理念。提出社会治理，反映了党对社会运行规律和治理规律认识的深化，是社会建设理念、体制和方式的一次重大变革，是推进国家治理现代化的重要体现。新时代进一步加强和创新社会治理，要求推陈出新、有所突破，坚持问题导向，坚持把专项治理与系统治理、综合治理、依法治理、源头治理结合起来，探索一条符合中国社会发展实际、更可持续的中国特色社会主义社会治理之路，打造共建共治共享的社会治理格局。其中，共建是基础，突出制度和体系建设在社会治理格局中的基础性、战略性地位；共治是关键，要求树立大社会观、大治理观，将党总揽全局、协调各方的政治优势同政府的资源整合优势、企业的市场竞争优势、社会组织的群众动员优势有机结合起来，打造全民参与的开放治理体系；共享是目标，要使社会治理的成效更多、更公平地惠及全体人民，不断增加人民的获得感、幸福感、安全感。

制度是理念的保障，创新社会治理必须加强社会治理制度建设。适应新形势新要求，不断创新社会治理体制机制，主要着力于以下几个方面：

完善党委领导、政府负责、社会协同、公众参与、法治保障的社会治理体制。要加强和改善各级党委对社会治理的领导，提高党对社会治理的领导能力，加强党委对社会治理的统筹谋划和组织领导。要积极发挥各级政府负责社会治理的职能，采取多种措施和途径，切实搞好公共服务、公共管理、公共安全，健全利益表达、利益协调、利益保护机制。要全面落实各级党委和政府社会治理主体责任，把加强和创新社会治理纳入各级党委和政府重要议事日程，纳入地方党政领导班子和领导干部政绩考核指标体系，规范党政各部门社会治理职能，形成权责明晰、奖惩分明、分工负责、齐抓共管的社会治理责任链条。

完善政府治理和社会调节、居民自治良性互动的体制机制。习近平指出，注重动员组织社会力量共同参与，发动全社会一起来做好维护社会稳定工作，努力形成社会治理人人参与、人人尽力、人人共享的良好局面。扩大开放公共服务市场，通过政府购买服务、健全激励补偿机制等办法，鼓励和引导企事业单位、社会组织、人民群众积极参与社会治理。深化基层组织和部门、行业依法治理，支持各类社会主体自我约束、自我管理，发挥市民公约、乡规民约、行业规章、团体章程等社会规范在社会治理中的积极作用。注重社会组织培育和引导，改革社会组织管理制度，推动社会组织明确权责、规范自律、依法自治，积极参与社会治理全过程。

不断提高社会治理社会化、法治化、智能化、专业化水平。激发全社会活力，坚持群众观点和群众路线，提高社会治理社会化水平。充分发挥法治对社会治理的引领、规范和保障作用，运用法治思维和法治方式化解矛盾，引导群众依法行使权利、表达诉求、解决纠纷，更好引导和规范社会生活，努力实现法安天下，提高社会治理法治化水平。加强社会治理基础制度建设，建立国家人口基础信息库、统一社会信用代码制度和相关实名登记制度，完善社会信用体系，更多运用互联网、大数据等信息技术手段，持续推进社会治理的科学化、精细化，在观念、标准、手段、目标等方面下一番绣花功夫，提高社会治理智能化水平。建设高素质专业化干部队伍和社会治理各类人才队伍，善于运用先进的理念和专业的方法提升社会治理效能，增强社会治理整体性和协同性，提高预测预警预防各类风险能力，增强社会治理预见性、精准性、高效性，提高社会治理专业化水平。

二、打造共建共治共享的社会治理格局

当前，我国社会结构正在发生深刻变化，社会矛盾多元多样多发，打造社会治理新格局，实现社会治理现代化，是建设社会文明、促进社会和谐的必然要求。基于社会治理的发展状况和面临形势，打造共建共治共享的社会治理格局的主要任务有以下几个方面：

加强预防和化解社会矛盾机制建设。正确处理人民内部矛盾特别是涉及广大人民群众切身利益的矛盾，是保持社会安定团结良好局面的关键。要完善社会矛盾排查预警机制，努力做到早发现、早预防、早处置。要完善重大决策社会稳定风险评估机制，从源头上预防和减少矛盾。要完善矛盾纠纷多元化解机制，提高矛盾纠纷多元化解的整体效果和效力。

健全公共安全体系，加快社会治安防控体系建设。弘扬生命至上、安全第一的思想，时刻把人民群众生命安全放在第一位。要坚决遏制重特大安全事故频发势头。与此同时，要切实加大投入，不断提升全

社会的防灾减灾救灾能力。社会治安防控体系是社会治安综合治理的主要依托。应着眼于提升整体效能，进一步加快建设社会治安防控体系，推进立体化、信息化，努力构建全方位的公共安全防控网络。

加强社会心理服务体系建设。人是社会的主体。历史和现实反复表明，一个社会是否文明进步、安定和谐，很大程度上取决于公民的思想道德素质。因此，打造共建共治共享的社会治理格局，需要加强公民道德建设。要加快建立健全社会心理服务体系，加强和改进思想政治工作，更加注重人文关怀和心理疏导，以切实有效的措施，着力促进公民道德素质的提升。

加强社区治理体系建设。基层是一切工作的落脚点，社会治理的重心必须落实到城乡、社区。实践也充分证明，城乡社区的服务和管理能力越强，社会治理的基础就越实、越牢。因此，要加快打造共建共治共享的社会治理格局，就必须完善以基层党组织为核心、全社会共同参与的基层社会治理新格局，引导驻区单位、社会组织、群团组织等各类社会力量广泛参与，充分发挥社会各方面作用，健全城乡社区的服务功能和管理功能。

三、维护社会和谐稳定

社会和谐是党不懈追求的社会理想。社会稳定是改革发展的前提。没有和谐稳定的社会环境，一切改革发展都无从谈起，再好的规划和方案都难以实现，已经取得的成果也会失去。

维护社会和谐稳定，重在妥善处理社会矛盾。要增强发展的全面性、协调性、可持续性，积极推动解决人民群众的基本民生问题，不断打牢和巩固社会和谐稳定的物质基础，从源头上预防和减少社会矛盾的产生。要准确认识和对待改革发展过程中利益关系和利益格局的调整，正确处理个人利益和集体利益、局部利益和全局利益、眼前利益和长远利益的关系，自觉维护社会和谐稳定。要科学区分和处理两类不同性质的矛盾，最大限度增加和谐因素、最大限度减少不和谐因素。对人民内部矛盾，要善于运用法治、民主、协商的办法进行处理。对敌我矛盾，既要旗帜鲜明、敢于斗争，又要讲究谋略、巧于斗争。

维护社会和谐稳定，需要转变政府职能。转变政府职能，实质上要解决的是政府应该做什么、不应该做什么，重点是政府、市场、社会的关系，即哪些事应该由市场、社会、政府各自分担，哪些事应该由三者共同承担。转变政府职能，关键是要明确往哪里转、怎么转。转变政府职能的总方向，就是创造良好发展环境、提供优质公共服务、维护社会公平正义。进一步改革政府机构、转变政府职能，不仅是提高政府效能的必然要求，也是增强社会发展活力的必然要求。必须下更大决心、以更大力度推进政府职能转变，以更好适应维护社会和谐稳定的迫切要求。

维护社会和谐稳定，要着力推进平安中国建设。平安是老百姓解决温饱后的第一需求，是极重要的民生，也是最基本的发展环境。建设平安中国，要紧紧抓住人民群众反映强烈、影响社会和谐稳定、制约平安建设深入开展的突出问题和薄弱环节，把专项打击与整体防控更好地结合起来，始终保持对严重犯罪活动的严打高压态势，保障人民生命财产安全，确保人民群众安全感稳步提升。要主动适应新形势，坚持多方参与、合作共享、风险共担，实现维护治安人人有责、人人尽责，努力建设领域更广、人民群众更满意、实效性更强的平安中国。

第四节 坚持总体国家安全观

统筹发展和安全，增强忧患意识，做到居安思危，是党治国理政的一个重大原则。党的十八大以来，以习近平同志为核心的党中央审时度势、与时俱进，创造性提出总体国家安全观的系统思想，为维护国家安全提供了行动纲领和科学指南，形成了一条中国特色国家安全道路。

一、坚持总体国家安全观的重要意义和丰富内涵

进入新时代，我国面临日益复杂多变的安全和发展环境，维护国家安全的任务更加繁重艰巨。坚持总体国家安全观的提出，标志着党对国家安全基本规律的认识达到了新高度，具有重大的理论意义和现实意义。

坚持总体国家安全观，适应了进行具有许多新的历史特点的伟大斗争的新要求。当前，我国比历史上任何时期都更接近实现中华民族伟大复兴的目标，迎来了大有可为的历史机遇期，前景十分光明，但风险挑战也十分严峻。在新的历史起点上，必须时刻准备应对各种风险考验，必须进行伟大斗争、建设伟大工程、推进伟大事业、实现伟大梦想。这既对国家安全工作提出了新挑战，也为做好国家安全工作提供了新机遇。坚持总体国家安全观，归根到底是为了更好维护我国发展的历史机遇期，确保中华民族伟大复兴进程不被迟滞或打断。

坚持总体国家安全观，回应了人民对国家安全的新期待。在新时代，人民希望国家更加强大，更有力地维护国家统一和民族团结；希望党和政府更加主动作为，更有效地保护生命财产安全；希望着力解决空气、水、土壤污染以及农产品、食品药品安全等突出问题。党的十九大作出新时代我国社会主要矛盾发生变化的新论断，明确将安全作为人民美好生活需要的重要内容。这是对历史、现实、未来的深刻洞察。有了安全感，获得感才有保障，幸福感才会持久。国家安全工作，归根结底是保障人民利益，为群众安居乐业提供坚强保障。

坚持总体国家安全观，顺应了世界发展变化的新趋势。当今世界，和平与发展仍然是时代主题。世界多极化、经济全球化、社会信息化、文化多样化深入发展，全球治理体系和国际秩序变革加速推进，各国

相互联系和依存日益加深，国际力量对比更趋平衡，和平发展大势不可逆转。同时，世界面临的不稳定性不确定性突出，世界经济增长动能不足，贫富分化日益严重，地区热点问题此起彼伏，恐怖主义、网络安全、重大传染性疾病、气候变化等非传统安全威胁持续蔓延，人类面临许多共同挑战，没有哪个国家能够置身事外、独善其身。妄自尊大或独善其身，只能四处碰壁。“单丝不线，孤掌难鸣。”只有坚持共同、综合、合作、可持续的新安全观，同心协力应对各种问题，才能实现共享正义尊严、共享发展成果、共享安全保障。

坚持总体国家安全观的重大论断，以一系列紧密联系、相互贯通的基本观点，深刻揭示了总体国家安全观的原则要求和丰富内涵，科学回答了中国这样一个发展中的社会主义大国如何维护和塑造国家安全的一系列基本问题。

坚持统筹发展和安全两件大事。这是治国理政的一个重大原则，也是推进国家安全工作的必然要求。安全和发展是一体之两翼、驱动之双轮。发展是安全的基础。建立在发展基础上的安全才更可靠、更可持续。要从国情出发，坚持发展是解决中国一切问题的关键，坚持在改革发展中促进国家安全，增强发展的全面性、协调性、可持续性，从源头上预防和减少安全问题的产生。安全是发展的保障。一个国家选择什么样的国家安全战略，决定了这个国家生存、发展与兴盛之路。实施发展和安全并重的国家安全战略，既要善于运用发展成果夯实国家安全的实力基础，又要善于塑造有利于经济社会发展的安全环境，做到坚持发展不停步、维护安全不懈怠。

坚持人民安全、政治安全、国家利益至上有机统一。人民安全是国家安全的宗旨，政治安全是国家安全的根本，国家利益至上是国家安全的准则。以人民安全为宗旨，就是要坚持以人民为中心，维护人民根本利益，保障人民当家作主各项权利，保障人民生命财产安全和其他合法权益，为人民创造良好生存发展条件和安定生产生活环境。

以政治安全为根本，就是要坚持党的领导和中国特色社会主义制度不动摇，把制度安全、政权安全放在首要位置，为国家安全提供根本政治保证。以国家利益至上为准则，就是要把国家利益作为制定国家安全战略的出发点，牢固树立捍卫国家利益的机遇意识，强化捍卫国家利益的底线思维，创新捍卫国家利益的方式方法，更坚决更有效地维护好捍卫好国家利益尤其是核心利益。要坚持人民安全、政治安全、国家利益至上的有机统一，实现人民安居乐业、党的长期执政、国家长治久安。

坚持维护和塑造国家安全。这是新时代国家安全的基本定位。塑造是更高层次更具前瞻性的维护。当前我国正处于中华民族伟大复兴的关键阶段，也处于从发展中大国迈向社会主义现代化强国的关键时期。新时代国家安全，既要解决好大国发展进程中面临的安全共性问题，更要处理好中华民族伟大复兴关键阶段面临的特殊安全问题。要立足国际秩序大变局来把握规律，立足防范风险大前提来谋划思路，立足我国发展历史机遇期大背景来统筹工作，做到国家利益延伸到哪里，安全保障就跟进到哪里，为国家发展创造良好外部安全环境。

二、维护重点领域国家安全

当今世界正处在大发展大变革大调整时期，充满了希望，也充满了挑战。恐怖主义、民族分裂活动、宗教极端活动、网络安全、气候变化等传统与非传统安全威胁交织蔓延。全面贯彻落实总体国家安全观，着力推进新时代国家安全事业全面发展进步，维护重点领域国家安全是主阵地、主战场。要把确保政治安全作为首要任务，从维护政治安全高度谋划和推进各重点领域国家安全工作；以防控风险为主线，既要防控本领域主要安全风险，又要防范不同领域安全风险叠加共振；落实国家安全政策，织密国家安全网。政治安全、国土安全、经济安全、社会安全、网络安全、外部安全等是国家安全工作的重点领域。

维护政治安全。政治安全攸关党和国家安危，是国家安全的根本。坚持中国共产党的领导，坚持社会主义制度，确保党执政安全，是维护政治安全的根本任务。各种敌对势力从来没有停止对我国实施西化分化战略，从来没有停止对中国共产党领导和我国社会主义制度进行颠覆破坏活动。要切实加强意识形态工作，牢牢掌握意识形态领域的领导权和话语权。要保持头脑清醒，坚决防范和抵御“颜色革命”，坚决遏制西方敌对势力渗透颠覆破坏活动。

维护国土安全。国土安全是立国之基。要提升维护国土安全能力，加强边防、海防、空防建设，周密组织边境管控和海上维权行动，坚决捍卫领土主权和海洋权益。坚决反对一切分裂祖国的活动，深入打击宗教极端势力、民族分裂势力、暴力恐怖势力“三股势力”，坚决防范“藏独”“疆独”，坚决挫败任何形式的“台独”分裂阴谋，全力维护香港、澳门繁荣稳定。

维护经济安全。经济安全是国家安全的基础。要坚持中国特色社会主义基本经济制度不动摇，不断完善社会主义市场经济体制，建设现代化经济体系。打好防范化解金融风险攻坚战，坚决守住不发生系统性金融风险的底线。把发展实体经济作为重中之重，切实解决核心技术受制于人的问题，增强资源安全保障能力。

维护社会安全。社会安全是人民群众安全感的晴雨表，是社会安定的风向标。要大力推进平安中国建设，完善立体化社会治安防控体系，提高社会治理整体水平，注意从源头上排查化解矛盾纠纷。坚决打击恐怖主义，建立健全反恐工作格局，完善反恐工作体系，加强反恐力量建设。要加强公共安全工作，妥善应对重大自然灾害和突发事件，加强安全生产治理，坚决遏制重特大安全事故发生，确保人民生命财产安全。

维护网络安全。网络安全已经成为我国面临的最复杂、最现实、最严峻的非传统安全之一。没有网络安全就没有国家安全，就没有经济社会稳定运行。要坚持自力更生、自主创新，加速推动信息领域核心技术突破。加强关键信息基础设施网络安全防护，加强网络安全信息统筹机制、手段、平台建设，加强网络安全事件应急指挥能力建设，制定网络安全标准，不断增强网络安全防御能力和威慑能力。加强网络安全预警监测，确保大数据安全，实现全天候全方位感知和有效防护。切实维护国家网络空间主权安全，共同构建网络空间命运共同体。

维护外部安全。和平稳定的国际环境和国际秩序是国家安全的重要保障。要切实维护我国海外利益安全，保护海外中国公民、组织和机构的安全和正当权益，不断提高保障能力和水平，努力形成强有力的海外利益安全保障体系。加强安全领域国际合作，坚决支持国际反恐怖斗争，为全球安全治理不断贡献智慧和力量。

□ 思考题

1. 保障和改善民生的主要内容有哪些？
2. 加强和创新社会治理的原则和措施有哪些？
3. 如何理解总体国家安全观的丰富内涵？国家安全工作包括哪些重点领域？

第七章
中国特色社会主义生态文明建设

教学基本要求

1. 了解中国特色社会主义生态文明建设理论与制度。
2. 理解坚持人与自然和谐共生的基本方略。
3. 明确新时代建设美丽中国的主要任务。

第一节　中国特色社会主义生态文明建设理论与制度

生态文明建设是中国特色社会主义事业的重要内容。20 世纪 80 年代初，保护环境已成为我国基本国策。进入 21 世纪，节约资源又成为基本国策。一代又一代中国共产党人在接力探索中逐步形成了中国特色社会主义生态文明建设理论与制度，为推动新时代生态文明建设提供了思想指引和制度保障。党的十八大以来，以习近平同志为核心的党中央进一步提出了关于生态文明建设的一系列新理念新思想新战略，形成了习近平生态文明思想。

一、中国特色社会主义生态文明建设理论

中国特色社会主义生态文明建设理论，是对马克思主义关于生态文明思想的继承和发展，是中国特色社会主义理论体系的重要组成部分。

一是关于建设美丽中国的理论。生态文明是人类社会进步的重大成果，是实现人与自然和谐发展的新要求。历史地看，生态兴则文明

兴，生态衰则文明衰。建设生态文明是中华民族永续发展的千年大计，事关“两个一百年”奋斗目标和中华民族伟大复兴中国梦的实现。建设中国特色社会主义，要把生态文明建设放在突出的战略位置，将其融入经济建设、政治建设、文化建设、社会建设各方面和全过程，坚定地走生产发展、生活富裕、生态良好的文明发展道路，形成人与自然和谐发展现代化建设新格局。

二是关于推进绿色发展的理论。绿色发展是生态文明建设的必然要求，是发展观的一场深刻革命，是世界经济发展的主旋律。绿水青山就是金山银山，要坚决摒弃损害甚至破坏生态环境的发展模式，坚决摒弃以牺牲生态环境换取一时一地经济增长的做法，调整经济结构和能源结构，优化国土空间开发布局，调整区域流域产业布局，培育壮大节能环保产业、清洁生产产业、清洁能源产业，推进资源全面节约和循环利用，倡导简约适度、绿色低碳的生活方式，反对奢侈浪费和不合理消费。

三是关于加快构建生态文明体系的理论。加快建立健全以生态价值观念为准则的生态文化体系，以产业生态化和生态产业化为主体的生态经济体系，以改善生态环境质量为核心的目标责任体系，以治理体系和治理能力现代化为保障的生态文明制度体系，以生态系统良性循环和环境风险有效防控为重点的生态安全体系。通过加快构建生态文明体系，努力实现生态环境质量根本好转。

四是关于建设资源节约型、环境友好型社会的理论。坚持节约资源和保护环境是我国一项基本国策。要树立节约集约循环利用的资源观，推动资源利用方式根本转变，加强全过程节约管理，改变过多依赖增加物质资源消耗、过多依赖规模粗放扩张、过多依赖高能耗高排放产业的发展模式，大幅提高资源利用综合效益。要创新环境治理理念和方式，强化排污者主体责任，形成政府、企业、公众共治的环境治理体系，实现环境质量总体改善，切实解决损害群众健康的突出环境问题。

五是关于以系统工程思路建设生态文明的理论。生态系统是各种自然要素相互依存而实现循环的自然链条，山水林田湖草是生命共同体。推进生态文明建设，要树立大局观、长远观、整体观，统筹兼顾、整体施策，通过优化国土空间开发格局、加快技术创新和结构调整、促进资源节约循环高效利用、加大自然生态系统和环境保护力度、健全生态文明制度体系、加强生态文明建设统计监测和执法监督、加快形成推进生态文明建设的良好社会风尚、切实加强组织领导等多措并举，全方位、全地域、全过程地展开。

六是关于全球生态文明建设的理论。保护生态环境、应对气候变化、维护能源资源安全，是全球面临的共同挑战。国际社会应该携手同行，构筑尊崇自然、绿色发展的全球生态体系，共谋全球生态文明建设之路。中国是负责任的发展中大国，积极承担应尽的国际义务，同世界各国深入开展生态文明领域的交流合作，推进绿色“一带一路”建设，成为全球生态文明建设的重要参与者、贡献者、引领者。

二、中国特色社会主义生态文明制度建设

建设生态文明是一场涉及生产方式、生活方式、思维方式和价值观念的革命性变革。推进生态文明建设，不仅要牢固树立保护生态环境的理念，更重要的是把理念落实在行动上，落实到制度上。只有实行最严格的制度、最严密的法治，建立系统完整的制度体系，才能为生态文明建设提供可靠保障。

当前，我国已经初步建立了一些生态环境保护方面的制度，环境保护的立法和执法取得明显进展。但同时，生态文明制度仍不系统、不完整。依据《中共中央国务院关于加快推进生态文明建设的意见》《生态文明体制改革总体方案》等进一步推进生态文明体制改革的路线图，将生态文明建设纳入制度化、法治化轨道，构建产权清晰、多元参与、激励约束并重、系统完整的生态文明制度体系，主要从以下

方面展开：

健全自然资源资产产权制度。建立统一的确权登记系统，推进确权登记法治化；建立权责明确的自然资源产权体系，明确各类自然资源产权主体权利；健全国家自然资源资产管理体制，建立分级行使所有权的体制，以及开展水流和湿地产权确权试点，着力解决自然资源所有者不到位、所有权边界模糊等问题。

建立国土空间开发保护制度。完善主体功能区制度，健全国土空间用途管制制度，建立国家公园体制，完善自然资源监管体制，着力解决因无序开发、过度开发、分散开发导致的优质耕地和生态空间占用过多、生态破坏、环境污染等问题。

建立空间规划体系。研究建立统一规范的空间规划编制机制，编制统一的空间规划；研究制定市县空间规划编制指引和技术规范，推进市县“多规合一”；探索规范化的市县空间规划编制程序，创新市县空间规划编制方法，构建全国统一、相互衔接、分级管理的空间规划体系，着力解决空间性规划重叠冲突、部门职责交叉重复、地方规划朝令夕改等问题。

完善资源总量管理和全面节约制度。完善最严格的耕地保护制度和土地节约集约利用制度，完善最严格的水资源管理制度，建立能源消费总量管理和节约制度，建立天然林、草原、湿地保护制度和沙化土地封禁保护制度，健全海洋资源开发保护制度和矿产资源开发利用管理制度，完善资源循环利用制度，着力解决资源使用浪费严重、利用效率不高等问题。

健全资源有偿使用和生态补偿制度。加快自然资源及其产品价格改革，完善土地、矿产资源、海域海岛的有偿使用制度，加快资源环境税费改革，探索建立多元化补偿机制，完善生态保护修复资金使用机制，建立耕地草原河湖休养生息制度，着力解决自然资源及其产品价格偏低、生产开发成本低于社会成本、保护生态得不到合理回报等问题。

建立健全环境治理体系。在全国范围建立统一公平、覆盖所有固定污染源的企业排放许可制，建立污染防治区域联动机制和农村环境治理体制机制，健全环境信息公开制度，严格实行生态环境损害赔偿制度，完善环境保护管理制度，着力解决污染防治能力弱、监管职能交叉、权责不一致、违法成本过低等问题。

健全环境治理和生态保护市场体系。培育环境治理和生态保护市场主体，推行用能权、碳排放权、排污权、水权交易制度，建立绿色金融体系和统一的绿色产品体系，着力解决市场主体和市场体系发育滞后、社会参与度不高等问题。

完善生态文明绩效评价考核和责任追究制度。建立生态文明目标体系，建立资源环境承载能力监测预警机制，探索编制自然资源资产负债表，对领导干部实行自然资源资产离任审计，建立生态环境损害责任终身追究制，着力解决发展绩效评价不全面、责任落实不到位、损害责任追究缺失等问题。

改革生态环境监管体制。不断完善生态文明制度体系，推进生态文明领域国家治理体系和治理能力现代化，迫切要求改变目前资源和生态环境领域的管理体制中存在的职责交叉重复、监管者和所有者没有很好区分开的问题。要加强对生态文明建设的总体设计和组织领导，设立国有自然资源资产管理和自然生态监管机构，完善生态环境管理制度，统一行使全民所有自然资源资产所有者职责，统一行使所有国土空间用途管制和生态保护修复职责，统一行使监管城乡各类污染排放和行政执法职责。

第二节　坚持人与自然和谐共生

坚持人与自然和谐共生，是新时代坚持和发展中国特色社会主义的基本方略，充分体现了党对新时代经济社会与自然生态和谐发展规律的深刻认识和准确把握。坚持人与自然和谐共生，要求明晰人与自然休戚与共的生命共同体关系，尊重自然、顺应自然、保护自然，建设人与自然和谐共生的现代化；要求树立和践行绿水青山就是金山银山的理念，努力实现经济社会发展和生态环境保护协同共进。

一、尊重自然、顺应自然、保护自然

人与自然关系是人类生存与发展的基本关系。在人类社会早期，自然界作为一种完全异己的、有无限威力的和不可制服的力量与人类对立，人类和大自然中的动物一样服从于自然的权力，消极地顺从自然和敬畏自然。随着生产工具的改进，人类开发自然、改造自然的能力不断提高。尤其是工业革命的到来，使人类获得了大规模改造自然的能力，“人是万物的尺度”“人类主宰自然”的观念日益增强。人类社会在改造自然、征服自然中获得了快速发展，但同时也引发了严重后果，大气污染、物种减少、土壤沙化、水旱灾害、能源危机等一系列生态环境问题给人类生存造成全面的威胁。从根本上扭转生态环境恶化的趋势，还自然以宁静、和谐、美丽，要求树立人与自然是生命共同体的理念，敬畏自然、尊重自然、顺应自然、保护自然。

人与自然是生命共同体，首先表现为人来自于自然、依赖于自然。人因自然而生，是自然界长期发展的产物，没有自然界就没有人本身。恩格斯指出，“人本身是自然界的产物，是在自己所处的环境中并且和这个环境一起发展起来的”①。“从最初的动物中，主要由于进一步的分化而发展出无数的纲、目、科、属、种的动物，最后发展出神经系统获得最充分发展的那种形态，即脊椎动物的形态，而最后在这些脊椎动物中，又发展出这样一种脊椎动物，在它身上自然界达到了自

① 《马克思恩格斯选集》第 3 卷，人民出版社 2012 年版，第 410 页。

我意识，这就是人。”[①] 马克思也说过：“整个所谓世界历史不外是人通过人的劳动而诞生的过程，是自然界对人来说的生成过程，所以关于他通过自身而诞生、关于他的形成过程，他有直观的、无可辩驳的证明。”[②]

人依赖于自然，靠自然生活。“天地与我并生，而万物与我为一”，自然界是人类生存发展的外部环境，“是人为了不致死亡而必须与之处于持续不断的交互作用过程的、人的身体。”[③] 自然界既为人类提供生产资料，又为人类提供生活资料；既是人类物质生活的基础，又是人类精神生活的基础。从实践领域来看，植物、动物、石头、空气、光，等等，是人的生活和人的活动的一部分。人在肉体上只有靠这些自然产品才能生活，而不管这些产品是以食物、燃料、衣着还是以住房等形式表现出来。从理论领域来看，这些东西一方面作为自然科学的对象，一方面作为艺术的对象，都是人的意识的一部分，是人的精神的无机界，是人必须事先进行加工以便享用和消化的精神食粮。显然，没有自然界，没有外部的感性世界，人什么也不能创造。

其次，人可以认识自然、改造自然，使自然界为自己服务。人来源于自然、依赖于自然，但在自然面前并不是无能为力的。作为有生命的自然存在物，一方面，人和动植物一样是受动的、受制约的和受限制的存在物，另一方面，人又具有自然力、生命力，是能动的自然存在物。人的能动性使人不是像动物那样消极地适应自然来维持自己的生存和发展，而是可以通过认识和利用自然规律、改造自然使自然界为自己服务。“当我们不知道自然规律的时候，自然规律是在我们

---

① 《马克思恩格斯全集》第 20 卷，人民出版社 1971 年版，第 373 页。
② 《马克思恩格斯文集》第 1 卷，人民出版社 2009 年版，第 196 页。
③ 《马克思恩格斯文集》第 1 卷，人民出版社 2009 年版，第 161 页。

的认识之外独立地存在着并起着作用，使我们成为‘盲目的必然性的奴隶’，一经我们认识了这种不依赖于我们的意志和我们的意识而起作用的（如马克思千百次反复说过的那样）规律，我们就成为自然界的主人。”①

人通过他所作出的改变来使自然界为自己的目的服务，来支配自然界，是人同其他动物最后的本质的区别，而造成这一区别的就是劳动。作为使用价值的创造者，劳动首先是人与自然之间的过程，是人以自身的活动来引起、调整和控制人与自然之间的物质变换的过程。通过劳动，人按照对自己有用的方式把那些天然存在的物质财富要素变成适合于自己需要的东西。劳动成为人与自然之间的物质变换，即人类生活得以实现的永恒的自然必然性。在劳动过程中，自然界打上了人类意志的印记，不断地由“自在的自然”转化为“人化的自然”，成为属人的存在，不再完全是异己的、控制着人的盲目的物质力量。与此同时，劳动也改变了人类自身的自然，使人不断从自然奴役中解放出来。

最后，人的活动必须始终遵循自然规律，绝不能凌驾于自然之上。“天育物有时，地生财有限”，人类虽然可以能动地支配自然、改造自然，但必须尊重自然规律，学会更加正确地理解自然规律，学会认识我们对自然界惯常行程的干涉所引起的比较近和比较远的影响，否则就要受到自然界的报复。恩格斯告诫人们：“我们不要过分陶醉于我们人类对自然界的胜利。对于每一次这样的胜利，自然界都对我们进行报复。每一次胜利，起初确实取得了我们预期的结果，但是往后和再往后却发生完全不同的、出乎预料的影响，常常把最初的结果又消除了。……因此我们每走一步都要记住：我们决不像征服者统治异族人那样支配自然界，决不是像站在自然界之外的人似的——相反，我

---

① 《列宁选集》第2卷，人民出版社2012年版，第152—153页。

们连同我们的肉、血和头脑都是属于自然界和存在于自然界之中的；我们对自然界的整个支配作用，就在于我们比其他一切生物强，能够认识和正确运用自然规律。”①

人与自然休戚与共的关系表明，唯有树立尊重自然、顺应自然、保护自然的理念，像保护眼睛一样保护生态环境，像对待生命一样对待生态环境，才能有效防止在开发利用自然上走弯路，让蓝天常在、青山常在、绿水常在，为自身以及子孙后代赢得宝贵的生存空间。

二、建设人与自然和谐共生的现代化

现代化是近代以来中国人一直追求的梦想。新中国成立以后，一代代中国共产党人对如何推进中国的现代化进行了长期不懈的探索和实践。社会主义现代化建设的目标，经历了从建设一个具有现代农业、现代工业、现代国防和现代科学技术的社会主义强国，到富强、民主、文明的社会主义现代化，再到富强、民主、文明、和谐的社会主义现代化，进而是富强、民主、文明、和谐、美丽的社会主义现代化的发展过程。党的十九大提出我们要建设的现代化是人与自然和谐共生的现代化，到2035年要实现生态环境根本好转，美丽中国目标基本实现，到本世纪中叶要把我国建成富强民主文明和谐美丽的社会主义现代化强国，这些目标、任务，体现着党对社会主义现代化发展规律的深刻把握。

建设人与自然和谐共生的现代化，体现了党对现阶段中国社会主要矛盾的准确把握与科学回应。中国特色社会主义进入新时代，我国社会主要矛盾已经转化为人民日益增长的美好生活需要和不平衡不充分的发展之间的矛盾。“不平衡”既包括区域、产业、城乡等方面的不平衡，也包括人与自然发展的不平衡。“不充分”既包括生产力发

① 《马克思恩格斯选集》第3卷，人民出版社2012年版，第998页。

展、科技发展等方面的不充分，也包括绿色发展不充分、高质量高效益发展不充分。顺应人民群众追求美好生活的新期待，不仅要创造更多物质财富和精神财富以满足人民日益增长的美好生活需要，而且要持之以恒推进人与自然和谐共生，提供更多优质生态产品，以满足人民日益增长的优美生态环境需要。

建设人与自然和谐共生的现代化，要求走出一条区别于传统现代化的新道路，将绿色理念贯彻落实于现代化的各领域、全过程，决不走“先污染后治理”的老路。

一是以绿色理念引领新型工业化。工业生产是物质财富的主要来源，工业化是现代国家不可逾越的发展阶段。面临新一轮全球竞争的挑战，要突破中国工业由大转强的资源环境约束，要求以传统工业绿色化改造为重点，以绿色科技创新为支撑，以法规标准制度建设为保障，加快构建绿色制造体系，大力发展绿色制造产业，推动绿色产品、绿色工厂、绿色园区和绿色供应链全面发展，建立健全工业绿色发展长效机制，提高绿色国际竞争力，走高效、清洁、低碳、循环的绿色发展道路，推动工业文明与生态文明和谐共融，实现人与自然和谐发展。

二是让绿色化贯穿农业现代化发展始终。要以绿色生态为导向，以改革创新为动力，以降低利用强度、改善产地环境、发展绿色产品为目标，突出加强重要资源保护，强化重点区域环境治理，促进农业废弃物资源化利用，发展资源节约型、环境友好型、生态保育型农业。同时，坚持保护优先、节约优先，突出重点、分类施策，明确权责、合力推进，改革创新、完善机制的基本原则，提升农业资源永续利用水平，治理农业环境突出问题，改善恢复农业生态功能，推动农业绿色化发展。

三是让城市融入大自然。解决当前城镇化进程中出现的“大城市病”“空城”等问题，要求切实把资源消耗、环境损害、生态效益纳入城镇化发展评价体系，建立绿色城镇化根本性机制保障；生态智慧规划先行，科学选择城镇化发展道路；全面推进绿色建筑和公共交通的发展；综合整治城镇生态环境，建设和谐新城；有效推进企业节能减排，打造淘汰落后产能的全社会导向机制。

三、树立和践行绿水青山就是金山银山的理念

发展是硬道理，是人类永恒的主题。在不同发展阶段上，关于生态环境和经济发展关系的认识不尽相同。第一个阶段是用绿水青山去换金山银山，不考虑或者很少考虑环境的承载能力，一味索取资源。第二个阶段是既要金山银山，但是也要保住绿水青山，这个阶段经济发展和资源匮乏、环境恶化之间的矛盾开始凸显出来，人们意识到环境是生存发展的根本，要留得青山在，才能有柴烧。第三个阶段是认识到绿水青山可以源源不断地带来金山银山，绿水青山本身就是金山银山，就是人的全面发展的重要内容。这三个阶段，是经济增长方式转变的过程，是发展观念不断进步的过程，也是人与自然关系不断调整、趋向和谐的过程。

改革开放以来，我国经济社会发展成效显著，但也付出了巨大的资源环境代价。面对资源环境瓶颈制约的日益突出，建设美丽中国，为人民创造良好生产生活环境，为全球生态安全作出贡献，必须树立和践行绿水青山就是金山银山的理念，将生态优势转化为发展优势。绿水青山就是金山银山体现着人与自然和谐共生的理念。人与自然是生命共同体，人来自于自然、从属于自然。绿水青山是大自然赐予的财富，是人的无机的身体的重要组成部分。以绿水青山为代价一味去追求金山银山，不仅难以持续，而且最终会伤及人类自身。坚持自然价值与人类价值的共融共生，守护好绿水青山，也就拥有了金山银山。

绿水青山与金山银山相辅相成、不可分割。生态环境不仅是人类

生产活动的“财富之母”，提供了土地、森林、水、矿物、石油等资源，而且为经济活动产生的废弃物提供了排放场所和自然净化场所。“鱼逐水草而居，鸟择良木而栖”，加强生态环境保护可以为经济发展提供良好的基础，加快经济发展又可以为生态环境保护提供坚强的保障。生态问题不能用停止发展的办法解决，保护优先不是反对发展，其核心是要正确处理生态环境保护与经济发展的关系，在发展中保护生态环境，用良好的生态环境保证可持续发展。将生态环境优势转化为生态农业、生态工业、生态旅游等生态经济的优势，绿水青山也就变成了金山银山。

绿水青山就是生产力。自然是有价值的，保护自然，就是增殖自然价值和自然资本的过程，就是保护和发展生产力。马克思在《资本论》中指出：“劳动生产率是同自然条件相联系的，这些自然条件都可以归结为人本身的自然（如人种等等）和人的周围的自然。外界自然条件在经济上可以分为两大类：生活资料的自然富源，例如土壤的肥力，鱼产丰富的水域等等；劳动资料的自然富源，如奔腾的瀑布、可以航行的河流、森林、金属、煤炭等等。在文化初期，第一类自然富源具有决定性的意义；在较高的发展阶段，第二类自然富源具有决定性的意义。”① 保护生态环境就是保护生产力，改善生态环境就是发展生产力。克服把保护生态与发展生产力对立起来的传统思维，更加重视生态环境这一生产力的要素，更加尊重自然生态的发展规律，保护和利用好生态环境，才能更好地发展生产力，在更高层次上实现人与自然的和谐。只要金山银山不顾绿水青山，甚至牺牲绿水青山换取金山银山，无异于竭泽而渔、饮鸩止渴。

绿水青山不仅是经济问题，也是政治问题。欧美发达国家在发展中付出了沉重的生态环境代价，经历了“先污染后治理”和把污染产

① 《马克思恩格斯选集》第2卷，人民出版社2012年版，第239页。

业向发展中国家转移的发展路线，对世界环境的破坏和影响至今仍未消除。我国人口多，人均能源资源相对不足，生态环境承载能力有限。经过改革开放以来40年的快速发展，环境污染、生态退化问题十分严峻。不重视生态的政府是不清醒的政府，不重视生态的领导是不称职的领导。生态环境问题的解决考验着党的执政能力，也事关党和政府的形象。不走欧美老路，避开发展陷阱，要求坚持人与自然和谐共生的理念，探索走出一条环境保护新路，实现经济社会发展与生态环境保护的共赢，为子孙后代留下可持续发展的“绿色银行”。

金山银山固然重要，但绿水青山是人民幸福生活的重要内容，是金钱不能代替的。良好生态环境是最公平的公共产品，是最普惠的民生福祉。环境就是民生，青山就是美丽，蓝天也是幸福。当前，人民群众对干净水、清新空气、安全食品、优美环境的需求越来越迫切，安全优质生态产品在群众生活中的地位不断凸显。要自觉把生态纳入民生福祉，大力推进绿色城镇化和美丽乡村建设，着力增加生态产品供给，提高生态服务能力，让良好生态环境成为人民生活质量的增长点。

第三节 建设美丽中国

生态环境保护任重道远。当前，我国生态文明建设正处于压力叠加、负重前行的关键期，已进入提供更多优质生态产品以满足人民日益增长的优美生态环境需要的攻坚期，也到了有条件有能力解决生态环境突出问题的窗口期。建设美丽中国，要求坚持人与自然和谐共生、绿水青山就是金山银山、良好生态环境是最普惠的民生福祉、山水林田湖草是生命共同体、用最严格制度最严密法治保护生态环境、共谋全球生态文明建设六项原则，加快绿色发展步伐，着力解决突出环境问题，加大生态系统保护力度，不断开创生态文明建设新局面。

一、推进绿色发展

绿色是生命的象征、大自然的底色。面对生态破坏严重、生态灾害频繁、生态压力巨大等突出问题，应坚持走生态优先、绿色发展之路，成为推进美丽中国建设，实现中华民族永续发展的必然选择。

加快建立绿色生产和消费的法律制度和政策导向。实现绿色发展，离不开相关的法律制度和政策。法律制度和政策不仅为绿色发展提供了依据和保障，也为绿色发展指明了方向。环境保护法、水污染防治法、大气污染防治法、森林法、草原法、矿产资源法等一系列法律法规的实施，关于优化空间布局、强力推进节能减排、加快发展循环经济等一系列政策的出台，有力推进了绿色发展。但随着经济社会快速发展，这些法律制度和政策在可操作性和可执行性方面需要进一步调整和完善。继续推进绿色发展，要进一步推进水、大气、土壤污染防治以及节水、节约能源、循环经济促进等法律法规的修订；建立统一的绿色产品标准、认证、标识体系；推行绿色信贷、绿色税收；实行保基本、促节约的居民用水、用气等阶梯价格制度，推进生活方式绿色化。

建立健全绿色低碳循环发展的经济体系。推动绿色增长、实施绿色新政是全球主要经济体的共同选择。发达国家纷纷出台促进绿色产业发展的战略，谋划经济结构深度调整。近年来，发展中国家也加大科技投入，将绿色发展作为经济转型升级的必由之路。推进绿色发展也是我国经济转型升级的必由之路。一方面，要运用绿色低碳技术改造提升传统优势产业，尤其是能源消耗、资源消耗等突出的钢铁、煤炭、造纸、纺织、印染等传统行业，加快构建高效节能低碳循环的绿色制造体系，促进传统产业向绿色产业转型升级。另一方面，以绿色低碳技术创新和应用为重点，引导绿色消费，推广绿色产品，大幅提升新能源汽车和新能源的应用比例，全面推进高效节能、先进环保和资源循环利用产业体系建设，推动新能源汽车、新能源和节能环保等绿色低碳产业成为支柱产业。

推进能源生产和消费革命，构建清洁低碳、安全高效的能源体系。能源安全是关系国家经济社会发展的全局性、战略性问题。经过长期发展，我国已成为世界上最大的能源生产国和消费国，形成了煤炭、电力、石油、天然气、新能源、可再生能源全面发展的能源供给体系，技术装备水平明显提高，生产生活用能条件显著改善，但同时我国也面临着能源需求压力巨大、能源供给制约较多、能源生产和消费对生态环境损害严重、能源技术水平总体落后等挑战。面对能源供需格局新变化、国际能源发展新趋势，为保障国家能源安全，必须推动能源生产和消费革命。一是推动能源消费革命，抑制不合理能源消费，加快形成能源节约型社会。二是推动能源供给革命，形成多轮驱动的能源供应体系，同步加强能源输配网络和储备设施建设。三是推动能源技术革命，以绿色低碳为方向，分类推动技术创新、产业创新、商业模式创新，并同其他领域高新技术紧密结合，把能源技术及其关联产业培育成带动我国产业升级的新增长点。四是推动能源体制革命，形成主要由市场决定能源价格的机制，建立健全能源法治体系。五是全方位加强国际合作，有效利用国际资源，实现开放条件下的能源安全。

推进资源全面节约和循环利用，实施国家节水行动，降低能耗、物耗，实现生产系统和生活系统循环链接。资源是经济发展之本。我国资源总量大、人均少、质量不高，主要资源人均占有量与世界平均水平相比普遍偏低。全面节约和循环利用资源，才能有效破解我国发展面临的资源难题，实现绿色发展的目标。一是要树立节约优先的理念。要时时处处把节约放在前面，培育节约意识，养成行为自觉，形成有利于资源节约和高效利用的空间格局、产业结构、生产方式、消费模式。二是加强耕地、水、矿产等资源保护。坚持最严格的耕地保护制度和最严格的节约用地制度，像保护大熊猫一样保护耕地，着力加强耕地数量、质量、生态“三位一体”保护，着力加强耕地管控、建设、激励多措并举保护，依法加强耕地占补平衡规范管理。落实最严格的水资源管理制度，实施全民节水行动计划，加快非常规水资源利用，实施雨洪资源利用、再生水利用等工程。强化矿产资源规划管控，大力推进绿色矿山和绿色矿业发展示范区建设，完善优势矿产限产保值机制，建立矿产资源国家权益金制度，健全矿产资源税费制度。三是实施循环发展引领计划，推进生产和生活系统循环链接，加快废弃物资源化利用。按照物质流和关联度统筹产业布局，推进园区循环化改造，建设工农复合型循环经济示范区。推进城市矿山开发利用，做好工业固废等大宗废弃物资源化利用，加快建设城市餐厨废弃物、建筑垃圾和废旧纺织品等资源化利用和无害化处理系统，规范发展再制造。实行生产者责任延伸制度。健全再生资源回收利用网络，加强生活垃圾分类回收与再生资源回收的衔接。

倡导简约适度、绿色低碳的生活方式。绿色生活方式是绿色发展重要的实践途径。推动形成绿色生活方式，一是强化生活方式绿色化理念，推动全民在衣、食、住、行、游等方面加快向勤俭节约、绿色低碳、文明健康的方式转变。二是倡导勤俭节约的消费观，积极引导消费者购买节能环保低碳产品，倡导绿色生活和休闲模式，严格限制发展高耗能服务业，坚决抵制和反对各种形式的奢侈浪费、不合理消费，使绿色生活、勤俭节约成为全社会的自觉习惯。三是强化相关政策机制创新，增强绿色供给，推进绿色包装，促进绿色采购，开展绿色回收，引导绿色饮食，推广绿色服装，倡导绿色居住，鼓励绿色出行。四是全面构建推动生活方式绿色化全民行动体系，开展创建节约型机关、绿色家庭、绿色学校、绿色社区和绿色出行等行动；不断创新和丰富活动载体，积极打造推动生活方式绿色化的品牌活动和亮点工程。五是广泛宣传典型经验、典型人物，提高公众节约意识、环境意识、生态意识，形成生态文明建设人人有责、生态文明规定人人遵守的新局面。

二、着力解决突出环境问题

环境是人类生存的基础，保护环境就是保护我们自己。改革开放以来，环境治理力度不断加强，环境状况得到一定改善。但从总体上看，改革开放40年来快速发展中累积的资源环境约束日益趋紧，环境保护仍然处于补短板的关键阶段，环境污染重、环境风险高。依据《2017中国生态环境状况公报》《全国国土规划纲要（2016—2030年）》等文件公布的数据，环境质量与人民群众期待还有很大差距。具体到大气、水、土壤和自然生态几个方面来看，主要表现是：

在大气环境质量方面，2017年，全国338个地级及以上城市中，有99个城市环境空气质量达标，占全部城市数的29.3%；239个城市环境空气质量超标，占70.7%。338个城市发生重度污染2 311天次、严重污染802天次，以PM2.5为首要污染物的天数占重度及以上污染天数的74.2%。其中，有48个城市重度及以上污染天数超过20天。

在水环境质量方面，从全国地表水水质类别来看，2017年，全国地表水1 940个水质断面（点位）中，Ⅰ～Ⅲ类水质断面（点位）1 317个，占67.9%；Ⅳ、Ⅴ类462个，占23.8%；劣Ⅴ类161个，占8.3%。与2016年相比，Ⅰ～Ⅲ类水质断面（点位）比例上升0.1个百分点，劣Ⅴ类下降0.3个百分点。其中，Ⅰ类和Ⅱ类水质可用于饮用水源一级保护区、珍稀水生生物栖息地、鱼虾类产卵场、仔稚幼鱼的索饵场等；Ⅲ类水质可用于饮用水源二级保护区、鱼虾类越冬场、洄游通道、水产养殖区、游泳区。Ⅳ类水质可用于一般工业用水和人体非直接接触的娱乐用水，Ⅴ类水质可用于农业用水及一般景观用水，劣Ⅴ类水质除调节局部气候外，几乎无使用功能。从流域水质来看，我国大江大河干流水质总体良好，但支流水质相对较差，部分流域劣

Ⅴ类断面比例不降反升。湖库总磷污染问题突出，不少流经城镇的河流沟渠污染严重。

在土壤环境质量方面，2016年，我国土壤总的点位超标率为16.1%。污染类型以无机污染为主，有机污染次之，复合型污染比重较小。在不同土地利用类型中，耕地、林地、草地、未利用地土壤点位超标率分别为19.4%、10.0%、10.4%、11.4%。长江三角洲、珠江三角洲、东北老工业基地等部分区域土壤污染问题较为突出，西南、中南地区土壤重金属超标范围较大。镉、汞、砷、铅4种无机污染物含量分布呈现从西北到东南、从东北到西南方向逐渐升高的态势。工矿企业及其周边土壤环境问题突出，抽样显示，污染企业及其周边点位超标率为36.3%、工业废弃地为34.9%、工业园区为29.4%。

在自然生态方面，2016年，2 591个县域中，生态环境质量为“优”“良”“一般”“较差”和“差”的县域分别有534个、924个、766个、341个和26个。“优”和“良”的县域面积占国土面积的42.0%，主要分布在秦岭—淮河以南及东北的大小兴安岭和长白山地区；“一般”的县域占24.5%，主要分布在华北平原、黄淮海平原、东北平原中西部和内蒙古中部；“较差”和“差”的县域占33.5%，主要分布在内蒙古西部、甘肃中西部、西藏西部和新疆大部。在生物多样性方面，2016年，约44%的野生动物种群数量呈下降趋势，野生动植物种类受威胁比例达15%~20%，生物多样性降低；已发现560多种外来入侵物种，且呈逐年上升趋势。2016年，在监测的21个典型海洋生态系统中，处于健康、亚健康和不健康状态的海洋生态系统个数分别占生态系统总数的23.8%、66.7%和9.5%。

这些问题的存在，不仅制约着经济社会的可持续发展，而且影响到人民群众的生活质量和身体健康。着力解决突出环境问题，成为满足人民群众日益增长的优美生态环境需要的内在要求。近年来，我国社会生产力水平明显提高，我国社会主要矛盾已经发生转化，严重的生态环境问题成为民生之患、民心之痛。让良好生态环境成为人民群众获得感的增长点，要求着力解决突出环境问题，提供更多优质生态产品。

着力解决突出环境问题，是决胜全面建成小康社会的重大任务。小康全面不全面，生态环境质量是关键。当前，我国已进入全面建成小康社会决胜阶段，但仍存在着生态环境保护滞后于经济社会发展的问题。环境承载能力已经达到或接近上限，环境污染重、生态受损大、环境风险高，成为全面建成小康社会的突出短板。坚决打好污染防治的攻坚战，确保实现全面建成小康社会的环境目标，才能使全面建成小康社会得到人民认可，经得起历史检验。

着力解决突出环境问题，是积极参与全球环境治理的要求。环境危机是全球性挑战。当前，我国日益走近世界舞台中央，并将在国际事务中发挥更加积极主动的作用。必须着力解决突出环境问题，合理承担国际责任和义务，与世界各国共同应对全球环境挑战，增强我国在全球环境治理体系中的话语权和影响力，让良好的生态环境成为展现我国良好形象的发力点。

聚焦环境保护的重点领域、关键问题和薄弱环节，推进大气、水和土壤的污染治理，打赢环境治理攻坚战，是当前着力解决突出环境问题的重点任务。

首先，坚持全民共治、源头防治，持续实施大气污染防治行动，打赢蓝天保卫战。蓝天白云是人们对美丽中国最朴素的理解，治理大气污染、改善空气质量，一是要优化产业结构和布局。产业结构、能源结构、交通结构和生活方式等方面的问题是造成大气污染的主要原因，要扎实推进供给侧结构性改革，严格执行环保等标准，着力推动“散乱污”企业整治、重点行业污染源治理，加快不达标产能依法关停退出，加强机动车尾气治理，提高铁路货运量，降低公路货运量。二是要积极推进区域协调治理。大气污染的特殊性决定了依靠个别地方进行污染防治难以有效改善空气质量，要深化重点区域大气污染联防联控，推动社会公众参与大气污染防治，树立全社会“同呼吸、共奋斗”的行为准则。三是强化科技支撑。促进科技成果转化，支持大气污染防治的科学技术研究，推动科技信息资源的开放共享，建立重污染天气监测预警体系，完善重污染天气应急预案。

其次，加快水污染防治。水是生存之本、文明之源、生态之要。推进水污染治理，保护水环境，一是要系统推进水环境治理、水生态修复、水资源管理和水灾防治，抓好重点流域、近岸海域污染防治，大力整治不达标水体、黑臭水体和纳污坑塘，严格保护良好水体和饮用水水源，加强地下水污染综合防治。二是实施流域环境综合治理和管理，将流域作为管理单元，统筹上下游、左右岸、陆地水域，推进按流域设置环境监管和行政执法机构试点，增强流域环境监管和行政执法的独立性、统一性、有效性和权威性。三是要加强近岸海域污染治理，按照“从山顶到海洋”“海陆一盘棋”的理念，统筹陆域和海域污染防治工作，推动生态保护区域联动，增强近岸海域污染防治和生态保护的系统性、协同性。

最后，强化土壤污染管控和修复。土壤是一切生物繁衍生息的根基，是人类社会可持续发展的基础性资源。解决严峻的土壤环境问题，改善土壤质量，一是要以农用地和重点行业企业用地为重点，开展土壤污染状况详查。二是要加强固体废弃物和垃圾处置，加快建立生活垃圾分类处理系统，提高危险废弃物处置水平，夯实化学品风险防控基础，防止污染土壤和地下水。三是要实施农用地土壤环境分类管理和建设用地准入管理，开展土壤污染治理与修复。四是开展农村人居环境整治行动，建设美丽乡村；推进农业清洁生产，深入开展化肥、农药零增长行动，加大畜禽养殖废弃物和农作物秸秆综合利用力度。

三、加大生态系统保护力度

山水林田湖草是个生命共同体。建设美丽中国，加大生态环境保护力度，要按照自然生态的整体性、系统性及其内在规律，坚持保护优先、自然恢复为主，实施重要生态系统保护和修复工程，优化生态安全屏障体系，构建生态廊道和生物多样性保护网络，全面提升生态系统质量和稳定性。

树立底线思维，完成生态保护红线、永久基本农田、城市开发边界三条控制线划定工作，优化生产空间、生活空间、生态空间。一是完成生态保护红线划定工作。生态保护红线是保障和维护国家生态安全的底线和生命线，是全国“一张图”管好生态环境的基础。划定并严守生态保护红线，才能确保生态功能不降低、面积不减少、性质不改变，维护国家生态安全，促进经济社会可持续发展。实现2020年年底前全面完成全国生态保护红线划定任务的目标，要求加强部门间沟通协调，上下联动、形成合力，确保划得实、守得住。二是完成永久基本农田划定工作。永久基本农田是耕地中的精华，不仅关系着国家粮食安全和农民权益，而且是自然生态特别是农业生态系统的重要组成部分，发挥着湿地、绿地、景观等多种生态功能。永久基本农田划定已经取得了阶段性成果，但也存在着“划远不划近、划劣不划优”等现象。要按照“依法依规、规范划定，统筹规划、协调推进，保护优先、优化布局，优进劣出、提升质量，特殊保护、管住管好”五项原则，落实15.46亿亩永久基本农田划定任务，划准、管住、建好、守牢永久基本农田。三是完成城市开发边界划定工作。城市开发边界是一定时期内可以进行城市开发和集中建设的地域空间边界。合理划定城市开发边界，不仅有利于推动城市发展由外延式扩张向内涵式发展转变，而且是保护好优质耕地和生态环境底线，形成生态、农业、城镇合理空间结构的客观要求。对特大城市、超大城市和资源环境超载的城市，要加快划定永久性开发边界，形成空间硬约束，其他城市可以分期划定，促进集约发展。

推进重点区域生态修复。实施大规模生态保护和修复工程，是世界许多国家改善生态的成功经验，它使受到破坏的生态系统得以朝着良性方向恢复，由失衡走向平衡。我国的京津风沙源治理工程、三江源生态保护和建设工程、三北防护林体系建设工程等生态保护和修复工程使不堪重负的森林、湿地、草地等生态系统得到了休养生息，取得了显著的生态、经济和社会效益。继续实施重要生态系统保护和修复工程，已经成为维护国家生态安全的战略支撑，其主要任务有：修复长江生态环境摆在压倒性位置，共抓大保护，不搞大开发，实施好长江防护林体系建设、水土流失及岩溶地区石漠化治理、退耕还林还草、水土保持、河湖和湿地生态保护修复等工程，增强水源涵养、水土保持等生态功能；继续实施京津风沙源治理二期工程；强化三江源等江河源头和水源涵养区生态保护；加大南水北调水源地及沿线生态走廊、三峡库区等区域生态保护力度，推进沿黄生态经济带建设；支持甘肃生态安全屏障综合示范区建设；完善国家地下水监测系统，开展地下水超采区综合治理；建立沙化土地封禁保护制度；有步骤对居住在自然保护区核心区与缓冲区的居民实施生态移民。

优化生态安全屏障体系。生态安全是国家安全的重要组成部分，关系国家长治久安和经济社会的可持续发展。全国主体功能区规划明确了我国以“两屏三带”为主体的生态安全战略格局，即以青藏高原生态屏障、黄土高原川滇生态屏障、东北森林带、北方防沙带和南方丘陵山地带以及大江大河重要水系为骨架，以其他国家重点生态功能区为重要支撑，以点状分布的国家禁止开发区域为重要组成部分的生态安全战略格局。优化生态安全屏障体系，要求青藏高原生态屏障重点保护好多样独特的生态系统，黄土高原川滇生态屏障重点加强水土流失防治和天然植被保护，东北森林带重点保护好森林资源和生态多样性，北方防沙带重点加强防护林建设、草原保护和防风固沙，南方丘陵山地带重点加强植被修复和水土流失防治。

构建生态廊道和生物多样性保护网络。划定生态保护红线要求统筹考虑自然生态整体性和系统性，注重山脉、河流、地貌单元、植被等自然边界以及生态廊道的连通性，加强跨区域间生态保护红线的有序衔接。区域间彼此隔离、缺乏连接，不可避免地会破坏生态系统，减弱调蓄涵养等生态功能。实现保障国家生态安全的根本目标，要求加强重点生态功能区保护与管理，以主要的山脉、江河、海岸带等防护林体系为脉络，构建形成大尺度国家生态廊道，提高生态保护区域的连通性；强化生态质量及生物多样性提升体系，通过实施生物多样性保护重大工程、加强生物遗传资源保护与生物安全管理、推进生物多样性国际合作与履约、研究建立生态系统和生物多样性预警体系等措施，使生态空间得到保障，生态质量有所提升，生态功能有所增强，生物多样性下降速度得到遏制，提升生态系统稳定性和生态服务功能。

□ 思考题

1. 为什么必须把生态文明建设融入经济建设、政治建设、文化建设、社会建设各方面和全过程？

2. 在现代化进程中为什么会出现先污染、后治理的现象？怎样建设人与自然和谐共生的现代化？

3. 如何认识绿水青山就是金山银山？

4. 如何理解建设美丽中国的主要任务？

第八章

坚持和平发展道路与构建人类命运共同体

教学基本要求

1. 了解当今时代主题以及中国同世界关系的历史性变化。
2. 认识中国坚持走和平发展道路的意义。
3. 把握中国特色大国外交对推动构建新型国际关系的作用。
4. 领会构建人类命运共同体的内涵和意义。

第一节　当代中国同世界关系的历史性变化

当今世界，国际关系纷繁复杂，形势多变，但和平与发展仍是时代主题。改革开放以来，中国特色社会主义建设取得了举世瞩目的成就，中国的综合国力、国际地位、国际影响力有了前所未有的提升。中国正日益走近世界舞台中央，中国的前途同世界的前途日益紧密地联系在一起。

一、世界正处于大发展大变革大调整时期

当今世界正处在大发展大变革大调整时期。世界多极化、经济全球化、社会信息化、文化多样化深入发展，新一轮科技革命和产业革命正在孕育成长，新兴市场国家和广大发展中国家快速发展，全球治理体系和国际秩序变革加速推进。所有这一切，已经并正在深刻影响和改变着世界格局，并给各国发展和国际关系带来深远影响。

一是世界多极化趋势进一步加强。国际力量对比出现新的此消彼长，多极化趋势有了新的发展。新兴大国继续保持发展势头，联合自强的意识增强。金砖国家等合作机制进入新的发展阶段，日益成为全球需求和消费增长的重要引擎、解决全球性问题的利益攸关方。虽然西方发达国家在国际体系中仍处于主导地位，但西方发达国家分化趋势明显，新兴市场国家和广大发展中国家的国际影响力正在提升，世界多极化向前推进的态势进一步加强。

二是经济全球化深入发展。经济全球化是社会生产力发展的客观要求和科技进步的必然结果，为世界经济增长提供了强劲动力，促进了商品和资本流动、科技和文明进步、各国人民交往，这符合各国共同利益。当前，世界经济仍处于深度调整期，复苏动力不足，主要经济体走势和政策取向继续分化，经济环境的不确定性依然突出。尽管全球范围内保护主义明显升温，但随着中国、印度等国家在全球经济体系中作用日益凸显，经济全球化的规模正在空前扩大。全球范围配置生产要素以空前的速度和规模持续发展，各经济体相互依赖、相互联系的程度日益加深，全球化趋势不可逆转。

三是社会信息化持续推进。当今世界，信息技术革命日新月异，对政治、经济、文化、社会、军事等领域的发展产生了深刻影响。互联网日益成为创新驱动发展的先导力量，深刻改变着人们的生产生活方式，有力推动着社会发展。互联网真正让世界变成了地球村，让国际社会联系越来越紧密。社会信息化与经济全球化所带来的商品流、信息流、技术流、人才流、文化流汹涌而来，势不可挡。同时，互联网发展对国家主权、安全、发展利益提出了新挑战，迫切需要国际社会认真应对、谋求共治、实现共赢。

四是文化多样化及其碰撞和交融呈现新特点。思想文化是一个国家、一个民族的灵魂。每个国家、每个民族不分强弱、不分大小，其思想文化都应该得到承认和尊重。当今世界，文化与经济、政治的联系日益紧密，越来越多的国家把提高国家文化软实力作为重要发展战略。世界范围内各种思想文化交流交融交锋更加频繁，国际思想文化领域的斗争依然深刻而复杂。

五是新一轮科技革命和产业革命正在孕育成长。这既给人类社会发展带来新的机遇，也提出前所未有的挑战。从全球范围看，科学技术越来越成为推动经济社会发展的主要力量，创新驱动是大势所趋。在新一轮科技革命和产业变革中，信息技术、生物技术、新材料技术、新能源技术广泛渗透，带动许多领域发生了以绿色、智能、泛在为特征的群体性技术革命。科技创新链条更加灵巧，技术更新和成果转化更加快捷，产业更新换代不断加快。科技创新活动不断突破地域、组织、技术的界限演化为创新体系的竞争，创新战略在综合国力竞争中的地位日益重要。

六是全球治理体系变革加速推进。2008 年国际金融危机发生以来，新兴市场国家和一大批发展中国家快速发展，国际影响力不断增强。与此同时，国际格局以西方占主导、国际关系理念以西方价值观为主要取向的“西方中心论”已难以为继，西方的治理理念、体系和模式越来越难以适应新的国际格局和时代潮流，各种弊端日益凸显。和平赤字、发展赤字、治理赤字的严峻挑战以及国际力量对比的变化，加速推动了全球治理体系变革。

认识和把握当今世界，需要树立世界眼光，顺应世界发展潮流，把握时代脉搏，看清当今世界的风云变幻，从林林总总的表象中发现本质，认清长远趋势。既要充分估计国际格局发展演变的复杂性、世界经济调整的曲折性、国际矛盾和斗争的尖锐性，更要看到世界多极化向前推进的态势不会改变、经济全球化进程不会改变、国际体系变革方向不会改变。

二、和平与发展仍然是时代主题

正确认识和把握时代主题，是党和国家制定国内发展战略以及外交战略方针和外交政策的一个基本出发点，也是当代中国发展的重要经验之一。党的十九大报告指出："世界正处于大发展大变革大调整时期，和平与发展仍然是时代主题。"这是在对时代趋势和世界形势进行全面深刻分析的基础上得出的科学论断。

改革开放之初，邓小平科学地分析当时国际局势的变化和人类社会发展的要求，作出了"和平和发展是时代主题"的科学论断，扭转了战争不可避免且迫在眉睫的固有观念，为党制定正确的战略策略提供了理论依据，顺利实现了党和国家工作重心的转移，全党全国人民集中力量搞经济建设，有力地推进了经济发展和社会进步。可以说，邓小平对时代主题的科学判断，是改革开放以来我国经济社会快速发展、中华民族大踏步赶上世界发展潮流的重要前提。

当今世界正在发生深刻复杂的变化，但和平与发展仍是时代主题。一方面，经济全球化趋势不可逆转，随着商品、资金、信息、人才的高度流动，科技的迅猛发展，各个国家、各个民族相互联系和依存日益加深，形成了"你中有我、我中有你"的命运共同体。另一方面，世界多极化趋势不断发展，一大批新兴市场国家和发展中国家走上发展的快车道，十几亿、几十亿人口正在加速走向现代化，多个发展中心在世界各地区逐渐形成，爱好和平、推进发展的力量持续增长，国际力量对比继续朝着有利于世界和平与发展的方向发展。世界和平力量的上升远远超过战争因素的增长，和平、发展、合作、共赢的时代潮流更加强劲。冷战思维、零和博弈、阵营对抗愈发陈旧落伍，已不符合时代要求。大国全面冲突对抗只会造成两败俱伤，和平发展大势不可逆转，全世界爱好和平的力量在不断增长。同时，人类正处在一个挑战层出不穷、风险日益增多的时代，攸关人类命运和经济社会可持续发展的全球性问题日益突出，发展已经成为解决各个国家内部以及国际社会矛盾和问题的主要途径，各个国家加快自身发展的要求更加迫切。和平与发展是世界各国人民的共同要求，但维护世界和平、促进共同发展依然任重道远。

虽然和平与发展的时代主题并没有改变，但和平与发展的内涵和实现方式还是在发展变化之中，和平与发展面临着许多新的严峻挑战。从“和平”方面来讲，国际恐怖主义、民族分裂势力、网络安全威胁等非传统安全因素日益成为对世界和平的重要威胁；地区冲突和战争此起彼伏已成为影响世界和平的最主要因素之一，维护世界和平的任务更加繁重。从“发展”方面来看，各个国家的发展更加紧密地联系在一起，每个国家都不能独善其身，要更加重视公平发展、开放发展、全面发展、创新发展，各国都应成为全球发展的参与者、贡献者、受益者。

面向未来，顺应时代潮流，各国需要平等相待、合作共赢、共同发展，相互尊重自主选择的社会制度和发展道路，尊重彼此核心利益和重大关切，客观理性地看待别国发展壮大和政策理念，努力求同存异、聚同化异。要摒弃零和游戏、你输我赢的旧思维，树立双赢、共赢的新理念，在追求自身利益时兼顾他方利益，在寻求自身发展时促进共同发展。各国应该合作应对人类共同面临的问题和挑战，走共商、共建、共享、共赢之路。

三、中国日益走近世界舞台中央

改革开放以来，中国社会主义现代化建设取得了举世瞩目的成就，综合国力不断增强，国际地位和国际影响力空前提升，成为国际社会中不可或缺的重要力量。

中国成为拉动世界经济增长的最大引擎。截至 2018 年 4 月，中国已经成为世界第二大经济体、第一大工业国、第一大货物贸易国、第一大外汇储备国。改革开放的 40 年时间里，按照可比价格计算，中国国内生产总值年均增长约 9.5%；以美元计算，中国对外贸易额年均增长 14.5%。中国作为全球具有重要影响的最大新兴经济体，也给国际社会带来了更多机遇，成为世界经济增长的重要推动力量。特别是在有效应对国际金融危机方面，中国不仅对国内经济，而且对区域经济乃至世界经济都产生了积极影响。国际金融危机和欧洲主权债务危机发生后，中国与国际社会一道，为世界经济稳定、复苏作出重要贡献。根据联合国 2015 年《千年发展目标报告》显示，中国对全球减贫事业贡献率达 70%。

中国积极参与全球治理体系改革和建设，成为全球治理变革进程的参与者、推动者、引领者。随着全球性挑战增多，加强全球治理、推进全球治理体制变革已是大势所趋。这不仅事关应对各种全球性挑战，而且事关给国际秩序和国际体系定规则、定方向；不仅事关对发展制高点的争夺，而且事关各国在国际秩序和国际体系长远制度性安排中的地位和作用。作为负责任的大国，在重大国际和地区热点问题上，中国坚持劝和促谈，发挥了建设性作用。中国积极参与维和行动，是派出维和人员最多的联合国安理会常任理事国。中国与国际社会共同努力，积极应对全球性挑战。中国提出建立以合作共赢为核心的新型国际关系、坚持正确义利观、构建人类命运共同体等理念和举措，顺应了时代潮流，符合各国利益，增加了我国同各国利益汇合点，为全球治理体系的改革和建设不断贡献着智慧和力量。

第二节　坚持和平发展道路

改革开放以来，中国共产党依据国际国内形势变化，不断赋予中国外交新的内容。党的十八大以来，以习近平同志为核心的党中央深刻把握新时代中国和世界发展大势，在对外工作上进行了一系列重大理论和实践创新，形成了习近平新时代中国特色社会主义外交思想，概括起来主要有以下十个方面：坚持以维护党中央权威为统领加强党对对外工作的集中统一领导，坚持以实现中华民族伟大复兴为使命推进中国特色大国外交，坚持以维护世界和平、促进共同发展为宗旨推动构建人类命运共同体，坚持以中国特色社会主义为根本增强战略自信，坚持以共商共建共享为原则推动“一带一路”建设，坚持以相互尊重、合作共赢为基础走和平发展道路，坚持以深化外交布局为依托打造全球伙伴关系，坚持以公平正义为理念引领全球治理体系改革，坚持以国家核心利益为底线维护国家主权、安全、发展利益，坚持以对外工作优良传统和时代特征相结合为方向塑造中国外交独特风范。习近平新时代中国特色社会主义外交思想为开创中国特色大国外交新局面提供了根本遵循和行动指南。坚持和平发展、促进民族复兴，是这一思想的主线。坚持走和平发展道路是中国根据时代发展潮流和国家根本利益作出的战略抉择。

一、奉行独立自主的和平外交政策

中国奉行独立自主的和平外交政策是历史的必然选择，是从对历史、现实、未来的客观判断中得出的结论。中国走和平发展道路的自信和自觉，来源于中华文明的深厚渊源，来源于对实现中国发展目标条件的认知，来源于对世界发展大势的把握。中华文明始终崇尚和平，和平、和睦、和谐的追求深深植根于中华民族的精神世界之中，深深溶化在中国人民的血脉之中。

独立自主的和平外交是新中国成立以来我国一贯倡导的政策原则。1949 年 9 月 29 日通过的《中国人民政治协商会议共同纲领》指出，中华人民共和国外交政策的原则是：为保障本国独立、自由和领土主权的完整，拥护国际的持久和平和各国人民间的友好合作，反对帝国主义的侵略政策和战争政策。1954 年通过的新中国第一部宪法也明确提出，在国际事务中，我国坚定不移的方针是为世界和平和人类进步的崇高目的而努力。在社会主义建设不断推进的历史进程中，虽然中国外交进行过重大战略调整，但始终不渝地奉行独立自主的和平外交政策。

中国奉行独立自主的和平外交政策的基本目标是维护中国的独立、主权和领土完整，为改革开放和现代化建设创造一个良好国际环境，维护世界和平，促进共同发展。其主要内容包括：始终奉行独立自主的原则；反对霸权主义，维护世界和平；主张顺应世界多极化和经济全球化的历史潮流，积极推动建立公正合理的国际政治经济秩序；愿意在互相尊重主权和领土完整、互不侵犯、互不干涉内政、平等互利、和平共处五项原则的基础上，同所有国家建立和发展友好合作关系；实行全方位的对外开放政策，愿在平等互利原则的基础上，同世界各国和地区广泛开展贸易往来、经济技术合作和科学文化交流，促进共同繁荣；积极参与多边外交活动，做维护世界和平和地区稳定的坚定力量。

中国奉行独立自主的和平外交政策，坚持走和平发展道路。和平发展道路归结起来就是：既通过维护世界和平发展自己，又通过自身发展维护世界和平；在强调依靠自身力量和改革创新实现发展的同时，坚持对外开放，学习借鉴别国长处；顺应经济全球化发展潮流，寻求与各国互利共赢和共同发展；同国际社会一道努力，推动建设持久和平、共同繁荣的和谐世界。中国的和平发展道路最鲜明的特征，就是坚持科学发展、自主发展、开放发展、和平发展、合作发展、共同发展。中国和平发展的不懈追求是对内求发展、求和谐，对外求合作、求和平，通过中国人民的艰苦奋斗和改革创新，通过同世界各国长期友好相处、平等互利合作，让中国人民过上美好生活，并为全人类发展进步作出应有贡献。

以独立自主的和平外交政策为体现的和平发展道路，是中国这个世界上最大的发展中国家探索出的一条新型发展道路。世界繁荣稳定是中国的机遇，中国发展也是世界的机遇。和平发展是中国基于自身国情、社会制度、文化传统作出的战略抉择，顺应时代潮流，符合中国根本利益，符合周边国家利益，符合世界各国利益。中国愿意同世界各国人民和睦相处、和谐发展，共谋和平、共护和平、共享和平。随着时间的推移，这条道路已经并将继续显示出其世界意义，对世界的和平与发展产生深远影响。

二、坚决捍卫国家核心利益

国家核心利益是特定国家最根本、最重要的利益，是主权国家生存和发展的前提和基础。不同国家不同历史时期的国家核心利益包含不同的具体内容。中国的国家核心利益包括国家主权、国家安全、领土完整、国家统一、国家政治制度和社会大局稳定、经济社会可持续发展的基本保障等内容。我国是人民当家作主的社会主义国家，国家和人民的根本利益是一致的，维护国家核心利益就是维护最广大人民群众的根本利益。维护国家核心利益的意义在于维护构成我们国家的基本要素，为我国社会主义建设创造和平稳定的国际国内环境。

中国坚定不移走和平发展道路，始终不渝倡导合作共赢理念，这是中国外交的神圣使命。中国决不会以牺牲别国利益为代价来发展自己，也决不放弃自己的正当权益，任何势力不要幻想我们会拿自己的核心利益做交易，任何势力不要指望让中国吞下损害自身主权、安全、发展利益的苦果。中国走和平发展道路、倡导合作共赢是有底线的，这就是坚决维护国家核心利益。新中国成立近 70 年来，中国在维护国家独立和主权、捍卫民族尊严上的立场是一贯的。

中国特色大国外交始终把坚决维护国家核心利益作为外交工作的基本出发点和落脚点。坚持独立自主的和平外交政策，坚持把国家和民族发展放在自己力量的基点上。坚决维护国家利益，捍卫世界和平，是中国坚如磐石的意志和决心，也是中国外交一以贯之的使命和追求。中国稳妥应对涉及我国领土主权和海洋权益的争端，坚决维护国家的领土主权。在钓鱼岛问题上坚持原则，捍卫国家领土主权；对所谓南海仲裁案坚决回击，维护了南海局势总体稳定；践行“外交为民”宗旨，从也门、尼泊尔、南苏丹等国成功撤回受困同胞。坚决遏制“台独”“藏独”“东突”等分裂势力的破坏活动，防范国际暴力恐怖活动向境内渗透，维护国家主权和安全。

中国不回避矛盾和问题，妥善处理同有关国家的分歧和摩擦，同时推动各领域交流合作，通过合作扩大共同利益的汇合点，努力维护同周边国家关系及地区和平稳定大局。和平发展道路不会一帆风顺。在涉及我国核心利益的问题上，我们要敢于划出红线、亮明底线。随着我国和平发展进程的不断深入，我们维护国家利益的资源和手段将会越来越多，维护国家利益的地位也会越来越主动。

三、永远不称霸不搞扩张

在人类发展史上，曾经出现过很多大国、强国，建立了相应的霸权秩序，并且形成了一条强而必霸的逻辑。近现代以来，资本主义大国的兴衰依旧延续了这个逻辑。中国的发展将打破这个逻辑，走与它们不同的道路。

新中国成立后，在长期实践中，我们提出和坚持了和平共处五项原则，确立和奉行了独立自主的和平外交政策，向世界作出了永远不称霸、永远不搞扩张的庄严承诺。中国无论发展到什么程度，始终是维护世界和平的坚定力量。中国把自己的事情做好本身就是对人类社会的贡献，同时通过推动自身发展给世界创造更多机遇。中国不“输入”外国模式，也不“输出”中国模式，不会要求别国“复制”中国的做法。面对国际和地区热点问题，中国坚持发挥弥合分歧、劝和促谈的建设性作用，倡导并致力于同世界各国一道推动建设持久和平、共同繁荣的世界新秩序。一些势力把中国合理合法地维护国家权益说成是“咄咄逼人”“傲慢”“强硬”，事实上那些鼓吹“中国威胁论”等误读、曲解中国为人类和平与发展作贡献的真诚愿望和实际行动的论调，都是站不住脚的。

中国不走强而必霸的道路，有着多方面依据。一是从中国传统文化的基因来看，中国传统文化强调“天下为公”“和同天下”“行王道而非霸道”等思想。二是从中国外交的指导思想来看，强而必霸的逻辑与唯物史观所揭示的世界历史发展大趋势以及社会交往的价值观背道而驰。三是从中国执政党的主张来看，中国共产党始终坚持反对霸权主义和强权政治的立场，坚定地与广大发展中国家人民站在一起。四是近代以来，中国在相当长的时期内遭受西方列强的侵略欺凌，亲身经历过霸权主义给发展中国家和地区带来的深重苦难，所以更不会走霸权道路。五是从世界历史来看，强而必霸紧跟着的必然是霸极而衰，过度扩张必然导致力量透支并走向衰落。这是一条普遍规律，中国已经深刻地认识到这一点。中国的和平发展为国际社会提供了一个全新发展模式，具有巨大启迪意义。

第三节 推动构建新型国际关系

面对国际国内形势的新变化，中国高举和平、发展、合作、共赢的旗帜，完善全方位多层次立体化国际关系布局，积极打造国际合作新平台，积极参与全球治理体系改革和建设，致力于构建以合作共赢为核心的新型国际关系。迈向复兴的中国正与世界携手前行，为推进和平与发展事业不断作出新的贡献。

一、高举和平、发展、合作、共赢的旗帜

面对充满希望与挑战的世界，中国高举和平、发展、合作、共赢的旗帜，恪守维护世界和平、促进共同发展的外交政策宗旨，坚定不移在和平共处五项原则基础上发展同各国的友好合作，坚定维护国际

公平正义，反对霸权主义和强权政治。既通过争取和平的国际环境来发展自己，又通过自己的发展来促进世界和平，不断推动建设相互尊重、公平正义、合作共赢的新型国际关系。

中国高举和平旗帜，坚定奉行独立自主的和平外交政策，尊重各国人民自主选择发展道路的权利，维护国际公平正义，反对把自己的意志强加于人，反对干涉别国内政，反对以强凌弱。中国奉行防御性的国防政策，无论发展到什么程度，永远不称霸，永远不搞扩张。

中国高举发展旗帜，积极发展全球伙伴关系，扩大同各国的利益交汇点，推进大国协调和合作，构建总体稳定、均衡发展的大国关系框架，按照“亲、诚、惠、容”理念和“与邻为善、以邻为伴”周边外交方针深化同周边国家关系，秉持正确义利观和“真、实、亲、诚”理念加强同发展中国家团结合作。

中国高举合作旗帜，坚持对外开放的基本国策，坚持打开国门搞建设，积极打造国际合作新平台，增添共同发展新动力。中国加大对发展中国家特别是最不发达国家援助力度，促进缩小南北发展差距。中国支持多边贸易体制，促进自由贸易区建设，推动建设开放型世界经济。

中国高举共赢旗帜，奉行互利共赢的开放战略，同世界各国分享自身发展机遇，在国际舞台上发挥着“形势的稳定锚、增长的发动机、和平发展的正能量、全球治理的新动力”的作用。中国秉持共商共建共享的全球治理观，倡导国际关系民主化，坚持国家不分大小、强弱、贫富一律平等，支持联合国发挥积极作用，支持扩大发展中国家在国际事务中的代表性和发言权。中国正不断贡献本国智慧和力量，以负责任大国的担当，积极参与全球治理体系改革和建设。

和平、发展、合作、共赢的理念，正在全球范围收获越来越多的共鸣，产生越来越强的凝聚力。中国的发展得益于国际社会，中国也为全球发展作出贡献。中国特色大国外交开拓进取，砥砺前行，正在以一种与传统大国不同的方式，更加自信、更加开放地为自身发展营造有利的外部环境，也为世界的和平与发展、人类的繁荣与进步发挥越来越重要的促进作用。

二、完善全方位立体化国际关系布局

中国以周边和大国为重点，以发展中国家为基础，以多边为舞台，以深化务实合作、加强政治互信、夯实社会基础、完善机制建设为渠道，全面发展同各国友好合作，不断完善全方位、立体化的国际关系布局，打造覆盖全球的“朋友圈”，与各国人民结伴而行，共创美好未来。

积极运筹大国关系，携手共促世界和平发展。推进大国协调和合作，构建总体稳定、均衡发展的大国关系框架。大国是影响世界和平的决定性力量。保持与大国关系的总体稳定，对于我国深化全方位对外合作、维护良好的外部环境至关重要。党的十八大以来，我国积极运筹中俄、中美、中欧等主要大国和地区关系，取得了明显成效。一是推动中俄全面战略协作伙伴关系不断迈向更高水平。俄罗斯是世界大国，也是我国周边最大的邻国。高水平、强有力的中俄关系，符合中俄双方利益，是维护国际战略平衡和世界和平稳定的重要保障。二是推动新时期中美关系持续健康稳定向前发展。中美关系的走向为世人瞩目，两国关系改善可以为世界稳定提供“压舱石”、为世界和平提供“助推器”。中美可以也应该走出一条不同于历史上大国冲突对抗的新路。双方需要把握两国关系正确方向不动摇，尊重彼此核心利益和重大关切，积极拓展务实合作，妥善处理敏感问题和分歧，努力构建不冲突不对抗、相互尊重、合作共赢的中美新型大国关系。三是共同建设中欧和平、增长、改革、文明四大伙伴关系。欧洲是多极化世界的重要一极，同我国经济互补性很强。充分挖掘中欧合作潜力，有利于中国和平发展和世界繁荣稳定。中国与欧盟及其许多成员国建立了伙伴关系，各领域合作不断深入。

按照“亲、诚、惠、容”理念和“与邻为善、以邻为伴”方针深化同周边国家关系。周边是我国安身立命之所、发展繁荣之基。中国同 14 个陆地邻国接壤，与 8 个国家海上相邻或相向，是世界上邻国最多的国家之一。加强同周边国家关系对我国具有极为重要的战略意义。中国始终将周边置于外交全局的首要位置，积极营造更加和平稳定、发展繁荣的周边环境。视促进周边和平、稳定、发展为己任，深化同周边国家的互利合作和互联互通，共同打造周边命运共同体。但中国周边国家的差异性和多样性较为突出，经济发展水平不平衡，历史文化、民族和宗教信仰各异，存在某些历史遗留问题和地区热点问题。我国全面发展同周边国家的关系，巩固睦邻友好，深化互利合作，维护和用好我国发展的重要战略机遇期，维护国家主权、安全、发展利益，努力使周边国家同我国政治关系更加友好、经济纽带更加牢固、安全合作更加深化、人文联系更加紧密。坚持睦邻、安邻、富邻，从战略高度分析处理问题，提高驾驭全局、统筹谋划、操作实施的能力，着力维护周边和平稳定大局，决不允许在我们自己家门口生乱生事，决不接受中国的发展进程再度受到干扰和打断。着力深化互利共赢格局，统筹经济、贸易、科技、金融等方面资源，利用好比较优势，找准同周边国家深化互利合作的战略契合点。着力推进同周边国家的安全合作，主动参与区域和次区域安全合作，深化有关合作机制，增进战略互信。巩固和扩大我国同周边国家关系长远发展的社会和民意基础。

秉持正确义利观和“真、实、亲、诚”理念加强同发展中国家团结合作。广大发展中国家是我国走和平发展道路的同路人。对发展中国家，要践行正确义利观，义利相兼、义重于利，把我国发展与广大发展中国家的共同发展紧密联系起来。政治上秉持公道正义，坚持平等相待，遵守国际关系基本原则，反对霸权主义和强权政治，反对为一己之私损害他人利益、破坏地区和平稳定。经济上坚持互利共赢、共同发展。对那些长期对华友好而自身发展任务艰巨的发展中国家，更多考虑对方利益，不损人利己。当前，发展中国家有所分化，但它们仍是反对霸权主义、维护世界和平，推动建立国际政治经济秩序变革的中坚力量。中国努力同广大发展中国家加强合作，深化传统友谊，扩大务实合作，提供力所能及的援助，维护发展中国家的正当要求和共同利益。

近年来，中国与发展中国家的团结合作持续推进。加强同非洲国家的团结合作是我国长期坚持的战略选择。中国对非政策讲求“真、实、亲、诚”，以全面战略合作伙伴关系建设为引领，继承真诚友好的传统，把互助合作精神发扬光大，坚持互利共赢的平等合作、开放包容的多方合作、能力导向的务实合作、绿色低碳的可持续发展、基础优先的重点合作。中国与拉美和加勒比地区国家虽然相距遥远，但友好关系源远流长。中国主张双方共同致力于构建政治上真诚互信、经贸上合作共赢、人文上互学互鉴、国际事务中密切协作、整体合作和双边关系相互促进的中拉关系“五位一体”新格局，打造中拉携手共进的命运共同体。中国愿意同阿拉伯国家共同做中东和平稳定的维护者、公平正义的捍卫者、共同发展的推动者、互学互鉴的好朋友，增进战略互信、实现复兴梦想、实现互利共赢、促进包容互鉴，努力打造中阿命运共同体。

三、拓展多边多层次国际交往领域

进入新世纪以来，中国积极参与多边事务，承担相应国际义务，推动重大热点问题和全球性问题的妥善解决，推动国际秩序和国际体系朝着更加公正合理的方向发展，积极树立负责任大国形象。作为亚太经济合作组织的重要成员，中国一直支持并积极参与各层次、各领域的合作，长期致力于推动亚太经济实现平衡、包容、可持续、创新、安全增长，推进贸易和投资自由化便利化，加强经济技术合作，加快区域经济一体化。作为二十国集团的重要成员，中国致力于推动二十国集团建立更加紧密的伙伴关系，加强宏观经济政策协调，共同采取负责任的宏观经济政策，共同应对世界经济金融领域重大风险和挑战，共同开创世界经济更加美好的未来。作为金砖国家的重要成员，中国力求用伙伴关系把金砖各国紧密联系起来，下大气力推进经贸、金融、基础设施建设、人员往来等领域合作，朝着一体化大市场、多层次大流通、陆海空大联通、文化大交流的目标前进；不断增强政治互信和人民友谊，加强治国理政经验交流，共同推动工业化、信息化、城镇化、农业现代化进程，把握发展规律，创新发展理念，破解发展难题。作为亚非国家的重要成员，中国主张继续提高亚非合作水平，继续做休戚与共、同甘共苦的好朋友、好伙伴、好兄弟。不断拓展南南合作，积极开展各领域合作，实现各自的发展蓝图。积极推进以相互尊重、平等相待为政治基础的南北合作，倡导共同、综合、合作、可持续安全的新理念，坚持通过对话协商和平解决分歧争端，共同应对全球性问题，共同维护地区和世界和平稳定。

党的对外交往工作是党的一条重要战线，是国家总体外交的一个重要组成部分。十八大以来，在以习近平同志为核心的党中央领导下，我们按照“独立自主、完全平等、互相尊重、互不干涉内部事务”的原则，不断深化与外国各类政党和政治组织的交流，探索在新型国际关系的基础上建立求同存异、相互尊重、互学互鉴的新型政党关系，搭建多种形式、多种层次的国际政党交流合作网络。这不仅有利于我们和周边国家关系的发展，也为促进区域合作、妥善处理历史遗留的热点问题作出了贡献。此外，中国还不断加强同各国其他政治组织的交流合作，推进人大、政协、军队、地方、人民团体等的对外交往。中国以开放的眼光、开阔的胸怀对待世界各国人民的文明创造，同世界各国人民开展对话和交流合作，支持各国人民加强人文往来和民间友好关系。

第四节 推动构建人类命运共同体

当今世界格局正在发生深刻变化，国际社会迫切呼唤新的全球治理理念，构建更加公正合理的国际政治经济秩序，开辟人类更加美好的发展前景。在这样的背景下，习近平站在人类历史发展进程的高度，深入思考“建设一个什么样的世界，如何建设这个世界”等关乎人类前途命运的重大课题，提出了构建人类命运共同体的思想。这一思想反映了人类社会共同价值追求，汇聚了世界各国人民对和平、发展、繁荣向往的最大公约数，为人类社会实现共同发展、持续繁荣、长治久安绘制了蓝图，对中国和平发展、世界繁荣进步具有重大而深远的意义。

一、回应全球治理问题的中国方案

当今世界，各国之间的联系从来没有像今天这样紧密，世界人民对美好生活的向往从来没有像今天这样强烈，人类战胜困难的手段从来没有像今天这样丰富。但人类面临的全球性问题也前所未有。世界各国人民前途命运越来越紧密地联系在一起，需要以负责任的精神同舟共济，共同维护和促进世界和平与发展。随着人类社会生产交往方式的不断进步以及世界形势的深刻变化，国际关系的理论和实践也处在不断重塑的过程中。

当前世界各国相互联系和依存日益加深，现行全球治理体系跟不上时代发展、不适应现实需要的地方越来越多。现行全球治理体系建立于第二次世界大战之后，曾经发挥了一定的积极作用，但在全球金融危机和反全球化运动的冲击下，已经落后于时代发展，与现实需要不匹配，治理赤字积重难返。保护主义、排外主义、极端民族主义和民粹主义思潮抬头，国际社会要求变革全球治理体系的呼声越来越高。推动全球治理体系朝着更加公正合理有效的方向发展，符合世界各国的普遍需求。当前，现行全球治理体系正面临以下问题：

第一，现行全球治理体系在政治领域不平等。以西方发达国家为中心的全球治理有一个需要批判的前提，即西方的模式和价值观是最优越的和具有普世性的。一些西方国家将世界上的国家按西方的标准划分成三六九等，往往将非西方的模式、道路和价值观视为落后和反动的，俨然以高高在上的世界警察自居，动辄以“保护人权”为由干涉他国内政，甚至发动战争。西方价值观很多时候成为西方发达资本主义国家恃强凌弱、实施霸权主义的工具，所带来的必然结果是不但不能有效缓解局势、解决问题，反而加剧了对抗和冲突。

第二，现行全球治理体系已不能有效保障世界和平。当今时代，传统安全问题和非传统安全问题相互交织。恐怖主义、网络安全、民族分裂势力等一些非传统安全威胁在很大程度上是不公正不合理的国际秩序造成的。“9·11”事件以来，地区性局部战争与发生在世界各地的恐怖主义袭击使相关地区人民的和平安全的权利得不到保障。西方发达国家利用自己政治和军事上的优势，对影响本国经济和政治利益的国家横加干涉，动辄采取军事打击。正是这种霸权主义、强权政治的行径，引发了极端主义和恐怖主义的泛滥，严重危害了世界安全。

第三，现行全球治理体系无法弥合南北差距。虽然西方国家所提倡的自由主义强调“自由竞争”，但在不公正、不合理的国际秩序下，发展中国家在“自由竞争”中丝毫不占优势，无论从国际分工、发展机会方面，还是从利益分配、成果共享方面，都更多地承担了成本、风险和代价，却远远没有得到与之相匹配的机会和收益。发展中国家的发展权，甚至人民的基本生存权得不到保障，这对世界各国发展差距的缩小造成了严重的障碍。

第四，现行全球治理体系下一些西方国家不能真正包容文化差异。当前，一些西方国家向世界输出其价值观，用西方模式和道路去框定人类社会丰富多彩的生活。一些西方国家对许多非西方的文明模式和价值体系加以污名化，甚至通过各种方式试图解构和颠覆其他非西方国家，导致了各种隔阂、误解与冲突。

第五，现行全球治理体系使自然界与人类社会之间的不和谐关系难以消除。各国往往从自身利益出发，无节制地向自然索取，所引发的环境污染、全球变暖、资源枯竭等问题层出不穷。不仅如此，发达国家还利用在全球分工体系中的优势地位，将污染严重、能源消耗量大的一些产业转移到发展中国家，加剧了发展中国家的生态危机。各国人民和全人类的环境权也得不到保障。美国是资源消耗总量较多的国家，但在应对气候变暖方面采取消极态度。美国政府甚至宣布退出全球应对气候变化的《巴黎协定》，使世界各国保护人类生存环境的共同努力遭受严重挫折。

针对现行全球治理体系存在的问题，中国提出了自己的方案。2013 年 3 月 23 日，习近平在莫斯科国际关系学院发表演讲时首次系统阐释了“人类命运共同体”概念并指出：“这个世界，各国相互联系、相互依存的程度空前加深，人类生活在同一个地球村里，生活在历史和现实交汇的同一个时空里，越来越成为你中有我、我中有你的命运共同体。”① 中国方案的核心是坚持对话协商，建设一个持久和平的世界；坚持共建共享，建设一个普遍安全的世界；坚持合作共赢，建设一个共同繁荣的世界；坚持交流互鉴，建设一个开放包容的世界；坚持绿色低碳，建设一个清洁美丽的世界。2017 年 2 月，联合国社会发展委员会第 55 届会议首次将“构建人类命运共同体”理念写入联合国决议。2017 年 11 月，“构建人类命运共同体”理念首次被纳入联

① 《习近平谈治国理政》第 1 卷，外文出版社 2018 年版，第 272 页。

合国安全决议，这表明构建人类命运共同体的中国方案在国际上受到了高度赞赏和广泛认同。

二、构建人类命运共同体思想的丰富内涵

构建人类命运共同体思想，是一个科学完整、内涵丰富、意义深远的思想体系。人类命运共同体，就是每个民族、每个国家的前途命运都紧紧联系在一起，风雨同舟、荣辱与共，努力把生于斯、长于斯的这个星球建成一个和睦的大家庭，把世界各国人民对美好生活的向往变成现实。

构建人类命运共同体，提倡创新、协调、绿色、开放、共享的发展观，践行共同、综合、合作、可持续的安全观，秉持开放、融通、互利、共赢的合作观，树立平等、互鉴、对话、包容的文明观，坚持共商共建共享的全球治理观。构建人类命运共同体思想有着深厚的思想渊源和丰富深刻的内涵。中国传统文化蕴含的“和合”理念强调“天人合一”“和而不同”“协和万邦”。这种“和同天下”的思想，不是抹平一切差异，而是在尊重差异的前提下，实现关系和谐。同时不断合理有序地解决矛盾，实现功能互补，推动整体的发展演进。“尚和合、求大同”的中华文化既是中国外交厚积薄发的力量之源，也蕴含了人类命运共同体的思想基因。在马克思主义的指导下，构建人类命运共同体思想使中华优秀传统文化基因和马克思主义的先进内涵相结合，同时批判吸收了人类世界历史发展进程中形成的基本价值共识，形成了丰富、深刻的内涵。

坚持对话协商，建设持久和平的世界。要相互尊重、平等协商，坚决摒弃冷战思维、集团对抗。坚持和平共处五项原则，尊重各国自主选择的社会制度和发展道路，尊重彼此核心利益和重大关切，走对话而不对抗、结伴而不结盟的国与国交往新路，不搞你输我赢的零和游戏。人类命运共同体是一个持久和平的世界。根本要义在于国家之

间构建平等相待、互商互谅的伙伴关系。大国需要相互尊重彼此核心利益和重大关切，管控矛盾分歧，努力构建不冲突不对抗、相互尊重、合作共赢的新型关系。大国对小国要平等相待，消除唯我独尊、恃强凌弱、强买强卖的霸道行径。任何国家都不能随意发动战争和破坏国际法治。通过平等协商处理国家间矛盾分歧，共同发展、和平相处。

坚持共建共享，建设普遍安全的世界。要坚持以对话解决争端、以协商化解分歧，反对以牺牲别国安全换取自身绝对安全的做法，统筹应对传统和非传统安全威胁，反对一切形式的恐怖主义，实现普遍安全。国家不论大小、强弱、贫富以及历史文化传统、社会制度存在多大差异，都要尊重其合理安全关切。恪守尊重主权、独立和领土完整、互不干涉内政等国际关系基本准则，深化双边和多边协作，促进不同安全机制间协调包容、互补合作。各国都有参与地区安全事务的权利，也都有维护地区安全的责任，应以对话协商、互利合作的方式解决安全难题。加强协调、共担责任，建立全球反恐统一战线，为各国人民撑起安全伞。

坚持合作共赢，建设共同繁荣的世界。要实现各国经济社会协同进步，解决发展不平衡带来的问题，缩小发展差距，促进共同繁荣；拒绝自私自利、短视封闭的狭隘政策，维护世界贸易组织规则，支持维护开放、透明、包容、非歧视性的多边贸易体制，构建开放型世界经济。人类命运共同体是一个远离贫困、共同繁荣的世界。应坚持走开放融通、互利共赢之路，加强多边框架内合作，推动经济全球化朝着更加开放、包容、普惠、平衡、共赢的方向发展。各国特别是主要经济体需要加强宏观政策协调，兼顾当前和长远，着力解决深层次问题。抓住新一轮科技革命和产业变革的历史性机遇，转变经济发展方式，坚持创新驱动，共同打造新技术、新产业、新业态、新模式，进一步发展社会生产力、释放社会创造力。人类命运共同体追求的是共同发展，需要引导经济全球化健康发展，既做大蛋糕，又分好蛋糕，着力解决公平公正问题。加强全球经济治理，健全发展协调机制，为世界经济增长提供新动力，让发展成果更多惠及世界各国人民。

坚持交流互鉴，建设开放包容的世界。要尊重世界文明多样性，以文明交流超越文明隔阂，以文明互鉴超越文明冲突，以文明共存超越文明优越。人类文明的多样性既是世界的基本特征也是人类进步的源泉。文明没有高下、优劣之分，只有特色、地域之别。文明差异不应该成为世界冲突的根源，而应该成为人类文明进步的动力。多样带来交流，交流孕育融合，融合产生进步。要促进和而不同、兼收并蓄的文明交流对话，加强双边和多边框架内文化、教育、旅游、青年、媒体、卫生、减贫等领域合作，在竞争比较中取长补短，在交流互鉴中共同发展，使文明交流互鉴成为增进各国人民友谊的桥梁、推动人类社会进步的动力、维护世界和平的纽带。

坚持绿色低碳，建设清洁美丽的世界。要坚持环境友好，合作应对气候变化，保护好人类赖以生存的地球家园。人与自然共生共存，伤害自然最终将伤及人类，建设生态文明关乎人类未来。要以人与自然的和谐相处为目标，牢固树立尊重自然、顺应自然、保护自然的意识，解决好工业文明带来的矛盾，实现世界的可持续发展和人的全面发展。敬畏自然、珍爱地球。加强气候变化、环境保护、节能减排等领域交流合作，共享经验、共迎挑战，坚持走绿色、低碳、循环、可持续发展之路，平衡推进联合国2030年可持续发展议程，采取行动应对气候变化等挑战，不断开拓生产发展、生活富裕、生态良好的文明发展道路，构筑尊崇自然、绿色发展的全球生态体系。

这五个方面描绘了世界发展的美好前景，揭示了构建人类命运共同体的总体布局和实践路径，回答了“世界怎么了、我们怎么办”的世界难题，为新时代中国特色大国外交指明了方向。构建人类命运共同体是一个历史过程，不可能一蹴而就、一帆风顺，需要一步一步沿着正确道路前进。

三、构建人类命运共同体的国际合作新平台

在高水平、高起点上打造国际合作新平台，是推动构建人类命运共同体的重要任务。当前，为了更好推动人类命运共同体的构建，中国积极推动“一带一路”重大倡议、上海合作组织、金砖国家、G20长效治理机制、中非“十大合作计划”、中国—东盟合作机制、澜沧江—湄公河合作机制、中拉关系“1+3+6”合作新框架、中阿合作论坛、中国与中东欧国家的“16+1合作”、中国—太平洋岛国论坛对话会等一系列国际合作平台建设。这些平台有些是全新搭建的，有些虽是既有的，但是也在构建人类命运共同体新思想的指引下被赋予了全新的内涵和功能。在所有这些平台中，“一带一路”占据着十分重要的特殊地位，它作为习近平深刻思考人类前途命运以及中国和世界发展大势作出的重大倡议和战略决策，成为构建人类命运共同体规模最大、最有特色的国际合作新平台。

“一带一路”源自中国，但属于世界。在新的历史条件下中国提出这一倡议，是要继承和发扬丝绸之路精神，把我国发展同沿线和世界各国发展结合起来，把中国梦同沿线和世界各国人民的梦想结合起来，赋予古丝绸之路以全新的时代内涵。自2013年习近平提出共建丝绸之路经济带和21世纪海上丝绸之路重大倡议后，我国积极促进“一带一路”国际合作，努力实现政策沟通、设施联通、贸易畅通、资金融通、民心相通。“一带一路”建设从理念转化为行动，从愿景转变为现实，已经成为各方合作共赢的全球公共产品和广受欢迎的国际合作平台。

首先，“一带一路”成为破解人类发展难题的新平台。国际金融危机后，世界经济深度调整、贫富分化加剧，反全球化、民粹主义等思潮抬头，其深层次根源，仍然是发展不平衡问题。“一带一路”紧

紧抓住发展这个最大公约数，着眼于世界各国人民追求和平与发展的共同梦想，致力于推动经济全球化朝着更加开放、包容、普惠、平衡、共赢的方向发展，致力于打造不同文明和谐共融的利益共同体、责任共同体、命运共同体，成为有关各国实现共同发展的巨大合作平台。当前，围绕“一带一路”建设，中国成功举办首届“一带一路”国际合作高峰论坛，推动成立了亚洲基础设施投资银行、丝路基金等国际机构，实施了一大批互联互通规划，为推动相关地区繁荣和发展搭建了重要平台。

其次，“一带一路”成为深化中国同周边国家经贸、人文等领域交流合作的新平台。“一带一路”贯穿欧亚大陆，东边连接亚太经济圈，西边进入欧洲经济圈。无论是发展经济、改善民生，还是应对危机、加快调整，许多沿线国家都同中国有着共同利益。中国提出“一带一路”倡议，就是要加强传统陆海丝绸之路沿线国家基础设施互联互通，深化贸易投资合作，加强创新能力开放合作，构筑多层次人文交流平台，推动沿线国家和地区实现经济共荣、贸易互补、民心相通。

最后，“一带一路”成为探索和创新全球经济治理新模式的重要平台。推动建立公正合理的国际秩序，实现持久和平与繁荣开放，一直是人类社会努力的方向。当今世界，国际格局深度调整，全球治理体系变革处在历史转折点。在这一时代背景下，习近平多次强调，“一带一路”秉持共商共建共享原则，它不是封闭的，而是开放包容的；不是中国一家的独奏，而是沿线国家的合唱。在“一带一路”建设过程中，中国主动参与和引领全球经济议程，参与全球治理和公共产品供给，推动现有国际秩序、国际规则增量改革，增强新兴经济体和发展中国家在国际事务中的代表权和发言权，为完善全球经济治理体系、推动形成更加公正合理的国际经济秩序提供了重要的合作平台。

以“一带一路”建设为代表的国际合作新平台的打造，改写了全球经济版图和政治格局，为世界增添了共同发展的新动力，引导了全球化和国际关系构建的新方向。中国将依托这一系列重要平台，继续与世界同行，积极发展全球伙伴关系，参与推动全球治理体系变革，为推动构建人类命运共同体作出更大、更重要的贡献。

四、构建人类命运共同体思想的重要意义

构建人类命运共同体思想顺应了历史潮流，紧扣和平与发展的时代主题，是凝聚各国共识，为人类社会实现共同发展、持续繁荣、长治久安所绘制的宏伟蓝图，是当代中国对世界的重要思想和理论贡献，已经成为中国引领时代潮流和人类文明进步方向的鲜明旗帜。

第一，构建人类命运共同体思想是对新中国不同时期重大外交思想和主张的继承与发展。新中国成立后特别是改革开放以来，党和国家高度重视推动构建和平稳定、公正合理的国际关系和国际秩序，先后提出和平共处五项原则、坚持走和平发展道路、构建和谐世界等重要外交理念。党的十八大以来，以习近平同志为核心的党中央在继承和发展新中国不同时期重要外交思想的基础上，积极推进外交理论和实践创新，提出了一系列新理念新主张，形成了习近平新时代中国特色社会主义外交思想。其中，坚持以维护世界和平、促进共同发展为宗旨推动构建人类命运共同体，是这一重要思想的主要内容之一。

第二，构建人类命运共同体思想反映了中外优秀文化和全人类共同价值追求。和平、发展、公平、正义、民主、自由，是全人类共同的价值追求。建立公正合理的国际秩序，维护世界和平，实现共同繁荣，是人类孜孜以求的目标。《联合国宪章》等重要文件确立了主权平等、不干涉内政、和平解决国际争端等国际关系基本准则，集中反映了国际社会谋求持久和平、维护公平正义的崇高理想。此外，中国传统文化的“和合”理念蕴含着丰厚的人类命运共同体基因。构建人类命运共同体思想既反映了当代国际关系现实，又将人类共同价值和

中华优秀传统文化在新高度上发扬光大，反映了全人类的普遍愿望和共同心声，产生了广泛而强烈的国际共鸣。

第三，构建人类命运共同体思想适应了新时代中国与世界关系的历史性变化。中国与世界的关系正站在新的历史起点上，中国越来越离不开世界，世界也越来越离不开中国。事实证明，只有世界好，中国才能发展好；只有中国发展好，世界才能变得更好。实现中华民族伟大复兴的中国梦，同持久和平、共同繁荣的世界梦密不可分。中国取得的巨大成就离不开世界的支持合作，日益发展的中国有责任也有能力同各国分享发展机遇。构建人类命运共同体思想的提出说明，中国发展得越好，就越有能力塑造和影响世界，为国际社会作出更大贡献。

第四，构建人类命运共同体思想指明了世界发展和人类未来的前进方向。构建人类命运共同体思想充分展现了中国特色社会主义道路自信、理论自信、制度自信、文化自信，体现了中国将自身发展同世界发展相统一的全球视野、世界胸怀和大国担当，具有强大的理论吸引力、思想感召力和实践生命力。当今世界和平发展所面临的各种问题和挑战，使国际社会对未来发展方向感到迷茫彷徨。构建人类命运共同体思想所倡导的要和平不要战争、要发展不要贫穷、要合作不要对抗，要共赢不要单赢的核心主张，直面当今世界最重要的问题，为世界的和平与发展和人类的未来指明了正确的方向。

□ 思考题

1. 如何认识 2008 年国际金融危机以来世界形势发生的巨大变化?
2. 如何理解中国坚持走和平发展道路的意义?
3. 如何认识新时代中国特色大国外交对构建新型国际关系的作用?
4. 如何理解构建人类命运共同体思想的内涵和意义?

第九章
坚持党对一切工作的领导与全面从严治党

教学基本要求

1. 认识坚持中国共产党对一切工作的领导的必要性和重要性。

2. 明确新时代党的建设的总要求。

3. 了解推进全面从严治党向纵深发展的战略举措。

第一节　坚持党对一切工作的领导的依据和制度安排

中国共产党是中国特色社会主义事业的领导核心，处在总揽全局、协调各方的地位。中国特色社会主义最本质的特征是中国共产党领导，中国特色社会主义制度的最大优势是中国共产党领导。坚持党对一切工作的领导，才能在更高水平上实现全党全社会思想上的统一、政治上的团结、行动上的一致，才能进一步增强党的创造力、凝聚力、战斗力，为夺取新时代中国特色社会主义伟大胜利提供根本政治保证。

一、坚持党对一切工作的领导的依据

坚持党对一切工作的领导，有其特定内涵。党政军民学，东西南北中，党是领导一切的。这里所说的“一切”，从横向来看，是指党和国家各个方面、各个领域工作的全方位；从纵向来看，是指党和国家各个方面、各个领域工作的全过程。坚持党对一切工作的领导，也就是坚持党

的全面领导。党的全面领导是具体的，不是空洞的、抽象的，必须体现到国家政权的机构、体制、制度等治国理政方方面面的设计、安排和运行之中，确保党的领导全覆盖，确保党的领导始终坚强有力。强调党对一切工作的领导，强调党的全面领导，其意蕴在于发挥好党的领导核心作用。

坚持党对一切工作的领导，是对党的优良传统的继承和发展。新民主主义革命时期，以毛泽东为主要代表的中国共产党人就提出了“党领导一切”的概念。1942 年 9 月 1 日发布的《中共中央关于统一抗日根据地党的领导及调整各组织间关系的决定》指出：“党是无产阶级的先锋队和无产阶级组织的最高形式，他应该领导一切其他组织，如军队、政府与民众团体。根据地领导的统一与一元化，应当表现在每个根据地有一个统一的领导一切的党的委员会。”① 社会主义革命和建设时期，毛泽东指出：“工、农、商、学、兵、政、党这七个方面，党是领导一切的。党要领导工业、农业、商业、文化教育、军队和政府。”② 实践证明，强调党对一切工作的统一领导，对于集中一切资源夺取中国革命和建设胜利发挥了重大作用。改革开放以来，邓小平多次强调坚持党的领导，指出：“坚持四项基本原则的核心，就是坚持党的领导。”③ 江泽民在中纪委十五届四次全会上的讲话中重申了“党是领导一切的”思想，指出：“中国共产党是领导建设有中国特色社会主义伟大事业的核心力量。工农兵学商，党是领导一切的。”④ 胡锦涛强调：“中国共产党是中国特色社会主义事业的领导核心。要坚持立党为公、执政为民，加强和改善党的领导，坚持党总揽全局、协调各方的领导核心作用”⑤。党的十八大以来，习近平多次强调“党对一

① 《建党以来重要文献选编》（1921—1949）第 19 册，中央文献出版社 2011 年版，第 423 页。
② 《毛泽东文集》第 8 卷，人民出版社 1999 年版，第 305 页。
③ 《邓小平文选》第 2 卷，人民出版社 1994 年版，第 342 页。
④ 《江泽民文选》第 2 卷，人民出版社 2006 年版，第 496 页。
⑤ 《胡锦涛文选》第 3 卷，人民出版社 2016 年版，第 624 页。

切工作的领导”的思想，正是对坚持和加强党的领导这一优良传统的继承和发展。

坚持党对一切工作的领导，是对党的十八大以来党和国家事业取得历史性成就成功经验的深刻总结。毋庸讳言，一段时间里，出现了党的领导弱化的问题，少数高级干部严重破坏党的集中统一领导，严重违反政治纪律、政治规矩；不少地方、部门和单位，党组织不同程度出现作用弱化、地位虚化、功能空化；一些人对马克思主义在意识形态领域的指导地位、党与法治的关系、党对军队的绝对领导等问题产生了模糊认识；还有一些别有用心的人对党的领导进行攻击和否定。针对党的领导弱化问题，习近平多次强调，党是最高的政治领导力量，是我国政治稳定、经济发展、民族团结、社会稳定的根本力量，是中国社会稳定的最大压舱石，绝对不能有丝毫动摇。改革开放任务越繁重，越要加强和改善党的领导，越要确保党始终成为中国特色社会主义事业的坚强领导核心。为了进一步加强党的领导，以习近平同志为核心的党中央相继出台《中国共产党地方委员会工作条例》《中国共产党党组工作条例（试行）》等一系列重要文件，召开全国组织工作会议、全国宣传思想工作会议、中央统战工作会议等一系列重要会议，逐渐澄清了模糊认识，夺回丢失的阵地，把走弯了的路调直，树立起党中央的权威，从根本上扭转了党的领导弱化的状况，使党对各方面工作的领导得到全面加强。党的十八大以来，我们之所以能取得全方位、开创性的历史性成就，最根本的就是有以习近平同志为核心的党中央的坚强领导，有力、有效地纠正了党的领导弱化的问题。

二、坚持党对一切工作的领导的制度安排

党对一切工作的领导，是通过党的组织体系来贯彻落实的。中国共产党有着严密的组织体系，正是凭借这一严密的组织体系，中国共产党把全国 8 900 多万名共产党员联结成一个整体，构成其在一切工

作中发挥领导作用的组织基础。党的组织体系包括中央组织、地方组织、基层组织、设在中央和地方的各级国家机关及其他非党组织中的党组。为履行相关职责，每一组织内部还设有相应的工作部门，必要时根据工作需要设立协调机构。其中，党的中央委员会、中央政治局、中央政治局常委会，是党的领导决策核心，每一个党的组织、每一名党员干部，无论处在哪个领域、哪个层级、哪个部门和单位都要服从党中央的集中统一领导。党的各级组织严格按照党章的规定产生和运行，履行各自职权，承担相应的职责，实行下级组织服从上级组织、全党各个组织服从党的全国代表大会和中央委员会的组织原则。

党对一切工作的领导，是通过党的制度来保证实施的。制度带有根本性、全局性、稳定性和长期性，健全的领导制度和组织制度对于保证党的领导活动的正常进行，发挥党的领导机关和领导者的作用，发挥党的各级组织和广大党员的积极性主动性创造性，保证党和国家事业的健康发展，具有十分重要的作用。其中，党的民主集中制、党的代表大会制度、党的委员会制度、请示报告制度等，是党的领导制度和组织制度的重要内容。民主集中制是党和国家的根本组织制度和领导制度，它是民主基础上的集中和集中指导下的民主的辩证统一，规范着党员与党员、党员与组织、党的下级组织和党的上级组织、全党与中央的关系；党的代表大会制度是关于党代会本身产生、组织、职权、运行程序以及党代会与党员关系、与党的委员会等其他领导机关关系的系统规定和制度；党的委员会制度即集体领导和个人分工负责相结合的制度，其实质和根本是集体领导制，是党实行集体领导制度的重要载体；请示报告制度是党的一项重要制度，是执行党的民主集中制的有效工作机制，也是全党必须遵守的政治纪律和政治规矩。

坚持党对一切工作的领导，还需要一整套完善的领导体制和工作机制，主要包括：领导和支持国家政权机关、人民政协、人民团体依法行使职权等。党支持人民当家作主，支持人民代表大会依法履行国家权力机关的职能，经过法定程序使党的主张成为国家意志，使党组织推荐的人选成为国家机关的领导人员，并对他们进行监督；支持政府履行法定职能，依法行政；支持监察机关和司法机关依法履行各自职能；支持人民政协围绕团结和民主两大主题，履行政治协商、民主监督、参政议政的职能；加强同各民主党派合作共事，充分发挥中国特色社会主义政党制度的独特优势；支持各人民团体依照法律和各自章程独立自主地开展工作，更好地发挥党联系各方面人民群众的桥梁和纽带作用。建立健全党的决策议事协调机构，是加强党的集中统一领导、推动重大工作落实的一条成功经验。党的决策议事协调机构拥有跨部门的协调权力，是实现党的全面领导的重要机制。

中国共产党还建立了完善的思想政治工作制度，不断加强和改进思想政治工作，引导广大干部群众坚定对马克思主义的信仰，对社会主义和共产主义的信念，对中国特色社会主义道路、理论、制度、文化的自信，为加强党对一切工作的领导奠定坚实的思想基础，营造良好的社会文化氛围。

三、坚持和完善党对一切工作的领导

面对国际国内形势的复杂多变，面对党面临的新任务、新目标，要夺取新时代中国特色社会主义新的伟大胜利，就必须要坚持和完善党对一切工作的领导，使党始终成为中国特色社会主义事业的坚强领导核心。

坚持和完善党对一切工作的领导，必须坚定维护党中央权威和集中统一领导，这是我国革命、建设、改革的重要经验，是一个成熟的马克思主义执政党的重大建党原则。党的历史、新中国发展的历史都告诉我们：要治理好我们这个大党、治理好我们这个大国，保证党的团结和集中统一至关重要，维护党中央权威至关重要。全党必须牢固树立政治意识、大局意识、核心意识、看齐意识，自觉在思想上政治上行动上同党中央保持高度一致。每一个党的组织和党员干部，都要服从党中央集中统一领导，做到党中央提倡的坚决响应、党中央决定的坚决照办、党中央禁止的坚决杜绝。决不允许上有政策、下有对策，决不允许有令不行、有禁不止，决不允许在贯彻执行中央决策部署上打折扣。如果党中央没有权威，党的理论和路线方针政策可以随意不执行，大家各自为政、各行其是，想干什么就干什么，想不干什么就不干什么，党就会变成一盘散沙，就会成为自行其是的“私人俱乐部”，党的领导就会成为一句空话。

坚定维护党中央权威和集中统一领导，必须坚决维护习近平总书记党中央的核心、全党的核心地位。确立和维护无产阶级政党的领导核心，始终是马克思主义建党学说的一个基本观点。习近平总书记的核心地位，是在伟大斗争中形成的。必须切实增强“四个意识”，自觉同以习近平同志为核心的党中央保持高度一致，在思想上高度认同，政治上坚决维护，组织上自觉服从，行动上紧紧跟随。这对维护党中央权威和集中统一领导、更好地凝聚党和人民的力量，推进中国特色社会主义伟大事业，具有重大而深远的意义。

坚持和完善党对一切工作的领导，必须完善坚持党的全面领导制度，重点体现在以下四个方面：

一是必须健全和认真落实民主集中制的各项具体制度，健全党领导国家权力机关、行政机关、监察机关、司法机关和人民团体的制度，健全各级党委（党组）的工作制度和行为规范，健全正确处理上下级党组织工作关系的具体制度，健全各级党委议事规则，把党章规定的基本原则具体化、制度化。进一步健全党的请示报告工作制度，党的下级组织必须向党的上级组织请示报告工作，各国家机关、人民政协、人民团体中的党组织也要向同级党委请示报告工作。党的十八大以来，中央政治局常委会定期听取全国人大常委会、国务院、全国政协、最高人民法院、最高人民检察院党组工作汇报和中央书记处工作汇报，已经成为一项重要的制度性安排。这是健全和落实民主集中制的具体体现。

二是健全决策议事协调机制，加强党对重大工作的集中统一领导。健全党中央对重大工作的领导体制机制，要求在中央政治局及其常委会领导下，优化党中央决策议事协调机构，提高对重大工作的顶层设计、总体布局、统筹协调、整体推进的领导能力和水平。通过健全决策议事协调机制，加强党对深化改革、依法治国、经济、农业农村、纪检监察、组织、宣传思想文化、国家安全、政法、统战、民族宗教、教育、科技、网信、外交、审计等工作的领导。各地区各部门党委（党组）要坚持依规治党，完善相应体制机制，提升协调能力，把党中央各项决策部署落到实处。

三是强化党的组织在同级组织中的领导地位。在国家机关、事业单位、群团组织、社会组织、企业和其他组织中设立的党委（党组），要接受批准其成立的党委统一领导，定期汇报工作，确保党的方针政策和决策部署在同级组织中得到贯彻落实。党组织要善于使党的主张通过法定程序成为国家意志，善于使党组织推荐的人选通过法定程序成为国家政权机关的领导人员，善于通过国家政权机关实施党对国家和社会的领导，善于运用民主集中制原则维护党和国家权威、维护全党全国团结统一。

四是健全和完善权力监督体系。完善的权力监督体系是加强党对一切工作的领导的重要举措。通过强化自上而下的组织监督，改进自下而上的民主监督，发挥同级相互监督作用，加强对党员领导干部的日常管理监督。建立健全巡视制度，对巡视对象执行政治纪律和政治规矩的情况、执行《中国共产党章程》和其他党内法规，遵守党的纪律，对落实党风廉政建设主体责任和监督责任等情况进行监督。进一步深化政治巡视，牢牢把握政治定位，紧紧围绕坚持党的领导这个根本，坚持发现问题、形成震慑不动摇，建立巡视巡察上下联动的监督网，把权力关进制度的笼子。

第二节　新时代党的建设的总要求

中国共产党能够带领人民进行伟大的社会革命，也能够进行伟大的自我革命。在科学把握新时代党的建设面临新形势的基础上，以习近平同志为核心的党中央提出了新时代党的建设的总要求，为新时代推进党的建设新的伟大工程指明了努力方向和前进路径。

一、党的建设面临的新形势

勇于进行自我革命是中国共产党鲜明的政治品格。“中国共产党要担负起领导人民进行伟大社会革命的历史责任，必须勇于进行自我革命”。① 新时代，中国特色社会主义需要继续艰辛探索，应对各种风险和挑战需要不断披荆斩棘，中国共产党领导人民进行的伟大社会革命正在继续，需要党继续勇于自我革命，坚持立党为公、执政为民，深入推进全面从严治党，坚决扫除一切消极腐败现象，始终与人民心心相印、与人民同甘共苦、与人民团结奋斗，永远保持马克思主义执政党本色，永远走在时代前列，永远做中国人民和中华民族的主心骨。

新时代党的自我革命必须直面解决党内存在的突出问题。过去一个时期，市场经济的利益交换原则渗入党内政治生活，党的领导弱化，党的建设缺失，管党治党“宽松软”，党的观念淡薄、组织涣散、纪律松弛问题突出，不正之风和腐败现象严重侵蚀党的肌体，已经发展到如果不解决就有可能造成江山变色、人民群众根本利益丧失、党和

---

① 习近平：《在第十三届全国人民代表大会第一次会议上的讲话》，《人民日报》2018年3月21日。

国家前途命运重蹈苏东剧变覆辙的危险地步。

党的十八大以来，以习近平同志为核心的党中央坚持发扬党的历史上行之有效的好经验好做法，深化对管党治党规律的认识，创造新的经验，坚定不移地推动全面从严治党，进行了刀刃向内的自我革命。推动全党尊崇党章，增强政治意识、大局意识、核心意识、看齐意识，坚决维护党中央权威和集中统一领导，严明党的政治纪律和政治规矩，层层落实管党治党政治责任。坚持照镜子、正衣冠、洗洗澡、治治病的要求，开展党的群众路线教育实践活动和“三严三实”专题教育，推进“两学一做”学习教育常态化制度化，贯彻新时期好干部标准。深入推进党的建设制度改革，不断完善党内法规制度体系。把纪律挺在前面，着力解决人民群众反映最强烈、对党的执政基础威胁最大的突出问题。出台中央八项规定，严厉整治形式主义、官僚主义、享乐主义和奢靡之风，坚决反对特权。实现中央和省级党委巡视全覆盖。坚持反腐败无禁区、全覆盖、零容忍，坚定不移“打虎”“拍蝇”“猎狐”。经受了深刻洗礼和革命性锻造，全党理想信念更加坚定、党性更加坚强，党内政治生活气象更新，党内政治生态明显好转，党自我净化、自我完善、自我革新、自我提高能力显著增强，不敢腐的目标初步实现，不能腐的笼子越扎越牢，不想腐的堤坝正在构筑，反腐败斗争压倒性态势已经形成并巩固发展，党的执政基础和群众基础更加巩固。

在充分肯定全面从严治党取得显著成效的同时，也要清醒认识到决胜全面建成小康社会的艰巨任务、实现中华民族伟大复兴的历史使命，对党提出的前所未有的新挑战新要求，认识到党面临的执政考验、改革开放考验、市场经济考验、外部环境考验依然是长期的和复杂的，党面临的精神懈怠危险、能力不足危险、脱离群众危险、消极腐败危险依然是尖锐的和严峻的。把新时代坚持和发展中国特色社会主义这场伟大社会革命进行好，党必须勇于进行自我革命，勇于直面问题，敢于刮骨疗毒，消除一切损害党的先进性和纯洁性的因素，清除一切侵蚀党的健康肌体的病毒，不断增强党的政治领导力、思想引领力、群众组织力、社会号召力，确保党永葆旺盛生命力和强大战斗力。

深入推进全面从严治党，以永远在路上的执着把从严治党引向深入，要把握好“六个相统一”：一要坚持思想建党和制度治党相统一，既要解决思想问题，也要解决制度问题，把坚定理想信念作为根本任务，把制度建设贯穿到党的各项建设之中；二要坚持使命引领和问题导向相统一，既要立足当前、直面问题，在解决人民群众最不满意的问题上下功夫；又要着眼未来、登高望远，在加强统筹谋划、强化顶层设计上着力；三要坚持抓“关键少数”和管“绝大多数”相统一，既对广大党员提出普遍性要求，又对“关键少数”特别是高级干部提出更高更严的标准，进行更严的管理和监督；四要坚持行使权力和担当责任相统一，真正把落实管党治党政治责任作为最根本的政治担当，紧紧咬住“责任”二字，抓住“问责”这个要害；五要坚持严格管理和关心信任相统一，坚持真管真严、敢管敢严、长管长严，贯彻惩前毖后、治病救人的一贯方针，抓早抓小、防微杜渐，最大限度防止干部出问题，最大限度激发干部积极性；六要坚持党内监督和群众监督相统一，以党内监督带动其他监督，积极畅通人民群众建言献策和批评监督渠道，充分发挥群众监督、舆论监督作用。这“六个相统一”，是对党的历史上行之有效的好经验好做法的继承发扬，更是党的十八大后在全面从严治党中创造的新经验。成绩来之不易，经验弥足珍贵，需要长期坚持、不断深化。

二、党的建设总要求的基本内涵

在统揽“四个伟大”进程中，起决定性作用的是党的建设新的伟大工程。新时代党的建设总要求是：坚持和加强党的全面领导，坚持党要管党、全面从严治党，以加强党的长期执政能力建设、先进性和纯洁性建设为主线，以党的政治建设为统领，以坚定理想信念宗旨为根基，以调动全党积极性、主动性、创造性为着力点，全面推进党的政治建设、思想建设、组织建设、作风建设、纪律建设，把制度建设贯穿其中，深入推进反腐败斗争，不断提高党的建设质量，把党建设成为始终走在时代前列、人民衷心拥护、勇于自我革命、经得起各种风浪考验、朝气蓬勃的马克思主义执政党。

新时代党的建设总要求不是空洞的、抽象的、说教的，而是来自加强党的建设、推进全面从严治党的现实需要，来自解决党内存在的突出矛盾和问题的现实需要，来自保持党的先进性和纯洁性、增强党的创造力凝聚力战斗力的现实需要，来自永葆党的性质和宗旨、保持党同人民群众血肉联系的现实需要，来自坚持党的执政地位、提高党的执政能力、扩大党的执政基础的现实需要。

第一，坚持和加强党的全面领导，这是新时代党的建设根本原则，是党的建设的根本出发点和落脚点，也是全面从严治党的核心。党的十九大把党的领导地位和作用提到了前所未有的高度，不仅突出强调了对中国特色社会主义事业的特殊重要性，而且突出强调了党的领导对党的建设特别是新时代全面从严治党的特殊重要性。这抓住了落实全面从严治党的主体责任，抓住了切实解决长期以来党的建设方面存在的“宽松软”等问题的关键，也彰显了中国共产党的政治自信和党的建设的初心。

第二，坚持党要管党、全面从严治党，这是新时代党的建设根本方针。管党治党是党的建设的一贯方针，党的十九大将“党要管党、从严治党”修改为“党要管党，全面从严治党”，是对党的十八大以来管党治党成功经验的科学总结，是对党的自身建设规律认识的深化，实现了党的建设指导方针的与时俱进。这对于始终坚持“严”字当头，把始终坚持从严从紧从实贯彻落实到党的建设全过程和各方面，不断提高党的建设质量，具有重要意义。

第三，加强党的长期执政能力建设、先进性和纯洁性建设，这是新时代党的建设工作主线。加强党的执政能力建设、先进性和纯洁性建设是党的建设永恒主题。党的十九大报告在执政能力建设前增加“长期”二字，更加凸显党长期执政、全面领导要经受的重大考验，凸显保持党的先进性和纯洁性对坚持党的全面领导、巩固党的执政地位的极端重要性，凸显全面从严治党永远在路上的思想内涵和实践导向，进而警示全党必须不断适应伟大斗争和伟大事业的需要，时刻防止背离党的性质和宗旨的倾向，时刻防止不正之风和腐败的侵蚀，永葆党的先进性质。

第四，以党的政治建设为统领，全面推进党的政治建设、思想建设、组织建设、作风建设、纪律建设，把制度建设贯穿其中，深入推进反腐败斗争，这是新时代党的建设总体布局。这一总体布局把政治建设和纪律建设纳入其中，凸显了政治建设在党的各项建设中的统领地位，抓住了马克思主义执政党建设的关键点和根本点，体现了管党治党要把纪律挺在前面的鲜活经验，回归了制度建设在党的各项建设中的内在规定性，充分表明了党坚定不移正风肃纪和反腐败的坚强决心，是对党的建设历史特别是党的十八大以来党的建设经验的科学总结和理论升华，对于推进党的各方面建设、提高党的建设质量必将起到纲举目张的作用。

第五，不断提高党的建设质量，把党建设成为始终走在时代前列、人民衷心拥护、勇于自我革命、经得起各种风浪考验、朝气蓬勃的马克思主义执政党，这是新时代党的建设总目标。这一目标集中体现了党的基本性质、根本宗旨、鲜明品格和精神风貌。在新时代，党必须以自我革命来推动党领导人民进行的伟大社会革命，把党建设得更加坚强有力，这既是党领导人民进行伟大社会革命的客观要求，也是党作为马克思主义执政党建设和发展的内在需要。新时代党的建设总目标指出了马克思主义执政党的五个鲜明特征，每一个特征都各有所指且内涵丰富，构成一个统一整体，充分彰显了党与时俱进、引领时代潮流的品格，强调了党和人民群众的密切联系，揭示了党保持先进性和纯洁性的内在动力，体现了党为中国人民谋幸福、为中华民族谋复兴的使命担当，展现了党为理想信念而不懈奋斗的精神状态。在新时代马克思主义执政党的鲜明特征中，勇于自我革命是核心要义。以自我革命的精神管党治党，目的是为了兴党、强党、建设党，以党的自我革命来推动党领导人民进行的伟大社会革命，实现伟大梦想。

新时代党的建设总要求，坚持以习近平新时代中国特色社会主义思想为指导，反映了党以自我革命引领社会革命的责任担当，突出了马克思主义执政党的政治属性，明确了新时代全面从严治党的思路和方略，对推进党的建设新的伟大工程作出了顶层设计和战略部署，进一步丰富发展了马克思主义建党学说，标志着党对执政党建设规律的认识达到新的高度，为新时代推进党的建设新的伟大工程，继续推进党的自我革命指明了努力方向和前进路径。

第三节 推动全面从严治党向纵深发展

新时代党的建设伟大工程，要结合伟大斗争、伟大事业、伟大梦想的实践来进行，以政治建设为统领，全面推进党的政治建设、思想建设、组织建设、作风建设、纪律建设，把制度建设贯穿其中，深入推进反腐败斗争，推动全面从严治党向纵深发展。

一、把党的政治建设摆在首位

把党的政治建设放在首位，凸显了党的政治建设的极端重要性，是马克思主义党建理论的一个重大创新，也是党的建设思路和布局的一个重大创新。党是政治组织，政治建设是党的根本建设，决定党的建设方向和效果。政治建设抓好了，政治方向、政治立场、政治原则、政治大局把握住了，党的建设就铸了魂、扎了根，对党的其他建设就可以起到纲举目张的作用。

旗帜鲜明讲政治是党作为马克思主义政党的根本要求。中国共产党是中国工人阶级的先锋队，同时是中国人民和中华民族的先锋队，党的宗旨是全心全意为人民服务，党的最高理想和最终奋斗目标是实现共产主义。旗帜鲜明地讲政治，坚定社会主义和共产主义的信念，全心全意为人民服务，是共产党人的政治灵魂，是中国共产党一以贯之的优良传统。毛泽东多次指出，“革命的政治工作是革命军队的生命线”①，“政治工作是一切经济工作的生命线”②。邓小平明确指出，“到什么时候都得讲政治”③。江泽民反复强调“讲学习，讲政治，讲正气”④。胡锦涛指出，“我们讲的政治，是马克思主义的政治，是建设有中国特色社会主义的政治”⑤。习近平强调，“马克思主义政党具有崇高政治理想、高尚政治追求、纯洁政治品质、严明政治纪律。如果马克思主义政党政治上的先进性丧失了，党的先进性和纯洁性就无从谈起。这就是我们把党的政治建设作为党的根本性建设的道理所在”⑥。显然，讲政治必然要求加强党的政治建设。

注重抓党的政治建设是党的十八大以来全面从严治党的成功经验。党作为马克思主义政党，讲政治是突出的特点和优势。政治问题，任何时候都是根本性的大问题。全面从严治党，必须注重政治

---

① 《毛泽东年谱（1893—1949）（修订本）》中卷，中央文献出版社2013年版，第507页。

② 《毛泽东文集》第6卷，人民出版社1999年版，第449页。

③ 《邓小平文选》第3卷，人民出版社1993年版，第166页。

④ 《江泽民文选》第1卷，人民出版社2006年版，第483页。

⑤ 《胡锦涛文选》第1卷，人民出版社2016年版，第255页。

⑥ 《把党的政治建设作为党的根本性建设　为党不断从胜利走向胜利提供重要保证》，《人民日报》2018年7月1日。

上的要求。“干部在政治上出问题，对党的危害不亚于腐败问题，有的甚至比腐败问题更严重。”① 党的十八大以来，以习近平同志为核心的党中央在全面从严治党实践中，把党的政治建设摆上突出位置，在坚定政治信仰、增强“四个意识”、维护党中央权威和集中统一领导、严明党的政治纪律和政治规矩、加强和规范新形势下党内政治生活、净化党内政治生态、正风肃纪、反腐惩恶等方面取得明显成效。实践证明，抓住了党的政治建设，就抓住了党的建设的“根”和“魂”。

政治建设是统领，是核心，是党的各方面建设中最重要的建设，是党的其他方面建设最终的着眼点和落脚点。加强党的政治建设的任务和要求主要体现在五个方面：一是保证全党服从中央，坚持党中央权威和集中统一领导，这是党的政治建设的首要任务。全党要坚定执行党的政治路线，严格遵守政治纪律和政治规矩，在政治立场、政治方向、政治原则、政治道路上同以习近平同志为核心的党中央保持高度一致。二是尊崇党章，严格执行新形势下党内政治生活的若干准则，增强党内政治生活的政治性、时代性、原则性、战斗性，自觉抵制商品交换原则对党内生活的侵蚀，营造风清气正的良好政治生态。三是完善和落实民主集中制的各项制度，坚持民主基础上的集中和集中指导下的民主相结合，既充分发扬民主，又善于集中统一。四是弘扬忠诚老实、公道正派、实事求是、清正廉洁等价值观，坚决防止和反对个人主义、分散主义、自由主义、本位主义、好人主义，坚决防止和反对宗派主义、圈子文化、码头文化，坚决反对搞两面派、做两面人。五是加强党性锻炼，不断提高政治觉悟和政治能力，把对党忠诚、为党分忧、为党尽职、为民造福作为根本政治担当，永葆共产党人政

① 《习近平关于全面从严治党论述摘编》，中央文献出版社 2016 年版，第 80 页。

治本色。

党的政治建设是一个永恒课题。要把准政治方向，坚持党的政治领导，夯实政治根基，涵养政治生态，防范政治风险，永葆政治本色，提高政治能力，为党不断发展壮大、从胜利走向胜利提供重要保证。

二、思想建党和制度治党同向发力

党的思想建设和制度建设紧密结合，在全面从严治党中具有基础性、综合性的地位和作用。要思想建党和制度治党同向发力，统筹推进党的各项建设。

注重从思想上建党，是马克思主义政党建设的基本原则和根本要求，也是中国共产党自成立以来不断发展壮大的宝贵经验和重要法宝，是党的光荣传统和政治优势。回顾党的奋斗历程可以发现，中国共产党之所以能够历经艰难困苦而不断发展壮大，很重要的一个原因就是党始终重视思想建党、理论强党，使全党始终保持统一的思想、坚定的意志、协调的行动、强大的战斗力。思想建设是党的基础性建设。坚持以科学理论引领、用科学理论武装，是党永葆先进性和纯洁性的根本保证。党从诞生之日起，就把马克思主义写在自己的旗帜上，把实现共产主义确立为最高理想。不管是新民主主义革命的胜利、社会主义新中国的建设，还是波澜壮阔的改革开放，都靠科学理论的正确指引，都靠"革命理想高于天"的精神力量的激励和鞭策。共产主义远大理想和中国特色社会主义共同理想，是中国共产党人的精神支柱和政治灵魂，也是保持党的团结统一的思想基础。要把坚定理想信念作为党的思想建设的首要任务，教育引导全党牢记党的宗旨，挺起共产党人的精神脊梁，解决好世界观、人生观、价值观这个"总开关"问题，自觉做共产主义远大理想和中国特色社会主义共同理想的坚定信仰者和忠实实践者。

坚定理想信念离不开对马克思主义理论的自觉学习和深刻理解。马克思主义奠定了共产党人坚定理想信念的理论基础。理论上清醒，政治上才能坚定。坚定的理想信念，必须建立在对马克思主义的深刻理解之上，建立在对历史规律的深刻把握之上。在当前国际国内环境和党的自身状况发生深刻变化的新形势下，把思想建党摆在更加突出的位置，加大思想建党的力度，关键是要把党的思想理论建设推向新高度。“我们要赢得优势、赢得主动、赢得未来，必须不断提高运用马克思主义分析和解决实际问题的能力，不断提高运用科学理论指导我们应对重大挑战、抵御重大风险、克服重大阻力、化解重大矛盾、解决重大问题的能力，以更宽广的视野、更长远的眼光来思考把握未来发展面临的一系列重大问题，不断坚定马克思主义信仰和共产主义理想。”①

新时代党的思想理论建设的主要任务，是用习近平新时代中国特色社会主义思想武装全党，推动全党更加自觉地为实现新时代党的历史使命不懈奋斗。要弘扬马克思主义学风，运用理论指导实践，学以致用。习近平强调：“在新时代的征程上，全党同志一定要弘扬理论联系实际的学风，紧密联系党和国家事业发生的历史性变革，紧密联系中国特色社会主义进入新时代的新实际，紧密联系我国社会主要矛盾的重大变化，紧密联系‘两个一百年’奋斗目标和各项任务，自觉运用理论指导实践，使各方面工作更符合客观规律、科学规律的要求，不断提高新时代坚持和发展中国特色社会主义的能力，把党的科学理论转化为万众一心推动实现‘两个一百年’奋斗目标、实现中华民族伟大复兴中国梦的强大力量。”②

制度治党是从严治党的根本。全面从严治党，必须依规管党治党。

---

① 习近平：《在纪念马克思诞辰200周年大会上的讲话》，人民出版社2018年版，第24-25页。

② 习近平：《在党的十九届一中全会上的讲话》，《求是》2018年第1期。

党的制度不仅具有根本性、全局性、稳定性和长期性，而且具有极大的综合性。党的制度建设需要体现在政治建设、思想建设、组织建设、作风建设、纪律建设等各方面建设之中，各方面建设也需要以制度建设来保证、落实。党的十九大提出的新时代党的建设总要求中，强调"全面推进党的政治建设、思想建设、组织建设、作风建设、纪律建设，把制度建设贯穿其中"，这就进一步突出了制度建设的综合性。

制度的关键在于务实管用。新时代党的制度建设要突出针对性和指导性。主要有三点：一要严格遵循执政党建设规律进行制度建设，不断增强党内生活和党的建设制度的严密性和科学性，既要有实体性制度，又要有程序性制度，推进党的建设的科学化、制度化、规范化。二要编密扎紧制度"笼子"，搞好配套衔接，把科学的制度设计、严格的制度执行、有力的检查惩处结合起来，不留"暗门"、不开"天窗"，使制度成为硬约束而不是"橡皮筋"。三要加强制度文化建设，营造人人遵守制度、敬畏制度、按制度办事的氛围，使之成为一种自觉、一种习惯、一种行为方式。

全面从严治党靠教育，也靠制度。前者侧重于培养内在的自觉动力，后者着力于外部的刚性制约。二者一柔一刚，要同向发力、同时发力。将思想建党和制度治党紧密结合、有机统一，是中国共产党自身建设的显著特点和特有优势。思想建党打造的是从严治党的思想防线，制度治党打造的是从严治党的制度防线。思想教育要结合落实制度规定来进行，落实制度规定也需要通过思想教育来启发自觉。要使加强制度治党的过程成为加强思想建党的过程，也要使加强思想建党的过程成为加强制度治党的过程，二者不可偏废，相得益彰，相互促进。

三、加强干部队伍建设和基层组织建设

党的干部是党和国家事业的中坚力量，党的基层组织是确保党的

路线方针政策和决策部署贯彻落实的基础。适应新时代中国特色社会主义发展要求，进行具有许多新的历史特点的伟大斗争，要求加强干部队伍建设，提升基层党组织战斗力。

建设高素质专业化干部队伍，是推进新时代中国特色社会主义事业的关键。党历来高度重视选贤任能，始终把选人用人作为关系党和人民事业的关键性、根本性问题来抓。进入中国特色社会主义新时代，党和国家事业的新发展对加强干部队伍建设提出了明确要求，其中最重要的就是突出政治标准，强调要坚持党管干部原则，坚持德才兼备、以德为先，坚持五湖四海、任人唯贤，坚持事业为上、公道正派，把好干部标准落到实处，提拔重用牢固树立“四个意识”和“四个自信”、坚决维护党中央权威、全面贯彻执行党的理论和路线方针政策、忠诚干净担当的干部，选优配强各级领导班子。

选拔培养干部必须突出政治标准，体现了组织路线为政治路线服务的根本原则，凸显了干部工作的政治定性，具有鲜明导向性和现实针对性。选拔培养干部必须突出政治标准，这是马克思主义政党的政治属性所决定的，是保证全党团结统一、实现党的政治主张和政治目标的必然要求，也是进一步树立正确选人用人导向、建设高素质执政骨干队伍、夺取新时代中国特色社会主义伟大胜利的迫切需要，有着特别重要的意义。

选拔培养干部不仅要突出政治标准，还要注重培养专业能力、专业精神，增强干部队伍适应新时代中国特色社会主义发展要求的能力。同时，注重选拔培养年轻干部、女干部、少数民族干部、党外干部，做好离退休干部、干部考核评价等方面的干部工作。

党的基层组织是确保党的路线方针政策和决策部署贯彻落实的基础。不断提升党的基层组织的组织力、政治领导力、组织覆盖力、群众凝聚力、社会号召力、发展推动力、自我革新力，是新时代对党的基层组织的必然要求。其中，组织力是基层组织生命力的具体体现。

基层党组织的组织力强弱，直接关系党的创造力、凝聚力、战斗力和领导力、号召力、影响力，对党执政兴国具有重要影响。

党的十八大以来，以习近平同志为核心的党中央高度重视基层党组织建设，坚定推进全面从严治党向基层延伸，讲政治、强功能，攻弱项、补短板，重创新、求实效，严格党的组织生活，加强党内监督，促进基层党组织建设取得显著成效。但必须清醒看到，当前党的基层组织建设还存在一些薄弱环节和突出问题，严重制约党的基层组织力的充分发挥。为此，要以提升组织力为重点，突出政治功能，把企业、农村、机关、学校、科研院所、街道社区、社会组织等基层党组织建设成为宣传党的主张、贯彻党的决定、领导基层治理、团结动员群众、推动改革发展的坚强战斗堡垒。

加强基层党组织建设的具体要求：一是在履行职能方面，党支部要担负好直接教育党员、管理党员、监督党员和组织群众、宣传群众、凝聚群众、服务群众的职责，引导广大党员发挥先锋模范作用。二是在组织设置和活动方式方面，要坚持“三会一课”制度，推进党的基层组织设置和活动方式创新，加强基层党组织带头人队伍建设，扩大基层党组织覆盖面，着力解决一些基层党组织弱化、虚化、边缘化问题。三是在发展党内民主方面，要扩大党内基层民主，推进党务公开，畅通党员参与党内事务、监督党的组织和干部、向上级党组织提出意见和建议的渠道。四是在组织发展方面，要注重从产业工人、青年农民、高知识群体中和在非公有制经济组织、社会组织中发展党员。五是在关心党员生活方面，要加强党内激励关怀帮扶。六是在党员教育管理方面，增强党员教育管理针对性和有效性，稳妥有序开展不合格党员组织处置工作。

四、正风肃纪和反腐败斗争

党的优良作风是马克思主义执政党的强大人格力量的集中体现，

直接关系党的形象和威望。因此，党的作风建设始终是摆在党面前的一项重大而紧迫的任务。

中国共产党来自人民、植根人民、服务人民，夺取政权靠的是赢得民心，巩固政权也必须凝聚人心。如果听任不正之风侵蚀党的肌体，就会脱离群众，就会失去生命力。一段时间里，不正之风特别是奢靡享乐之风滋长蔓延，严重侵蚀党的先进性和纯洁性，引起群众强烈不满，严重动摇党的执政基础。党的十八大以来，以习近平同志为核心的党中央从落实中央八项规定精神破题，雷厉风行抓作风，锲而不舍纠“四风”，作风建设成效凸显，党内正气上升，良好社会风气上扬，赢得人民群众称赞。但是，形式主义、官僚主义新表现值得警惕，表明“四风”问题具有顽固性反复性。

面对新时代新征程新挑战，纠正“四风”不能止步，作风建设永远在路上。新时代加强党的作风建设，必须紧紧围绕保持党同人民群众的血肉联系，增强群众观念和群众感情，不断厚植党执政的群众基础。凡是群众反映强烈的问题都要严肃认真对待，凡是损害群众利益的行为都要坚决纠正。坚持以上率下，巩固拓展落实中央八项规定精神成果，坚决反对特权思想和特权现象。

正风必先肃纪。作风背后反映的是纪律问题。党的纪律是党的各级组织和全体党员必须遵守的行为规范和规则，是党的生命线。纪律建设是全面从严治党的治本之策，为其他各项建设提供规范和保障。党纪严明，就能有效防范和遏制不正之风的滋长；纪律松弛，则会纵容和助长不正之风的泛滥。落实中央八项规定精神之所以起到了徙木立信的作用，关键就在于党中央言出纪随，对违反八项规定精神的问题坚决查处，持续保持高压态势。深入推进作风建设，必须把党的纪律立起来、严起来。

在党的所有纪律和规矩中，第一位的是政治纪律和政治规矩，它是全党在政治方向、政治立场、政治言论、政治行动方面必须遵守的刚性约束，也是最重要、最根本、最关键的纪律和规矩。要重点强化政治纪律和组织纪律，带动廉洁纪律、群众纪律、工作纪律、生活纪律严起来。坚持开展批评和自我批评，坚持惩前毖后、治病救人，抓早抓小、防微杜渐。赋予有干部管理权限的党组相应纪律处分权限，强化监督执纪问责。要加强纪律教育，强化纪律执行，让党员、干部知敬畏、存戒惧、守底线，习惯在受监督和约束的环境中工作生活。

在驰而不息地正风肃纪的同时，也要旗帜鲜明、坚定不移地开展反腐败斗争。

腐败是社会毒瘤，是影响经济社会发展、国家长治久安的致命风险。人民群众最痛恨腐败现象，腐败是党面临的最大威胁。反腐败是中国共产党一贯坚持的鲜明政治立场。只有以反腐败永远在路上的坚韧和执着，深化标本兼治，保证干部清正、政府清廉、政治清明，才能跳出历史周期率，确保党和国家长治久安。党的十八大以来，反腐败斗争压倒性态势已经形成并巩固发展。但是，反腐败斗争形势依然严峻复杂，巩固压倒性态势、夺取压倒性胜利的决心必须坚如磐石。

夺取反腐败斗争压倒性胜利的任务，必须继续坚持无禁区、全覆盖、零容忍，坚持重遏制、强高压、长震慑，坚持受贿行贿一起查，坚决防止党内形成利益集团。据此，党提出了一系列重大举措：一是在市县党委建立巡察制度，加大整治群众身边腐败问题力度。二是不管腐败分子逃到哪里，都要缉拿归案、绳之以法。三是推进反腐败国家立法，建设覆盖纪检监察系统的检举举报平台。四是强化不敢腐的震慑，扎牢不能腐的笼子，增强不想腐的自觉，通过不懈努力换来海晏河清、朗朗乾坤。

开展反腐败斗争，必须标本兼治，铲除腐败现象的生存空间和滋生土壤。要在强化不敢腐的威慑基础上，加强制度建设，健全党和国家监督体系。增强党自我净化能力，根本靠强化党的自我监督和群众监督。这是对执政党建设规律和国家治理规律的深刻总结，具有很强的思想指导性和现实针对性。

党在我国的全面领导和长期执政地位，决定了党内监督在党和国家各种监督形式中是最基本的、第一位的。党内监督缺失，其他监督必然失效。我们在看到党全面领导、长期执政、集中力量办大事的制度优势在实践中全面展现的同时，也要看到所面临的风险和挑战，特别是权力容易受到侵蚀，容易产生脱离群众的危险。对于一个拥有8900多万名党员、在13亿多人口的大国长期执政的党来说，前途命运都掌握在自己手上，外部监督是必要的，但最根本的还是要靠自我监督。只有统筹党内监督和其他监督，才能构建完善的监督体系。同时，由于我国80%的公务员、95%以上的领导干部都是共产党员，因此党内监督和国家监督具有高度内在一致性。以习近平同志为核心的党中央作出深化监察体制改革的重大决策，要求加强党对反腐败工作的统一领导，整合分散的反腐败力量，组建国家、省、市、县监察委员会，同党的纪律检查机关合署办公，实现对所有行使公权力的公职人员监察全覆盖。这既可以完善党的自我监督，又可以加强对国家机关的监督，从而有力助推国家治理体系和治理能力现代化。

坚持党的群众路线，是增强监督实效、形成监督合力的锐利武器。人民群众是党的力量源泉和胜利之本，群众路线是党的生命线和根本工作路线。增强党的自我净化能力，必须坚持党的群众路线，坚持党内监督和群众监督相统一，以党内监督带动其他监督，积极畅通人民群众建言献策和批评监督渠道，充分发挥群众监督、舆论监督作用，建立更加科学、更加严密、更加有效的中国特色监督体系。

健全党和国家监督体系，一是加强对权力运行的制约和监督，让人民监督权力，让权力在阳光下运行，把权力关进制度的笼子。

二是强化自上而下的组织监督，改进自下而上的民主监督，发挥同级相互监督作用，加强对党员领导干部的日常管理监督。三是深化政治巡视，坚持发现问题、形成震慑不动摇，建立巡视巡察上下联动的监督网。四是组建国家、省、市、县监察委员会，同党的纪律检查机关合署办公，实现对所有行使公权力的公职人员监察全覆盖。五是制定国家监察法，依法赋予监察委员会职责权限和调查手段。六是改革审计管理体制，完善统计体制。七是构建党统一指挥、全面覆盖、权威高效的监督体系，把党内监督同国家机关监督、民主监督、司法监督、群众监督、舆论监督贯通起来，增强监督合力。

打铁还需自身硬。领导13亿多人的社会主义大国，党既要政治过硬，也要本领高强。全面增强执政本领是党的优良传统和宝贵经验。中国共产党自成立以来，正是凭借着各方面的高强本领，才赢得了一个又一个胜利。当前，面对复杂多变的国内外形势，中国共产党要以时不我待的精神，一刻不停地增强学习本领、政治领导本领、改革创新本领、科学发展本领、依法执政本领、群众工作本领、狠抓落实本领、驾驭风险本领，着力提高把方向、谋大局、定政策、促改革的能力和定力。全面增强党的执政本领，才能使党能够团结带领人民有力应对重大挑战、抵御重大风险、克服重大阻力、解决重大矛盾，赢得主动、赢得优势、赢得未来。

中国特色社会主义已经进入了新时代，中国共产党领导全国各族人民踏上了新征程。按照新时代党的建设总要求，坚持和加强党的全面领导，坚持党要管党、全面从严治党，要拿出恒心和韧劲，继续在常和长、严和实、深和细上下功夫，管出习惯、抓出成效。始终做到自身硬，党就一定能够具有坚如磐石的意志和坚不可摧的力量，就一定能够始终保持同人民群众的血肉联系，不断开创新时代中国特色社会主义事业新局面，引领承载着中国人民伟大梦想的航船破浪前进、胜利驶向光辉的未来。

□ 思考题

1. 如何认识党对一切工作的领导的依据和制度安排？
2. 如何正确认识新时代党的建设总要求？
3. 如何推进全面从严治党向纵深发展？

参考文献

1. 毛泽东：《论人民民主专政》，《毛泽东选集》第4卷，人民出版社1991年版。

2. 毛泽东：《论十大关系》，《毛泽东文集》第7卷，人民出版社1999年版。

3. 毛泽东：《关于正确处理人民内部矛盾的问题》，《毛泽东文集》第7卷，人民出版社1999年版。

4. 邓小平：《解放思想，实事求是，团结一致向前看》，《邓小平文选》第2卷，人民出版社1994年版。

5. 邓小平：《党和国家领导制度的改革》，《邓小平文选》第2卷，人民出版社1994年版。

6. 邓小平：《在武昌、深圳、珠海、上海等地的谈话要点》，《邓小平文选》第3卷，人民出版社1993年版。

7. 江泽民：《在庆祝中国共产党成立八十周年大会上的讲话》，《江泽民文选》第3卷，人民出版社2006年版。

8. 江泽民：《全面建设小康社会，开创中国特色社会主义事业新局面》，《江泽民文选》第3卷，人民出版社2006年版。

9. 胡锦涛：《在庆祝中国共产党成立九十周年大会上的讲话》，《胡锦涛文选》第3卷，人民出版社2016年版。

10. 胡锦涛：《坚定不移沿着中国特色社会主义道路前进，为全面建成小康社会而奋斗》，《胡锦涛文选》第3卷，人民出版社2016年版。

11. 习近平：《决胜全面建成小康社会　夺取新时代中国特色社会

主义伟大胜利——在中国共产党第十九次全国代表大会上的报告》，人民出版社 2017 年版。

12. 习近平：《在纪念马克思诞辰 200 周年大会上的讲话》，人民出版社 2018 年版。

13. 《习近平谈治国理政》第 1 卷，外文出版社 2018 年版。

14. 《习近平谈治国理政》第 2 卷，外文出版社 2017 年版。

15. 《中国共产党章程》，人民出版社 2017 年版。

16. 《中华人民共和国宪法》，人民出版社 2018 年版。

17. 中共中央文献研究室编：《十八大以来重要文献选编》（上），中央文献出版社 2014 年版。

18. 中共中央文献研究室编：《十八大以来重要文献选编》（中），中央文献出版社 2016 年版。

19. 中共中央文献研究室编：《十八大以来重要文献选编》（下），中央文献出版社 2018 年版。

20. 中共中央宣传部：《习近平新时代中国特色社会主义思想三十讲》，学习出版社 2018 年版。

后 记

本教材是在高校思想政治理论课教材编写领导小组领导下组织编写，以硕士研究生思想政治理论课教学大纲《中国特色社会主义理论与实践研究》为基础形成的。在编写过程中，得到了马克思主义理论研究和建设工程咨询委员会的指导，得到了中央有关部门和有关专家学者的帮助和支持。同时，广泛听取了高校思想政治理论课教师和硕士研究生的意见和建议。

本教材原为教学大纲，2012 年出版。由顾海良主持编写。王炳林、秦宣、丁俊萍、顾钰民、周向军、陈跃、郭建宁、李玉峰参加撰写和修改工作。参加集中阅看并提出修改意见的有：李捷、瞿振元、卫兴华、宁骚、李景治、严书翰、刘大椿、吴彤、郭湛、洪大用、张曙光、张宇、刘少杰、肖贵清、李友梅、谭君久、韩喜平、杨清明、商志晓、何自力、辛向阳、翟振武、欧阳志远、王敬国、卫灵、贺亚兰、李金河、周茂荣、刘戟锋、王乐理、陈勇、关信平、罗文东、孙蚌珠、张新、王树荫、沈壮海、陈锡喜、吕有志、钟明华、周良书、胡卫红、高英等。为了更及时、更充分地反映党的理论创新和实践创新成果，中宣部、教育部组织课题组先后于 2013 年和 2015 年进行了两次修订。2013 年，由顾海良主持修订，丁俊萍、王炳林、陈跃、周向军、郭建宁、秦宣、顾钰民参加修订。参加审看并提出修改意见的有：李君如、侯惠勤、张中云、王跃、吴满意、古世平、尹洁、张新、孔祥云、程美东等。2015 年，由顾海良主持修订，秦宣、周向军、王炳林、丁俊萍、陈跃、艾四林、孟宪生、房广顺、李玉峰、王生升参加修订。参加审看并提出修改意见的有：闫志民、朱景文、常光民、张新、秦宣、颜晓峰、于沛、姜辉、高正礼、王跃、韩冬雪、宋进、寇清杰、钟明华、陶文昭等。

马克思主义理论研究和建设工程办公室具体组织实施了原教学大纲的编写和历次审阅修订工作。其中，2012年，张磊主持审改工作。田岩、邵文辉、宋凌云、何成、冯静、邢云文、武斌、张造群、宋义栋、王燕燕、宫长瑞、汤荣光、唐棣宣等参加具体审改工作。2013年，张磊主持审改工作。宋凌云、邵文辉、王昆、田岩、冯静、潘顺照、吴伟珍、范为、李军、魏学江、宋义栋参加具体审改工作。2015年，夏伟东、邵文辉主持审改工作，宋凌云、王昆、田岩、冯静、沈永福、杨荣、陈硕、邢国忠、曹守亮、蒋旭东、陈培永、严文波、冯潇然参加具体审改工作。

2018年，为推动习近平新时代中国特色社会主义思想进教材、进课堂、进头脑，深入贯彻落实党的十九大和十九届二中、三中全会精神，中宣部、教育部组织对教学大纲进行全面修订。同时，根据师生们的反映，此次修订，将原来的教学大纲改为教材的形式进行编写。由顾海良主持修订，王宗礼、李玉峰、颜晓峰、丁俊萍、房广顺、陈曙光、贺大兴、田鹏颖、李健、陈鹏参加修订。夏伟东、邵文辉主持工程办公室组织的审改工作，王昆、宋凌云、王勇、田岩、冯静、曹守亮、陈硕、陈瑞来、刘小丰、薛向军、王燕燕、蒋岩桦、卢江、马文武等参加具体审改工作。

2018年8月

为收集对教材的意见建议，进一步完善教材编写和做好服务工作，读者可将对本教材的意见建议通过如下渠道反馈至我社。

咨询电话　400-810-0598

读者服务邮箱　gjdzfwb@pub.hep.cn

通信地址　北京市朝阳区惠新东街4号富盛大厦1座

　　　　　高等教育出版社总编辑办公室

邮政编码　100029